三农工作理论与实践

万宝瑞　著

中国农业出版社

图书在版编目（CIP）数据

“三农”工作理论与实践/万宝瑞著.—北京：
中国农业出版社，2011.4
ISBN 978-7-109-15521-3

Ⅰ.①三… Ⅱ.①万… Ⅲ.①农业经济－研究－中国
②农村经济－研究－中国③农民－问题－研究－中国
Ⅳ.①F32② D422.64

中国版本图书馆CIP数据核字（2011）第036371号

中国农业出版社出版
（北京市朝阳区农展馆北路2号）
（邮政编码 100125）
责任编辑 杨桂华

中国农业出版社印刷厂印刷 新华书店北京发行所发行
2011年6月第1版 2011年6月北京第1次印刷

开本：787mm×1092mm 1/16 印张：25 插页：16
字数：256千字 印数：1 ～ 3 000册
定价：46.00元

作　者　近　照

序一

宝瑞同志长期从事农业农村经济工作，在理论政策研究和实际工作中解放思想，实事求是，深入实际，勤于探索，为农业和农村发展做了大量工作。这本专著总结了宝瑞同志从事农业农村经济研究和管理工作取得的可贵经验，具有较高理论性和思想性，对深化认识和把握农业农村工作，促进现代农业建设，十分有益。

这些年，也许是农业农村发展的脚步和节奏加快的缘故，我总觉得农业时节的变换也在加快，我国农业刚刚度过2010年丰收的金秋，又迎来了2011年生机盎然的春天。面对农时季节的催人变换，我总在想，农业和农民就是这样永不停息地循着季节变化和市场需求走向前方。一个发展中大国的农业怎样才能发展得又好又快？最为重要的就是坚持以邓小平理论和“三个代表”重要思想为指导，深入贯彻落实科学发展观，不断创新完善“三农”理论政策，坚持走中国特色农业现代化道路。

一、“三农”理论政策是农业农村发展的重要保证

改革开放以来，特别是近些年来，农业农村发展不

断加快，增产增收取得重大标志性成果，粮食生产实现半个世纪以来首次“七连增”，总产单产连创历史新高；农民收入实现连续7年较快增长，2010年的增量和最近7年的年均增量都刷新历史纪录。这些喜人成绩的取得，与“三农”理论政策的创新完善是分不开的。

“三农”理论政策是保护和调动农民积极性的保证。农民是农业、农村发展的主体，农民生产积极性的高低事关“三农”事业的成败。长期以来，我们党都把保护和调动农民生产积极性，维护农民利益，增进农民福祉，作为研究制定“三农”理论政策的立足点和出发点。我国农村改革发展的伟大实践，极大解放和发展了农村社会生产力，极大改善了广大农民物质文化生活。“三农”理论政策对激发和调动亿万农民的积极性和创造性发挥了至关重要的作用。

“三农”理论政策是推进农业现代化建设的保证。加快中国特色现代农业建设，大幅提高农业生产率，推进农业科技创新，是我们党“三农”理论政策的重要目标和取向。改革开放以来，特别是近些年来，我国现代农业建设迈出重要步伐，粮食单产提高对增产的贡献率达到72%，农业科技进步贡献率和耕种收综合机械化率均达到52%，农业生产方式进入以机械作业为主的新阶段，农业综合生产能力大幅提升。“三农”理论和政策为我国现代农业建设提供了有力保证。

“三农”理论政策是加快农村社会事业发展的保证。长期以来，我国经济与社会发展存在一条腿长、一条腿短的问题，而农村社会发展这条腿更短。近些年来，推动城乡基本公共服务均等化，促进农村经济社会协调发展，关注和改善农村民生，已成为丰富和完善“三农”理论政策的重点。我国农村公共事业发展加快。农村最低生活保障制度建设取得重要进展。新型农村合作医疗制度不断健全。新型农村社会养老保险试点加快推进。大规模开展农村饮水安全、农村电网、农村公路、农村沼气、危房改造建设，城乡基础设施一体化逐步加强。所有这些，都与“三农”理论政策的创新完善密不可分。

“三农”理论政策是深化农村改革的保证。“三农”理论政策是农村改革的强大推动力。在波澜壮阔的改革开放进程中，农村改革率先起步，不断深入推进。废除人民公社，确立以家庭承包经营为基础、统分结合的双层经营体制，全面放开农产品市场，取消农业税，对农民实行直接补贴，初步形成了适合我国国情和社会生产力发展要求的农村经济体制。改革推动我国农村发生了翻天覆地的巨变。在全面建设小康社会的进程中，我国农村改革实现阶段性突破，集体林权制度改革全面推进，农村综合改革、农村金融改革等不断深化。

我国农业农村的快速发展，有力维护了国家粮食安全，为满足城乡居民食物消费和经济社会发展对农产品的需求奠定了坚实基础，为应对历史罕见的重大自然灾害和重大疫情等突发事件提供了可靠有力保障，为应对世界粮食危机和国际金融危机的冲击及影响提供了重要支撑，为促进国民经济持续平稳较快发展、维护社会和谐稳定创造了有利条件。事实表明，我们就是靠“三农”理论和政策给力农业、农村和农民，推动中国特色现代农业建设，应对农业国际化和自然灾害的严峻挑战，打牢经济社会发展基础的。

二、"三农"理论政策来自丰富生动的实践

问渠哪得清如许，为有源头活水来。改革开放以来，特别是近些年来，我国"三农"理论和政策不断地创新发展，与时俱进地提出了一系列影响深远的新思想新理念，顺势而为地出台了一系列具有里程碑和划时代意义的新政策新举措。伟大的"三农"实践孕育了中国特色"三农"理论政策的创新发展。党的"三农"理论政策，凝结着执政为民的宗旨和理念，闪烁着亿万农民的勤劳和智慧。

提出实行多予少取放活方针。20世纪末，我国农业发展进入新阶段后，虽然农业农村发展取得了巨大成就，但与整个经济和社会发展相比，农业和农村依然是薄弱环节，农业发展遇到一些新情况新问题。中央适应经济发展阶段性变化的要求，从整个经济、社会发展战略和全局的高度，改变过去对"三农"给得比较少、取得比较多、管得比较死的做法，实行多予少取放活方针。这是从新阶段"三农"工作的实际出发做出的重大决策，是推进农村改革发展的必然选择。多予少取放活方针的实施，带来了"三农"政策措施的不断创新和"三农"工作的新变化。农村税费改革全面推进，减轻了农民负

担，公共财政覆盖农村步伐明显加快。农业农村经济结构战略性调整、粮棉流通体制改革等政策措施相继出台，深化农村土地制度、金融体制、文化卫生体制等改革，有力促进了农业农村经济持续健康发展。

提出“把解决好‘三农’问题作为全党工作重中之重”的战略思想。解决好“三农”问题，是全面建设小康社会和建设社会主义和谐社会的必然要求。中央科学总结历史经验，理性分析发展现实，着眼未来宏观目标，提出把解决好“三农”问题作为全党工作的重中之重。“重中之重”战略思想的提出，是党对“三农”工作认识的进一步深化，表明了党在发展战略决策上的科学性和先进性，展示了党和政府解决“三农”问题的决心和信心。近些年来，国家进一步加大了对“三农”的支持和保护力度。2004年以来连续8年下发指导“三农”工作的“中央1号文件”，出台了一系列更直接、更有力的强农惠农政策，通过推动公共财政覆盖农村，大幅度增加“三农”投入，实行“四减免、四补贴”政策，初步形成了与我国生产力发展水平和社会主义市场经济体制相适应的农业支持保护政策体系。

提出实施统筹城乡发展的重大方略。城乡二元结构是长期约束我国“三农”发展的主要体制性障碍。特别是随着工业化、城镇化推进，城乡经济社会的矛盾越来越集中在城乡二元结构上，迫切需要着力破除。中央高瞻远瞩，顺势而为，提出实施统筹城乡发展方略。统筹城乡发展，是新时期解决“三农”问题、加快国家现代化建设的重大方略，是我国新时期对“三农”发展理论和思路的重大创新。实施统筹城乡发展方略，标志着党和国家已经把解决“三农”问题放到整个经济社会发展的全局和战略高度来筹划，探索从根本上解决“三农”问题的有效途径。近些年来，国家出台了一系列打破城乡二元结构的改革措施，制定了多予少取放活和工业反哺农业、城市支持农村的基本方针，明确了走中国特色农业现代化道路的基本方向、建设社会主义新农村的战略任务，有力推进城乡经济社会发展一体化新格局的形成。

提出“两个趋向”的重要论断。长期以来，我国农业和农民为建立起比较完整的工业体系和国民经济体系作出了重大贡献。但由于城乡二元结构的存在，导致农村发展滞后，对经济社会协调发展产生不利影响。随着经济社会的快速发展，以及国家财力的不断增强，我国初步具备了以工业反哺农业、城市支持农村的经济实力，我们党又不失时机地提出“两个趋向”重要论断，并以此作为指导我国经济和社会协调发展的战略思想。“两个趋向”的重要论断，是对我国经济发展阶段的科学判断，是新时期制定“三农”工作政策措施的理论依据。近些年来，我国大力推进社会主义新农村建设，加大工业对农业、城市对农村的支持力度，促进工农、城乡协调发展。2010年中央财政预算投入“三农”的资金达到8183亿元，连续多年保持总量持续增加、比例稳步提高；支持商贸、邮政等企业向农村延伸服务，对家电、汽车、摩托车等下乡实施补贴；各种社会力量开展与乡村结对帮扶，参与农村产业发展和公共设施建设。工业反哺农业、城市支持农村迈出重要步伐，工业与农业相互促进、城市与农村共同繁荣的新局面正在形成。

提出形成城乡经济社会发展一体化新格局的重要目标。加快推进城乡一体化发展，是工业化国家的普遍做法，是推进一个国家整体现代化的必由之路。随着城乡统筹发展的推进，我们党又适时提出，要建立以工促农、以城带乡长效机制，形成城乡经济社会发展一体化新格局。形成城乡经济社会发展一体化新格局，是促进统筹城乡发展和加快社会主义新农村建设的新任务、新要求，是打破城乡二元结构、加快农业农村发展、促进农民致富的根本途径。国家调整国民收入分配格局，巩固和强化强农惠农政策，把国家基础设施建设和社会事业发展的重点放在农村，促进公共资源在城乡之间均衡配置、生产要素在城乡之间自由流动，推动城乡经济社会发展融合，推进城乡基本公共服务均等化，实现城乡、区域协调发展，以使广大农民平等参与现代化进程、共享改革发展成果。

提出“三化同步”的重大决策。工业化、城镇化进程中同步推进农业现代化，是不可违背的客观规律，是现代化建设必须遵循的准则。当前，我国农业现代化滞后于工业化、城镇化的问题相当突出，农业基础薄弱、城乡发展不协调越来越成为现代化建设的关键制约。中央审时度势，统揽全局，及时做出了在工业化、城镇化深入发展中同步推进农业现代化的重大决策。“三化同步”是我们党着眼长远、与时俱进做出的重大决策，是对新形势下工农城乡关系的深刻认识，是落实科学发展观的重大成果。“三化同步”强调了农业现代化的重要地位，体现了我国社会主义现代化建设理论创新和实践创新的最新成果，丰富和发展了“重中之重”、统筹城乡、“两个趋向”等重要思想。“三化同步”是现代化建设必须牢牢把握的客观规律，是顺应农业农村发展新变化新趋势的必然要求，是我国经济社会发展的重大原则，也是谋划农业农村发展新思路新举措的重要遵循。

从多予少取到“重中之重”，从统筹城乡发展方略到“两个趋向”，从形成城乡经济社会发展一体化新格局到“三化同步”，党的“三农”理论政策总是伴随着“三农”工作实践的深入而发展丰富，并更加注重“三农”的基础性和战略性地位，更加注重加大对农业、农村的支持力度，更加注重科学发展农业，似春风化雨，让广大农民脸上绽放出灿烂的笑容。

三、“三农”理论政策要与时俱进地发展创新

胡锦涛总书记深刻指出：“解决好‘三农’问题作为全党工作重中之重的要求要始终坚持。要走中国特色农业现代化道路，创新‘三农’工作思路，转变农业发展方式，不断提高‘三农’工作水平。”他还强调：“强农惠农的思想认识只能增强不能削弱，强农惠农的政策力度只能加大不能减小。”温家宝总理指出：“我们党从中国国情出发，初步探索出了一条解决‘三农’问题的成功路子。但要从理论和实践上真正解决‘三农’问题，还有很长的路要走，需要不断探索。”

当前，我国农业农村发展进入一个崭新的阶段，正处在由传统农业向现代农业转变的关键时期。农村经济体制深刻变革，农业农村经济结构深刻变动，农村的利益格局深刻调整，农民思想观念深刻变化。面对我国农业农村的新发展新变化，建设现代农业和维护国家粮食安全、保持农民持续增收，始终是“三农”工作者的新课题，始终是“三农”事业发展的新任务，始终是“三农”理论政策创新的新要求。推动“三农”理论政策创新完善，必须坚持解放思想、实事求是和与时俱进。不解放思想就放不开手脚，不实事求是就会脱离实际，不与时俱进就不能适应变化了的“三农”形势。

推动“三农”理论政策创新和完善，就是要与时俱进、顺势而为地开展“三农”理论和政策研究，坚持不懈推进农村改革和制度创新。我们不能用过去的经验来判断现在的问题，不能用传统的老办法来解决现在的新问题。当前，我国农产品供求进入紧平衡阶段，农业生产进入高成本阶段，农村劳动力进入总量过剩和结构性短缺并存阶段，工农城乡关系进入互动增强阶段。同时，世界经济复苏仍将艰难曲折，我国宏观经济运行面临复杂形势，影响“三农”的不确定性因素增多，农业生产面临的自然风险、市场风险加大。我们必须与时俱进、顺势而为地研究发展变化的新情况新形势，创新完善“三农”理论，指导“三农”实践，并在实践中验证和提升理论认识，使我们制定的“三农”政策更有针对性、指导性和实效性。

推动“三农”理论政策创新和完善，就是要打破传统思维定式和体制机制的束缚，以新的理念和思路破解农业农村发展难题。当前，我国要在工业化、城镇化深入发展中同步推进农业现代化，确保国家粮食安全和农民收入持续增加，同时，要着力消除城乡二元结构，促进城乡经济社会一体化发展，还面临许多深层次体制机制性障碍。解决这些问题，必须坚持解放思想、大胆探索、勇于开拓，推动“三农”理论创新，进而推动政策创新和体制创新，以新理念应对新变化，以新举措应对新挑战，努力形成“三化”同步推进的新格局。

推动“三农”理论政策创新和完善，就是要立足我国国情、农情，坚持一切从实际出发，尊重经济和社会发展规律，尊重农民群众的意愿。结合农村实际不断进行理论政策创新，是农村改革发展取得成功的一条重要经验。新时期我国“三农”工作面临一些新特点新情况，农业农村内外部环境发生深刻变化，农业发展方式依然粗放，农业基础设施和技术装备落后，耕地淡水制约加大，生态环境约束增强。农村社会事业和公共服务水平较低，区域发展和城乡居民收入差距拉大，改变农村落后面貌任务艰巨。从根本上解决这些问题，还必须依靠党的“三农”理论和政策。因此，我们必须结合“三农”实际，进一步创新完善“三农”理论政策，在创新完善理论政策中促进农业农村发展。

是为序。

回良玉

2011年3月20日

序　二

我在辽宁工作期间，几次与宝瑞同志交流，深感他不仅深入实际，而且精通业务，谈问题都能说到点子上，是农业战线一位杰出的专家型领导。

到重庆工作后，包括区县在内的不少同志，都把宝瑞视为“三农”战线的“老领导”、“大专家”，说起来很有感情。在重庆统筹城乡改革实验的初期，他就提出要建设现代畜牧示范区、长江三峡柑橘产业带、农业机械化综合示范基地等重大建议，并被国家所采纳。以后他又对渝东南、渝东北农户万元增收工程进行了科学总结和提炼，使我们的思路更加清晰。这三年来，宝瑞同志亲自组织协调，由农业部和中国农业科学院经济政策顾问团每年在重庆举办一次农村经济论坛，专题研究西部“三农”问题，并向国务院建言献策，对重庆的工作又有很大帮助和推动。

从多年的接触与交流中我了解到，宝瑞同志不仅有丰富的农业和农村工作理论素养，而且坚持调查研究，足迹遍布各省，深入到区县和乡村。他素来淡泊名利，经年累月埋头工作，着力于探索“三农”问题，创造性地贯彻中央和国务院的有关政策。每次与他见面，他都是“三句话不离老本行”，总是兴致勃勃地谈起农村、农业和农民，而且有观点、有材料，还带着浓浓的感情。他对“三农”的专业和执著实在令我敬佩和感叹！

《“三农”工作理论与实践》这本专著是宝瑞同志五十年来农业生涯辛勤劳动的结晶。这其中体现了他解放思想、实事求是的治学态度，也体现了以新理念谋划新举措、促进新发展的创新精神。这本专著系统阐述了我国农业发展新阶段的基本特征，并指出了发展的目标和趋势，分析了发达国家发展农业的政策和管理经验，探索了新的农村经营体制，提出了转变农业发展方式的重要举措，内容十分丰富。

我深信这部专著将有益于我国未来“三农”的实践，故诚挚地推荐给热心于我国农业发展和农村事业的同志们！

2011年1月12日

目　录

Contents

第一章　转变农业发展方式

内容提要：转变农业发展方式，加快农业推陈出新。发展和解放生产力，实现农业增产增收。全面建设小康社会，重点难点在“三农”，最根本的措施是进一步解放和发展农村生产力。我国农村生产力已进入全面发展阶段，当前要进一步改革和完善农村农业经营体制和宏观调控政策，放活农民、放活农业、放活农村，使土地和劳动力等生产要素真正得到解放，真正实现其实用价值。无论是制定农业政策、研发农业科技，或是从事农业生产，都要遵循自然规律、生物规律和经济规律及其辩证关系。推进现代农业建设，要坚持“两个不放松”、抓好“五个突破口”，确保粮食、食品质量和环境“三个安全”，提高农业规模化、机械化、标准化、产业化和市场化“五化水平”，抓好现代农业园区建设；要进一步调整农业结构，发展高效生态农业，加快转变农业发展方式。

一、解放和发展农村生产力

党的十六大报告提出要在21世纪头20年全面建设小康社

会的宏伟目标，这是一项艰巨的历史性任务。全面建设小康社会，重点、难点在农村，最根本的措施是进一步解放和发展农村生产力。

（一）农村生产力再认识

农村生产力同一般生产力一样，都是由劳动者、劳动资料、劳动对象、科学技术和管理等五个方面的要素构成。在信息化和市场经济条件下，科学技术和管理要素的作用更为突出，是农村生产力实现跨越式发展的关键因素，劳动资料和劳动对象的内涵也因此而变得更为广泛。这些要素相互联系、相互作用，构成现代生产力系统。农村生产力具有特殊性，其发展既取决于社会生产力的进步和发展，又取决于自然生产力的提高；既取决于构成农村生产力各要素的质量和数量，又取决于农村生产力系统整体功能的增强，各要素组合表现出极强的整体效应。在不同体制下，生产力形成不同的组合，产生的效益具有极大差异，它们是“1＋1＞2”的关系。

我对大连市向应镇几个农户的典型调查表明，由于实行农业股份制经营体制，生产力诸要素进行了重新组合，大大提高了资源的配置效率，在同等土地和劳动力条件下，农民收入提高20多倍。实行土地入股前农民收入低的主要原因：一是原来的农业经营体制难以实现土地流转；二是计划经济的束缚，产品结构单一，主要是生产粮食；三是传统观念的束缚，劳动力被捆绑在承包的土地上。一言蔽之，土地和劳动力不能真正得到解放，未能真正实现其使用价值，而实行新的经营体制后，生产力要素进行重组，形成了更高的生产力。当前解放和发展农村生产力，可采取多种措施，但关键要进一步改革和完善农业经营体制和宏观调控政策。

（二）农村生产力发展的阶段

一般而言，生产力总是从低级阶段向高级阶段渐次发展。新中国成立后我国农村生产力的发展，可分为四个阶段：

1. 初步发展阶段（1949—1955年）。将封建土地所有制改革为农民土地私有制。农民有了自己的土地，激发了农民的劳动积极性，不断提高土地产出率和劳动生产率，农业生产得到迅速恢复和发展，农业总产值年增长率最高达到15.3%。广泛开展了农家品种的评选，推广群众的丰产经验等，农业科技在农业增产中初见成效。这期间，畜力农具等半机械化机具占主导地位，大中型拖拉机到1955年达到2 945台，机耕面积232千公顷，机耕水平为0.1%。

2. 缓慢发展阶段（1956—1977年）。将农民土地私有制度改革为土地集体所有、统一经营制度，实行高级合作社和人民公社化。“一大二公”的生产关系超越了生产力发展的阶段，挫伤了农民的生产积极性，严重阻碍和破坏了农村生产力的发展。

这期间，农业科技有了一定发展，选育推广一批优良品种，实现品种更新；改革耕作制度和栽培技术；增施化肥和培肥土壤；提高农田灌溉技术；综合防治病虫害等。但由于人民公社体制使科技推广工作不能充分发挥作用，22年平均年递增率仅2.3%，科技贡献率仅为27%。到1977年，机耕水平为38.7%，机播水平为7.3%，机收水平为1.8%。

乡镇企业处于初创阶段。1958年办起社办工业企业，

1978 年创造的总产值为 493 亿元，占全国社会总产值的 7%，从业人员2 800万人，占全国社会总劳动力的 7%，扩大了农民增收的渠道。

3. 快速发展阶段（1978—1991 年）。将土地集体所有、统一经营制改革为土地集体所有、实行家庭联产承包责任制。这一伟大创举，极大地调动了农民的积极性，使我国农业扭转了“一大二公”所造成的影响并进入快速发展阶段。这一阶段农村生产力发展重点是提高产量，解决温饱问题。

这期间，农业科技在农业增产中发挥了重要作用。县、乡（镇）、村普遍建立了科技推广网络，大力推广多种作物高产多抗优良品种、地膜覆盖栽培、综合区域开发、节水灌溉等技术。14 年平均科技贡献率达到 34%。农业机械化得到了快速发展，到 1992 年，机耕水平达到 54%，机播水平达到 18%，机收水平达到 9.1%。

乡镇企业蓬勃发展，成为吸纳农村劳动力，促进农民增收的中坚力量。1991 年，总产值11 621亿元，占社会总产值的 26%，乡镇企业从业人员9 609万人，占社会劳动力总数的 16.5%。农民纯收入中来自乡镇企业的占 18.4%。

农民人均纯收入由 1978 年的 133.6 元上升到 1991 年的 708.6 元，农村居民的恩格尔系数由 67.7%下降到 57.6%。

4. 全面发展阶段（1992 年至今）。进一步稳定和完善以家庭承包经营为基础、统分结合的双层经营体制。通过股份制、股份合作制、合作社、专业大户经营等多种形式，发挥“分”与“统”两个积极性。农业社会化服务体系和国家对农业的支持保护体系逐步建立，农业进入新的发展阶段。明确农村工作的基本内容是稳定增加农民收入，中心任务是对农业和农村经济结构进行战略性调整，既注重农产品的数量，又注重质量、安全、效益和生态，着力提高农产品市场竞争力和农业综合效益，全面促进农村生产力发展。

这期间，农业科技起到了前所未有的作用，农村生产力得到全面发展。农业科技由数量型转为数量型和质量型同时发展，农产品科技含量不断提高。先后推广生物技术、信息技术、农业标准化和检验检疫技术、无公害和绿色食品生产技术、现代营销和经营管理技术等。农业科技贡献率，2002 年为 42%，2010 年为 52%，比 2002 年提高 10 个百分点。农业机械化的发展进入一个新的阶段，到 2002 年，机耕水平达到 47%，机播水平达到 27%，机收水平达到 18.6%。2005 年农作物耕、种和收综合机械化率为 36%，2010 年提高到 52%。

乡镇企业进行“二次创业”，实现数量和效益同步发展。2002 年，乡镇企业单位数达2 133万个，职工总数13 288万人；增加值为32 386亿元；农民纯收入增量中的 2/3 来自乡镇企业。2009 年全国乡镇企业从业人数15 588万人，比 2002 年净增2 300万人；乡镇企业实现增加值93 532亿元，比 2002 年净增61 146亿元；农民纯收入增量中的 35.1%来自乡镇企业。

农民人均纯收入由 1992 年的 784 元上升到 2002 年的2 476元，2009 年为5 153元，农村居民的恩格尔系数由 57.6%下降到 46.2%，2009 年为 41.0%，总体上实现了小康水平。

（三）制约农村生产力发展的因素

新中国成立以来，特别是改革开放 30 多年来，我国农村生产力发展发生翻天覆地的变化，这是世人有目共睹的。但与发达国家相比，我国农村生产力发展水平仍然较低，原因是多方面的。

1. 农业生产要素投入少、质量低。发达国家主要通过立法来保证对农业的投入，农业投资额占财政支出的比重通常都在10%以上。而我国1990年财政用于农业（包括农林水）支出的比重为10.0%，1995年下降为6.3%，2001年为5.5%。1998、1999和2001年虽然大幅度增加了农业财政资金，但主要是靠国债资金，而且85%以上用于大江大河治理和生态建设等重大工程，对农民直接改善生产生活条件、实现增产增收影响不大。

2. 农村经营体制改革滞后，出现了"三难"。

（1）小生产与大市场衔接难。主要问题是农业宏观管理不能适应农业一体化经营、国际化经营的需要，微观管理不能适应农民对发展经济多样化服务的要求。农民组织化程度低，一家一户分散经营，市场信息不灵，流通环节不畅，成为一个顽症。

（2）提高规模效益难。在"统分结合"的经营体制中，重视"分"的作用，忽视"统"的作用，如何在家庭承包经营条件下实现集约经营、规模经营，缺乏新的制度和组织保证。而只有实现规模经营，才能创造更高的土地产出率和劳动生产率。

（3）根本减轻农民负担难。税费改革使农民负担减轻了30%以上，但改革后乡镇和村的可用财力较少，维持低水平运转仍然有困难。农民负担重的主要原因是，乡镇一级需要农民供养的干部太多，约1 316.2万人，平均每68个农民就要养活一名干部，机构臃肿给农民造成的负担占农民实际负担的40%左右。因此，要从根本上减轻农民负担，除了国家安排必要的转移支付以外，必须精简乡镇机构，改变“食之者众，生之者寡”的局面。

3. 农业科技投入少，形成了“三个断层”。农业科学技术是农村生产力发展的重要支撑因素。我国农业科技对农业发展的贡献率比较低，一直在42%以下，而美国、日本、欧盟等都在70%～80%以上。导致这一差距的主要原因是农业科技投入少，农业科技出现了“三个断层”：

（1）政策落实断层。党中央、国务院早在20世纪90年代就提出“科技兴国”的战略思想，并制定了一系列促进科技发展的政策，为农业发展、科技兴农指明了方向。但由于农业科技面广、研究周期长、见效慢，以及近年来农产品供给充足等原因，一些部门和地方忽视或削弱了农业科技研究和推广工作，对于中央制定的支持农业科技的政策落实不力，往往喊的多、落实的少。从全国来看，20世纪90年代以来，政府对农业科技投入的投资强度（农业科研财政投入占农业国内生产总值的比重）呈下降趋势，1985年农业科技投资强度为0.40，90年代末期下降到0.20～0.23，如果将科研机构自身的创收和国内外企业对农业科研的投入考虑在内，1999年农业科研投入强度也只有0.44左右。我国是目前世界上农业科研投资强度最低的国家之一。

（2）科研工作断层。由于科研投入不足，科研人员除了承担少量的国家课题外，主要精力都用于“找米下锅”的项目上，谁出钱就给谁研究，研究成果往往与农村经济发展的迫切需要结合不紧，缺乏基础性、方向性和宏观性。

（3）农技推广断层。每年全国农业科研的成果有6 000多项，真正能够推广应用的不到1/3，主要问题是推广工作形成断层。目前农业技术推广人员由于经费得不到保障，往往一人从事多种职业，甚至将农技推广作为"副业"，还有的实行"既开方又卖药"，向农民收取技术服务费太高，影响科技成果推广。

4. 农村工业化、城镇化进程缓慢，严重制约了农村劳动力的转移。小城镇是城乡人流、物流、信息流的交汇点，加快其建设，不仅能够带动第三产业的发展，而且还能为农民提供更多的就业机会。资料表明，农民收入水平与城镇化水平之间的相关系数为0.83，两者之间呈正相关。一般来说，农村工业化与城镇化是同步的，但我国城镇化明显滞后，2002年全国城镇化平均水平仅为38%，比世界平均水平低9个百分点，比中等收入国家低20个百分点，比高收入国家低40个百分点。这是农村剩余劳动力滞留农业和农村，乡镇企业布点分散，生产力诸要素不能合理配置和充分利用，农民收入不能快速增长的重要原因。

（四）进一步解放和发展农村生产力的措施

解放和发展农村生产力，关键要按照统筹城乡社会、发展现代农业的总体要求，放活农民、农业和农村。

1. 放活农民。农民是农村生产力诸要素中最活跃、最重要的因素，对农村生产力的发展起着关键作用。目前，我国农业富余劳动力数量大，文化水平低。据测算，4.8亿农村劳动力中，近1/4是文盲和半文盲，富余约1.5亿，这些富余劳动力不仅不能创造社会财富，而且还要参与收入分配。放活农民关键要抓住“减少、放活、提高”三个重要方面。

（1）发展民营企业，充分发挥劳动力的使用价值。中小型民营企业是安置就业、转移农村富余劳动力的“主战场”。民营企业能够充分地利用当地资源优势，从事以劳动密集型为主的产业，又能够跨多种行业，吸纳不同类型的农村富余劳动力。国家应重点扶持吸纳劳动力多的民营企业，把效益和吸纳劳动力就业数量作为扶持标准，给予就业补贴和税收返还；要把民营企业区域调整、完善农村市场体系、推进农业产业化经营以及社会化服务与小城镇建设结合起来。

（2）加快小城镇建设，为农业劳动力转移和民营企业的发展创造条件。首先要改革户籍制度，为农民进入城镇取消人为障碍。其次要以招商引资、发展民营企业为支撑，大力扶持培育具有市场潜力的产业。第三要搞好小城镇建设规划，要按经济区划布局建设重点小城镇，以利于结构调整、实施产业化、规模经营、机械化和对农业的综合服务。第四要制定优惠政策，坚持多渠道、多形式筹集资金，逐步建立起集体和个人投资为主，国家、地方、集体、企业和个人共同投资的多元投资体系。

（3）建立和发展农民专业合作组织，提高农民组织化程度。美国、日本和西欧等发达国家，在农业生产和流通领域中都建立了代表农民利益、为农民服务、形式多样的农民合作经济组织，为农业发展发挥了重要作用，这些经验值得借鉴。我国加入世贸组织后，分散经营的农民在农产品成本、质量、安全和生态等方面难以应对国际市场竞争，难以适应结构调整和农业产业化的发展，其重要原因是农民组织化程度不高。因此，建立和发展专业合作组织已刻不容缓。要坚持自愿、互惠的原则，以利益联结机制为纽带，实行多种主体、多种形式、多种内容的合作。当前迫切需要在金融、保险、流通等领域发展专业合作经济组织。

（4）放开城市就业，促进农村劳动力的合理流动。要建立城乡统筹的劳动力市场，搞好就业信息服务；打破城乡就业二元结构，清理农民进城务工的不合理政策和规定；逐步以居住地登记制度和身份证管理制度替代户籍制度；解决拖欠民工工资、外出就业农民子女上学难等问题。

（5）加强农民技能培训，提高劳动力素质。国家应设立培训基金，采取"岗前"与"岗后"相结合的培训方式，对农民有针对性地开展就业与再就业培训，并发给培训证书。

2. 放活农业。

（1）优化农村生产力要素组合和生产力布局。农村生产力诸要素的合理组合和生产力布局优化，有着极强的整体效应。要按照市场机制配置农村生产力要素，形成土地、劳力、资金、科学技术等要素在农业领域合理流动、优化组合的新机制。就土地来说，分散的、小规模的经营不能适应大幅度提高土地产出率和农业劳动生产率的要求，应当在坚持"家庭承包经营"的原则下，以法律形式肯定农民的土地承包权是一种物权，依私人财产予以保护。在依法、自愿、有偿的前提下，可采用多种形式进行土地经营权流转，如科技实体型、集体经营型、公司承租型、大户租赁型等实现土地规模经营。

要遵循市场规律和自然规律优化农村生产力布局，加快农业结构调整。结构调整重点要解决产品结构不适应市场需求的问题。将对农民分散地按市场调整转向靠企业化运作进行调整，对农业内部调整转向一、二、三产业协调调整，对数量和质量调整转向标准化和规模化调整。优化农村生产力布局的关键是建设农产品优势产区，形成优势产业带，使社会生产力和自然生产力的双重优势得到更充分的发挥，提高农产品竞争力，促进农民增产增收。

（2）加快科技创新和经营体制创新。科技创新的重点是建立科技研发、科技引进、科技推广转化的新机制。加强农业基础研究和高新技术研究，加强新品种、新技术引进，鼓励研究单位、大专院校与企业结合，建立科技型研发企业，要保护其知识产权。农业技术推广体系是农业科技转化为现实生产力的生力军，因此，要在改革中不断加强，决不能削弱。对公益性的工作，确保财政经费，搞好各项服务；对经营性的业务，切实放活搞活，做大做强。

经营体制创新的重点是积极培育和发展能够带动农民发展农业先进生产力的新型经济组织。农业产业化能够充分发挥企业和农户各自优势，对资金、科技、管理、土地和劳动力诸要素进行优化组合。种植业在形式上要逐步由“公司＋农户”的形式转变为“公司＋农民中介组织＋农户”的形式。实践证明，龙头企业通过中介组织与农民签订合同，成本低、履约率高，千家万户通过中介组织销售产品公平合理。养殖业由于防疫、种畜和饲料等对畜产品安全、质量、成本和效益影响极大，分散饲养难以达到上述要求。因此，也应推行“公司＋基地＋农民”的形式，做到公司统一防疫、供种畜、供饲料，统一销售，统一管理，农民负责饲养，以保证畜产品安全、优质、成本低，并增强农产品竞争力。建立和发展农民合作经济组织，有利于发挥“管理”要素的作用，提高农业生产的组织化程度，应在立法、制定扶持政策等方面给予保证。

（3）完善农业支持服务体系。一是尽快研究和建立动物疫情和农作物病虫害应急处置机制，促进种养业的发展和扩大出口；二是加快农产品市场建设和信息体系建设，积极发展连锁经营、配送、直销、网上交易等现代营销方式；三是加强农产品质量安全检验检测体系；四是建立农业重大灾害保险机制。

（4）创新农村金融体制，保证资本要素的投入。要建立以非国有银行为主体受法律约束、规范化、可操作的农村金融组织，包括从全面服务的银行到为农村工业、农业企业服务的专业银行，再到为农户服务的小额信贷机构。引入高科技产业创业风险投资和股份合作等机制。鼓励企业家投资和开发农业项目。

3. 放活农村。重点做好以下四方面工作：

（1）精简乡镇机构，强化村民自治，发挥市场机制对农村生产力诸要素的调配作用。在继续完善村民自治的基础上，推进乡镇民主政治建设，实行乡镇自治。精简乡镇机构，减轻农民负担，促进生产要素的自由流动，充分发挥农民的自主性和创造性。

（2）调整国民收入分配格局，扩大对农业和农村投入份额。“九五”计划以来，虽然国家对农业和农村投资加大，但从农业地位和农村实际情况来看，投入还是不多的，靠从国民收入增量中拿出一部分支持农业和农村难以从根本上解决问题，有必要调整国民收入分配结构，向县以下农业和农村倾斜。农村基础设施建设属于公共品，中央和地方要集中财力，以直接投资的方式给予保证。这既能增加农民就业、增加农民收入，又能为城市工业和其他产业提供市场。

（3）加强城乡统筹发展，逐步实现城乡一体化。目前，农民负担最重的不是“皇粮国税”，主要是教育双达标、水利建设、乡村道路和电网改造等集资收费。农村基础设施落后，是农村与城市在市场信息上的不对称，生产成本居高不下，农民生活水平难以提高的主要原因。要认真贯彻“公平对待，合理引导，完善管理，搞好服务”的方针，逐渐使农民真正享受与城镇居民同等的国民待遇。属于公益性的支出，包括义务教育以及乡镇行政管理支出等，均应列入政府预算开支。在教育、医疗、就业、社会保障、市场准入以及其他公共财政支出等也应逐步实行城乡统一的政策，最终实现城乡一体化。

（4）搞好农村环境治理，实现农村生产力的可持续发展。政府要规定生产的环境标准；通过发展公共品，解决企业自身难以消除的外部不经济问题；建立乡镇企业小区，通过企业集聚，解决污染问题；对污染源企业实行关、停、改、转时，国家应给予适当的经济补偿；重点扶持生态技术创新和推广、清洁能源、高新技术等无污染、少污染产业。

二、遵循规律保障农产品供给

农业生产有其特殊性，既要受到自然规律的制约，又要受到生物规律的支配，还要受到经济规律的约束。这三大规律之间，有着辩证的关系：指导农业生产的经济规律，要符合生物规律的要求；农作物生长的生物规律，又要遵循自然规律的束缚。制定农业政策、研发农业科技、从事农业生产，都要遵循三大规律及其辩证关系，才可能达到预期目的。

（一）自然规律变化对农业生产有广泛影响

《中国应对气候变化国家方案》指出：在全球变暖的大背景下，我国近百年的气候发生了明显变化。有关我国气候变化的主要观测事实包括：

一是近百年来，我国年平均气温升高了 0.5～0.8℃，略高于同期全球增温平均值，近 50 年变暖尤其明显。研究表明，气温每上升 1℃，粮食产量将减少 10%。高温条件下作物生育期缩短，生长量减少，可能会抵消全年生长期延长的效果。气温每升高 1℃，我国水稻生育期将平均缩短 7～8 天，冬小麦生育期将平均缩短 17 天。由于生育期缩短，减少了作物通过光合作用积累干物质的时间，质量也会下降。据测算，在现有的种植制度、种植品种和生产水平不变的前提下，到 2030 年，我国种植业生产潜力可能会下降 5%～10%，其中灌溉和雨养春小麦的产量将分别减少 17.7%和 31.4%；2071—2100 年，我国冬小麦生产潜力将下降 10%～30%，水稻生产潜力将下降 10%～20%，玉米生产潜力将下降 5%～10%。

二是我国年平均降水量在 20 世纪 50 年代以后开始逐渐减少，平均每 10 年减少 2.9 毫米。我国每年因旱灾平均损失粮食 300 亿千克，约占各种自然灾害损失总量的 60%。20 世纪中叶以来，我国农作物干旱受灾面积逐年增加。按年代平均，20 世纪 50～90 年代，我国农作物旱灾面积依次为 531.7、800.4、853.9、1 129.4、1 384.2万公顷。研究表明，在全球气候变暖背景下，已经持续 30 多年的华北地区干旱问题在未来 10 多年内仍不会有缓解迹象。同时，南方雨量丰沛地区的季节性干旱也日益凸显。2006 年，重庆市和四川省出现了有气象记录以来最严重的高温伏旱；2007 年，湖南、江西、四川、重庆等省（直辖市）部分地区发生了严重的夏旱或秋旱，均对农业生产造成了严重影响。随着全球气候变暖，极端天气和气候事件的增多、增强，旱灾危害的程度、范围呈加重、扩大态势。

三是近 50 年来，我国主要极端天气与气候事件的频率和强度出现了明显变化。华北和东北地区干旱趋重，长江中下游地区和东南地区洪涝加重。我国农业气象灾害、水资源短缺、农业病虫害的发生程度都呈加剧趋势。若多种灾害同时发生或连片发生，将造成粮食生产能力严重降低、减产幅度会进一步加大。同时，气候变化增加了土壤水分、有机质和氮的流失量，加速了土壤退化和侵蚀，削弱了农业生态系统抵御自然灾害的能力。气温升高，还将导致干旱地区降水量减少，土壤风蚀严重，沿海地区土壤蒸发量增加，土壤盐渍化程度加重。

我国未来的气候变暖趋势将进一步加剧，科学家预测：一是与2000年相比，2020年我国年平均气温将升高1.3～2.1℃，2050年将升高2.3～3.3℃；二是未来50年我国年平均降水量将呈增加趋势，预计到2020年，全国年平均降水量将增加2%～3%，到2050年可能增加5%～7%。其中东南沿海增幅最大；三是未来100年我国境内的极端天气与气候事件发生的频率可能性增大；四是我国干旱区范围可能扩大、荒漠化可能性加重。

上述自然气候的变化，将对我国农业生产、经济社会发展和人们的生产生活产生很大影响。我们必须重视研究自然规律，适应自然规律，在自然规律的指导下研究农作物生长规律和农业经济规律。

（二）对生物规律的研究要适应自然规律的变化

自然规律的变化是客观事实，对我们来说，适应气候变化比减缓气候变化的要求更为现实、更加迫切。自然气候条件直接影响和制约着农业生产过程，在全球气候变暖背景下，农业的脆弱性最大，适应气候变化的要求最高，压力也最大。

研究表明，自然气候变化已经对我国的农牧业产生了一定的影响，主要表现为自20世纪80年代以来，我国的春季物候期提前了2～4天。未来气候变化对我国农牧业的影响主要表现在：一是农业生产的不稳定性增加，如果不采取适应性措施，小麦、水稻和玉米三大作物均以减产为主。二是农业生产布局和结构将出现变动，种植制度和作物品种将发生改变。三是农业生产条件发生变化，农业成本和投资需求将大幅度增加。四是潜在荒漠化趋势增大，草原面积减少；气候变暖后，草原区干旱出现的概率增大，持续时间加长，土壤肥力进一步降低，初级生产力下降。五是气候变暖对畜牧业也将产生一定的影响，某些家畜疾病的发病率可能提高。

如何在自然气候变化的情况下，合理调整农业生产布局和结构，改善农业生产条件，有效减少病虫害，降低生产成本，防止荒漠化增大趋势，确保我国农业生产持续稳定发展，是我们研究生物规律的重要任务。

（三）在遵循自然规律和生物规律的前提下研究经济规律

应当把适应自然规律变化作为我国应对自然变化的优先战略，把促进农业生产和保障粮食安全作为我国应对气候变化的首要任务。在遵循自然规律和生物规律的前提下，研究农业发展战略，科学规划农业生产布局，应把以下研究方向作为重点：

1. 研究如何减少农业污染，减缓气候变化。要研究如何发展高效绿色生态农业，防治农业面源污染，科学施用化肥、农药，引导增施有机肥，全面提升地力，减少农田氧化亚氮排放，减少农业污染，减少对自然生态环境的破坏，减缓自然气候变化的程度。

2. 研究如何加强农业基础设施建设。应对自然气候的变化，重点研究农业节水技术，灌排体系的合理改造，粮食主产区中低产田盐碱和渍害治理技术，丘陵山区和其他干旱缺水地区雨水集蓄利用技术等。

3. 研究农业结构和种植制度调整。重点研究如何优化农业区域布局，促进优势农产品向优势产区集中，形成优势农产品产业带，提高农业生产能力。重点研究如何扩大经济作物和饲料作物的种植，促进种植业结构向粮食作物、饲料作物和经济作物三元结构的转变。研究调整种植制度，发展多熟制，提高复种指数。

4. 研究新的耕作技术、新的作物品种。发展包括生物技术在内的新技术，力争在光合作用、生物固氮、生物技术、病虫害防治、抗御逆境、设施农业和精准农业等方面取得重大进展，培育产量潜力高、品质优良、综合抗性突出和适应性广的优良动植物新品种；改进作物和品种布局，培育和选用抗旱、抗涝、抗高温、抗病虫害等抗逆品种。

三、推进现代农业建设

我去湖南、湖北等地调研，地方的同志反映：2007 年中央 1 号文件把发展现代农业作为主题，非常及时和重要，符合当前我国农业发展阶段的要求，但是推进现代农业建设需要加强研究，特别是需要突出重点。

（一）发展现代农业要坚持"两个不放松"

一是发展粮食生产不要放松。近年来，我国粮食连续丰收，政策和天气所起的作用不小，例如东北地区常常以霜期早晚来判断粮食增产的幅度。粮食的弱质产业、种粮比较效益低的属性仍未改变，粮食生产的资源制约并未改变，自然灾害的深刻影响也未改变，市场竞争的压力尚未改变。气候不可能总是风调雨顺、国家政策扶持力度尽管近几年较大，但由于宏观平衡要求，不可能每年都大幅度增长，在这种情况下，国家对粮食生产一刻也不能放松。

二是抓好动植物病虫害防治不放松。特别是禽流感、口蹄疫、小麦条锈病等，稍不注意就会出现严重的局面，不仅影响国内农业的发展，同时对国际贸易也将产生负面影响。

（二）发展现代农业的“五个突破口”

1. 以加强农业实用技术推广为突破口。对东中西部地区农业发展的实际情况要进行认真调查研究，分别提出推广适合本地区的农业实用技术，如东部地区重点推广农业机械化、精准农业、效益农业和外向型农业，提高产业层次，提高土地产出率和资产利用效率；对中部粮棉产区，重点推广优质、高产、高效、安全的栽培技术，实施良种工程，发展设施农业，提高土地产出率和劳动生产率，发展劳动密集型产业，稳定提高农业综合生产能力；对西部地区，要根据自然条件特点推广设施农业，根据生物多样性特点，发展特色农业、观光休闲农业。

2. 以培养新型农民为突破口。一是普遍开展农业生产技能培训，扩大农村劳动力转移“阳光工程”培训规模，大力实施“新型农民科技培训工程”，围绕主导产业、培训专业农民，进村办班指导、发展“一村一品”。二是大中专毕业生到农村工作要给予特殊优惠政策，采取更加灵活的户口管理和激励机制。三是减免对农林类学生教育和培训费用，为高等农林教育、农村职业技术教育和农村成人教育提供优惠条件。

3. 以加强农产品质量安全管理为突破口。一是认真贯彻《农产品质量安全法》，从农业生产源头上治理农产品污染、实施过程监控，治理市场秩序和强化农产品质量安全科技支撑。二是加大动物疫病的预防力度。当前要抓住时机，大力推进兽医管理体制改革，加强乡镇和村级动物防疫队伍建设，为做好重大动物疫病防控工作提供组织和制度保障。三是采取措施加强农业生产资料和农产品质量安全的监管。

4. 以发展设施农业和可再生清洁能源为突破口。塑料大棚、养殖小区和网箱养鱼等设施农业，是高效农业、要素集约化农业，是解决“靠天吃饭”、快速增加农民收入、避免农业自然风险的重要途径，是现代农业的重要内容。中央和地方财政应当采取扶持政策，把发展设施农业作为建设现代农业的重要抓手，把发展农村可再生清洁能源作为实现新农村“村容整洁”的总抓手。发展农村沼气、秸秆气化和太阳能、风能等，具有良好的生态效益、经济效益和社会效益，广大农民群众十分喜爱和欢迎，是一项德政工程，民心工程，对改善农村生活习惯、生产方式、环境整治、生态保护、村庄规划和建设生态文明家园具有提纲挈领的作用。要继续扩大农村沼气等建设投资规模。

5. 以提高农业产业化和农民合作化水平为突破口。一是发展多种模式的产业化经营，重点发展“公司＋合作组织＋农户”和股份合作制形式。这两种模式是当前解决企业与农民利益联结的最好形式。二是认真宣传贯彻《农民专业合作社法》，讲清楚农民专业合作社是农村经济组织制度的重大变革，是实现现代农业的重要载体，对完善农村家庭承包责任制，对“公司＋农户”买断关系向合作组织与农民经济利益一体化方面转变，对实现农业标准化生产、专业化经营、信息化管理，对整合农民资金、技术和劳力等资源，对农业企业进行国际维权，对发展现代农业、促进新农村建设都具有特殊意义。三是尽快出台登记办法、财务会计制度和配套政策措施。四是安排中央和地方财政转移支付专项资金，支持和促进农民专业合作社建设与发展。五是要充分发挥农民专业合作社的组织载体作用，积极探索通过农民专业合作社落实国家支农惠农政策、农业保险补贴等新渠道。

四、发展现代农业的政策措施

当前，各地都结合实际，采取多种形式扎实地推进现代农业建设，农业农村经济发展出现了良好势头。

（一）各地发展现代农业出现三个特点

从调研了解的情况来看，各地发展现代农业出现以下 3 个特点：

1. 认识有了新高度。农村工作很多，工作从何抓起，力量往哪里使，工作的突破口在哪里？现在地方党委、政府和广大干部的思想已比较统一，新农村建设首先要发展现代农业。农业发展水平低，农民增收缓慢，这是新农村建设的主要矛盾。广大干部群众思想都能够统一到中央 1 号文件精神上来，使发展现代农业有了牢固的思想基础。

2. 发展有了新思路。特别是农业大省，开始跳出农业抓农业，用工业理念来发展现代农业。湖南省提出从六个层次发展现代农业：即发展设施农业、效益农业、安全农业、生态农业、旅游农业、循环农业。沈阳市沈北新区以引进和培育农事龙头企业为突破口，构建了生产、加工、销售有机结合的现代农业产业体系，加快新农村建设进程。

3. 工作有了新力度。发展现代农业，需要着力解决"钱从哪里来的问题"。多数地方都制定了发展现代农业、建设新农村的规划，对农业、农村发展的投入力度普遍加大。沈阳市沈北新区在运作建设资金方面进行了大胆的尝试，建立了三大体系：一是放开要素市场，建立民营资本投入体系。将供电、供水、供热等可经营类项目全部市场化，引入民营资本参与基础设施建设。二是集中使用财政资金，建立"支农、惠民"公共财政体系。集中财力办大事，使财政资金重点向具有长期性、基础性的基础设施和公共服务建设项目倾斜。三是拓展融资渠道，建设社会化筹资体系。组建国资公司、土地储备交易中心、建设开发公司三大融资平台，与金融机构建立稳固的合作关系，吸纳银团资金参与新农村建设。

（二）发展现代农业面临的问题

推进现代农业建设，目前存在以下五个方面问题：

1. 发展现代农业的投入大与农业比较效益低的矛盾。农业比较效益低，难以吸引资金投向农业；社会上的资金多数投入二、三产业，这是制约现代农业发展的根本原因。

2. 发展现代农业与确保粮食安全的矛盾。有的地方往往是以牺牲粮食生产为代价发展现代农业，显然这与确保粮食安全是相矛盾的。

3. 发展现代农业与分散小农经济的矛盾。我国农户土地规模小，农民经营分散、组织化程度低、抵御自然和市场风险的能力较弱。这是发展现代农业规模化生产、集约化经营必须面对的问题。

4. 发展现代农业与地方财政紧张的矛盾。“农业大县、工业小县、财政穷县”是我国农业地区的基本特点。农业县区既要保人员工资，又要解决一些必需的社会发展问题，无力增加对发展现代农业的投入。同时，发展现代农业对促进当地经济增长、增加财政收入花费时间长，效果不明显，因此，一些地方在一定程度上缺少内在的积极性。

5. 发展现代农业与目前农民素质较低的矛盾。发展现代农业，迫切需要高素质的农业生产经营主体。目前，农村劳动力就业结构发生了重大变化，突出表现为农村青壮年劳动力外出打工不断增多，从事农业生产绝大多数是老人、妇女和未成年人，农业劳动力的素质状况远不适应发展现代农业的需要。

（三）推进现代农业建设的迫切任务

实践经验表明，当前推进现代农业建设，应以高素质的农民为主体，以多样化的农业合作经济组织为载体，以先进适用的科技为手段，以农业产业化经营的发展为重点，通过确保“三个安全”、提高“五化水平”，保障农产品供给，增加农民收入，促进工农、城乡的协调发展和农业的可持续发展。

1. 确保"三个安全"

（1）确保粮食安全。可以考虑以下五点：①由良种补贴改为良种免费供给，并由指定良种企业供种。②适当提高粮食保护价。对河南调研表明，小麦市场价格每提高 0.1 元，粮农只能得到 0.03 元，其余大部分被中间环节得到了。提高粮食保护价，粮农可得到所有利益。③国家对种粮农民的补贴，不应补给出让土地的农民，应补给承包或转包土地的种粮农民。④加强对粮食进出口宏观调控，根据需要确定合理的进出口比重。⑤加强农田水利和节水灌溉建设，建立旱涝丰产田。

（2）确保食品质量安全。全面贯彻《农产品质量安全法》，一是建立健全各项制度，完善省一级，加强市一级，突破县一级；二是在达到无公害食品水平基础上，有条件的地区，逐步提高绿色食品和有机食品的比例。

（3）确保环境安全。有效控制投入品对自然资源和环境的污染；推广资源节约化、废弃物资源化，实现资源得到可持续利用。

2. 提高"五化水平"

（1）提高农业规模化水平。当前，发展畜牧业规模养殖条件比较成熟，要重点发展数量型的规模化养殖。对于种植业规模化，可考虑两种类型：一是以家庭承包经营为基础，发展适度规模的家庭混合农场，既种粮又种菜，既搞种植业又搞养殖业，能够确保劳动力的充分就业，这种形式有可能伴随着小康社会全过程；二是在家庭承包经营的基础上，通过服务实现规模经营，可采取服务型、联合型、转让型和产业化经营型等多种形式。为了鼓励有条件的农民转让土地，对转让土地的农民，国家应给予一定的补贴，实质上国家承担一部分转包费。

（2）提高农业机械化水平。当前提高农机化水平，要因业制宜，分类实施，大田作物的生产过程要实现机械化，畜禽养殖的主要环节要实现机械化或自动化，温室生产要基本实现自动化。

（3）提高农业标准化水平。东部地区要实现全过程的标准化，中西部地区要实现主要环节标准化。当前重点要抓好以下工作：①加快完善标准体系，重点制订标准化生产技术操作规程。②加强标准化的组织实施。重点加快建设农业标准化示范区和生产基地，逐步实施主要农产品基地化、规模化、标准化和品牌化。③提高实施标准的层次。鼓励生产、加工和流通环节采用国际标准。④加快推进农产品质量和产地认定，加快农产品商标注册。⑤加快全程监管力度，产地管理，农业生产资料监管、动植物疫病监控，菜篮子产品质量安全监管。

（4）提高农业产业化水平。做大做强农业产业化龙头企业，加强生产基地建设，拓展农业产业链，促进农产品加工增值。完善龙头企业与农户利益联结机制，使龙头企业更好地服务农户，增强龙头企业对农户的带动能力。

（5）提高农业市场化水平。要运用现代经济管理方法和手段，对农业进行成本核算和经济效益核算，使期货市场和电子拍卖市场成为农产品销售的重要渠道，农户和农业企业的生产决策逐步做到市场化、科学化。

3. 分类指导、分步实施

（1）分类指导。全国各地自然条件、经济发展水平差距很大，发展现代农业的条件和面临的问题各不相同，应坚持因地制宜，分类指导的原则。

东部地区：积极发展有利于保护资源和生态环境的高产、优质、高效农业，集中力量发展规模大、起点高、带动能力强的农产品生产加工和流通企业，加大科技创新力度，打造科技含量高的农产品品牌；努力开拓国际市场，推动农产品及其加工产品的出口。在发挥劳动力资源优势的基础上，重点发展资本密集型、科技（生物技术）密集型产业，突出抓好农业生产的标准化、农业经营的产业化，农业生产手段的科技化，率先实现农业现代化。

中部地区：把发展粮食生产和畜牧业放在首位，保障农产品有效供给，优化结构，提高品质。围绕这一目标，切实提高农业综合生产能力；把畜牧业作为支柱产业；提高农业生产的专业化、规模化、市场化水平；通过提高农产品加工增值，增加农民收入；健全农业社会化服务体系。

西部地区：因地制宜地大力发展特色农业。形成具有地方和民族特色的原材料生产和加工基地，以农业产业化方式推进现代农业建设，发展实用技术密集型、劳动密集型产业，推进“一村一品、一乡一业”农业生产模式。把加强农业基础设施建设、改善水利条件、建设基本农田作为重点。对于风光优美和民族风俗丰富的地区，要围绕休闲、观光、考察、旅游等活动，建设具有文化特色的现代农业和新农村。

（2）分步实施。

近期：确保粮食安全和食品质量安全，基本实现环境安全，有效防止重大动植物疫病发生，在此基础上大力提升农业规模化、机械化、标准化、产业化和市场化水平。围绕上述目标，提高农业综合生产能力，规范土地流转和规模化经营，加强农田水利等基础设施建设，加强农业科学技术的推广应用，着重提高土地生产率和资源利用率；加强从田间到市场全过程管理力度，有效控制农业生产投入品的生产、使用，遏制对农业和环境的污染；防止动植物疫病造成重大损失。

中长期：完全实现“三个安全”和“五化水平”，全面提高土地产出率、资源利用率和劳动生产率。全面提高农业的物质装备水平，提高农业生产的标准化程度，提高农产品的质量安全水平，发展现代农产品加工业，培养新型农民，使农业成为有市场竞争力的高效产业。

（四）发展现代农业要注意“五个结合”

1. 调整生产关系和发展生产力相结合。中央提出建设社会主义新农村以来，农业生产进一步向规模化、机械化、标准化、产业化、市场化方向发展，农村经济出现了可喜的形势，农业生产力水平已经进入一个新的发展阶段，但与此相适应的生产关系，如土地流转制度、畜牧业规模养殖用地制度、农民专业合作经济组织制度、农村金融制度等还很不适应，需要进一步调整和完善。

2. 实现长远目标与办好农民最关心的实事相结合。当前，农民普遍关心的有五件事：一是三育，即育土、育种、育人。育土就是加强农田基本建设、培肥地力，增强抗灾减灾能力；育种就是创育优良品种，实现良种更新换代，提高单产；育人就是提高农民外出务工和应用现代农业技术的能力；二是加强农业技术推广，实现科技入户；三是发展农村沼气；四是扶持农民专业合作经济组织发展；五是提供小额贷款。

3. 发展规模化养殖与发展大型沼气项目相结合。大力发展规模化养殖，要与发展大型沼气项目结合起来，这不仅能够增加农民收入，减少环境污染，而且还能解决一家一户的能源需要，是新农村“村容整洁”建设的重要内容。

4. 直接补贴农民与发展农业生产力相结合。国家补贴对于提高农民生产积极性、增加农民收入发挥了重要作用，受到农民普遍欢迎。但必须看到，发展现代农业最根本的是提高农业生产力，必须把增加投入的重点放到改善农业生产条件，大力发展农业科技，加强农田基本建设和提高农业综合生产能力上。

5. 发展现代农业要与全面繁荣农村经济相结合。据估算，有相当部分农村地区二、三产业占农村经济60%以上，农业所占比重不到40%。实践表明，现代农业发展比较好的地区，几乎都是二、三产业比较发达的地方。农村二、三产业既是现代农业建设的主要资金来源，也是农村富余劳动力的重要转移渠道。没有农村经济的全面繁荣，就搞不成现代农业，也搞不成新农村建设。

（五）发展现代农业的政策措施

1. 增加财政对农业的投入。

（1）调整农业投入核算口径。中央财政对农业的投入应实行“一项改革、两个分开”。一项改革：就是明确《中华人民共和国农业法》（以下简称《农业法》）“中央和县以上地方财政每年对农业总投入的增长幅度应当高于其财政经常性收入的增长幅度”规定中，“财政经常性收入”的内涵要明确，同时将这一增量指标改为比例指标，即分别规定中央和县以上地方财政对农业的投入比例。两个分开：即将现行中央财政对农、林、水、气的投入分开；将财政对农业的投入和对农村社会事业发展的投入分开。

（2）开辟新的农业投入资金来源。根据“建设用地税费提高后新增收入主要用于‘三农’”的精神，建议要明确用于“三农”比例要高于60%。发行新农村建设特别国债，重点用于农业和农村基础设施建设。

2. 加强和完善农业科技体制建设。明确农业科技机构的公益性质；打破部门多头管理格局，实现国家对农业科技的统筹管理和协调；合理界定中央和地方职责分工，充分发挥中央和地方两个积极性；实施农业科研、教育和推广相结合，使各环节相互衔接和相互配合，加快科研成果转化为现实生产力。

3. 把畜牧业规模养殖作为发展现代农业的支柱产业。农业规模化首先要从畜牧业抓起，要重点支持畜禽规范化养殖小区、无规定疫病区建设，强化动物免疫措施，将重大疫病纳入免费防疫的范畴。

4. 加强农产品和养殖产品质量安全管理。认真贯彻《农产品质量安全法》，实施农产品从“田间到市场再到餐桌”全过程监管，加强完善农产品安全追溯体系和责任追究体系等。

5. 建立和完善农业风险防范机制。农业受自然、市场风险影响越来越大，建立由政府主导的农业风险防范机制迫在眉睫。通过工程、非工程措施，加强重大动植物病虫害预测、预报和预警体系建设，开展农业政策保险制度，保障农民增产增收。

6. 推进农村金融体制改革和创新。加快培育新型农村信用合作组织，建立覆盖面广的政策性农业保险制度。调整农产品加工增值税政策，对龙头企业购买的农产品原料，增值税进项抵扣率从13%提高到17%。

7. 大力扶持农民专业合作经济组织发展，培养新型农民。抓紧制定扶持专业合作社发展的金融支持政策和税收优惠政策。加快培养有文化、懂技术、会经营的新型农民，扩大培养农村实用人才的规模和实施范围，提高补贴标准，提高培训质量。

8. 重视发挥两支生力军的推动作用。工商企业带动农业发展和农民工近乡创业，已成为推进现代农业建设的两支生力军，将会带动生产、生活方式的重大变革。

（1）要重视“以企带村”：以企带村对农业、农村发展具有重要的战略意义。①以企带村是农村生产方式的重大变革。通过企业这一现代化的组织形式，能够将先进的经营理念、管理方式、物质装备、生产技术等要素引入农业领域。②以企带村是“工业反哺农业、城市支持农村”的现实选择。③以企带村为劳动力向非农就业提供了广阔途径。如江苏宜兴市黄家村，约90%的劳动力在企业就业，人均年收入都在2万元以上。因此，对支持新农村建设的企业要加强支持和引导。

（2）要重视农民工返乡创业。目前，全国约有1.2亿农村劳动力外出务工，其中近500万农民工返乡创业，创办的企业总数约占全国乡镇企业总数的20%，对农村经济社会发展的影响不断扩大，是推进新农村建设的一支重要力量。①农民工返乡创业，把资金、技术、信息和先进理念等城市生产要素，与农村的资源优势有机结合起来，促进了农村生产力发展。②吸纳了农业富余劳动力，增加了对农业的资金投入，发展了农产品加工业。③农民工返乡创业开拓了就地转移劳动力的门路。一名返乡创业人员每兴办一个企业平均可带动 7～8 个人就业，初步估计全国近 500 万返乡创业人员，安排了约 3 000多万农民就地、就近就业，每人每年平均增收5 000元左右。因此，要全方位支持、鼓励农民工返乡创业。

五、建设现代农业园区

在全面建设小康社会的进程中，实现农业现代化是一项极其艰巨的战略任务。实践中提出的许多问题需要我们去破解。比如：实现农业现代化的切入点在哪里？资金从哪里来？千家万户的土地如何实现规模化和标准化经营？如何实现广大农民与国际市场对接？这些问题沿海各省市都在探索之中。为此，我们先后考察了大连和沈阳共 8 个现代农业园区，通过专题调研，得到了教益与启示。

（一）辽宁建设现代农业园区的基本做法

1. 明确指导思想和建设标准。建设现代农业园区，要遵循政府组织、企业运作、部门服务、农民参与的原则，坚持以市场为导向，以效益为中心，以科技为依托，以企业投资为主体；在农民自愿的基础上，积极推进土地流转，实行规模化生产，产业化经营，带动农业结构调整和农民增收。现代农业园区建设标准：一是土地规模，每个园区要在5 000亩[①]以上，且集中连片，实行统一规划、统一建设和集中经营；二是投资规模，每个园区要达到1亿元以上；三是产出规模，每个园区年销售额要在1亿元以上；四是科技含量，省级现代农业园区必须以科研单位、大专院校为技术依托，农业科技贡献率要达到60%以上，主要技术要达到国际先进水平，生产或加工的农产品质量要达到国际标准；五是带动致富，农业园区要以提高土地效益和劳动收益为手段，大力发展高附加值的农产品和加工品，促进土地流转和吸纳更多的农村剩余劳动力，带动当地农民增收。

2. 大力开展招商引资。截至2003年，辽宁全省现代农业园区已经注入资金89.3亿元，其中企业投资76.8亿元，占总投资的86%。省政府2002年分别在加拿大和新加坡举办了现代农业园区招商洽谈活动，签约金额超过3 000万美元。大连市组织了36次以现代农业园区为重点的对外招商引资活动，引进合同外资4.2亿美元，实际利用外资1.41亿美元。组织了8次较大规模的国内招商引资活动，引进内资16.21亿元，实际利用内资5.7亿元。

3. 培植产业化龙头企业。这是园区有没有活力、农业高新技术能不能尽快推广和实现产业化的关键。大连大成（食品）有限公司是大连炮台园区内规模最大的外资企业，该公司集肉鸡繁育、养殖、加工、销售及饲料加工于一体，年养鸡12万只，屠宰加工肉鸡3 200万只，以“公司＋农户”的模式

① 亩为非法定计量单位，1亩＝1/15公顷。

带动养鸡专业户2 800户，年养鸡2 000多万只，形成了产业化规模，同时解决了当地3 000多人就业，并带动了种植业、运输业、饮食服务业等相关产业的发展，促进了小城镇建设，为本镇农民带来直接经济效益1亿多元。全镇1.7万户，平均每户就有1人从事二、三产业，非农收入占全镇经济总收入的70%。

4. 把农产品质量安全放到突出位置。要求园区内所有产品必须是无公害食品，并对申报省级现代农业园区实行一票否决制。省政府成立了农产品质量安全工作领导小组，下发《关于加强农产品质量安全工作的意见》，制定《辽宁无公害农产品管理办法》等。目前对建设中的园区项目开展了生产无公害食品的环境检测，申报和认证了一大批绿色食品。

5. 把保护农民利益作为园区建设的基本前提。辽宁省在园区建设中，十分注意尊重农民意愿，不搞强迫命令。通过政策吸引和项目示范推进土地流转，努力让农民通过土地流转得到更大收益。大连市金州区向应现代农业园区实行土地股份制经营，采取农民承包土地入股，年初保底分红，年终盈余分红，股民优先参加园区作业等办法，提高了经济效益，使农民能够每年获得稳定的收入，自愿地转让土地，参与园区建设。

（二）现代农业园区建设的主要模式

辽宁省现代农业园区从内容上划分，大致可分为以下四种类型：一是都市农业型；二是特色农业型；三是综合开发型；四是生态农业型。从运行机制上划分，主要是两种模式：一是政府主导、企业参与型；二是企业运作、部门服务型，这一类目前占大多数。

我们在调查中发现，大连向应现代农业园区采取的土地股份制模式很值得关注，特别是在广大粮食主产区更有现实意义，有利于最大限度地保护农民的利益，值得认真总结。

在组织形式上，向应现代农业园区在依法、自愿、有偿的原则下，采取集体土地、资金和农业设施以及村民承包的土地部分或全部折价入股，作为企业的投资，注册成立大连向应农业发展有限公司，实行农民“入股自愿，退股自由”。该公司本着公正、公平、公开的原则，按照《中华人民共和国公司法》和相关法律规定，经全体村民代表讨论，成立了股东大会、董事会和监事会。公司的股份构成是：村民一分地为一股，61 户土地共 293 亩，折价占总股本的 13.06％；村集体以统一经营的1 300亩土地和水利配套、温室大棚等设施入股，折价占总股本的 86.94％。约定股份公司有效经营期为 10 年。2002 年以来，园区根据发展的需要和农民的愿望，继续扩大土地入股面积，入股农民增至 189 户，入股土地面积达3 057.88亩，其中包括外村 53 户农民的土地 472.68 亩。

在分配方式上，公司章程规定，企业上缴国家税金后的利润，60％用于扩大再生产，40％用于股金分红；各股权一律平等，年终一次性付给股红；公司如发生亏损，则按股份分担风险。同时，考虑到土地是农民的基本生活保障，公司又规定，无论公司盈亏，每年每亩给予保底分红 200 元，如果公司到年底还有盈利，可再参与分红。2001 年底，刚成立 1 年的公司不但对入股村民实行保底分红，又为入股村民每人每亩多分红 100 元，共 300 元，几乎是过去种粮收入的 3 倍。此外，入股村民还可继续承包公司的大棚，也可到公司打工。目前在公司常年上班的农民有 200 多人，占入股青壮年劳动力的 50%以上，其他青壮年劳动力主要到大连市区打工。承包公司大棚的入股村民所得收入与公司五五分成，在公司工作的入股村民男工 1 年工资8 000元左右，女工 1 年工资6 000元左右。

在经营方式上，园区根据不同的生产方式和种植品种，采用比较灵活的经营方式，避免出现新的“大锅饭”。村民既可承包经营，也可为公司打工。承包经营主要有三种方式：一是温室和大棚承包经营，根据产品的不同生产季节，对 40 个温室和 200 个大棚进行“小段”承包经营，利润按五五比例分成，产品由公司统一收购；二是露天作业和大棚育种承包经营，采取由公司统一提供种子、统一技术指导、统一收购的方式，利润按比例分成；三是蔬菜和桔梗等其他作物承包经营，采取农民交纳土地承包金的方式，每亩每年交纳 350 元，产品由公司统一收购，收益归己。

在决策机制上，按照公司章程，重大问题由股东大会投票决定，建立了“人人有责任，人人当家做主”的民主决策机制：一是年初召开董事会，召集董事会成员和农民股份代表讨论年内生产计划，决议由总经理负责实施；二是对公司发展有影响的重大问题和对外合作项目，必须由董事会研究决定；三是公司内部重大的人员或部门调整，必须开董事会研究决定；四是在年终分配时，召集股东大会，由董事会成员和农民代表共同研究利益分配问题。

(三) 教益与启示

通过调查我们认为，建设现代农业园区对于推进现代农业建设、农村生态环境改善、小城镇建设具有重要意义，为解决农业和农村在发展过程中出现的难题提供了许多有益的启示。

现代农业园区是提高土地效益和劳动收益，保证农民稳定增收的有效方式。辽宁省所有的现代农业园区都根据市场需要，引进先进技术和新品种，直接带动农业结构调整；农民通过多种形式的土地流转和参与园区生产经营，可以稳定获得土地出让租金收入，还可以得到入股分红收入，有的还可以获得工资收入，收入大幅度增加。大连向应现代农业园区所在的城西村 1997 年以前，是金州区有名的贫困村，村集体负债 136 万元，人均纯收入只有1 200元。2001 年 3 月推行土地股份制农业园区后，每平方米土地的收益超过了实行股份制前的收益。2001 年底，城西村可支配财力达 145 万元，人均纯收入达到5 800元，2002 年达6 300元，村民们的生活水平已进入向应镇的前列。

现代农业园区是在遵循《农村土地承包法》原则下，实施农业规模经营和标准化生产的重要形式。20 世纪 80 年代靠增产、90 年代靠提价，加入世贸组织后，靠的是规模化和标准化。辽宁省现代农业园区认真贯彻《农村土地承包法》，依法进行土地流转，实现规模化经营，每个园区平均规划面积在5 000～10 000亩，多数园区实行"一园一品"的模式。园区采用统一的无公害生产标准，农民参与园区生产承包，通过园区的企业化运作，统种统销，使生产的产品质量稳定，农业生产变成一种车间式的专业劳动，产品的附加值提高，成本降低，极大地提高了农产品的市场竞争力。

企业是现代农业投资的主体。通过政府制定扶持政策，吸纳社会各方面的资金，进一步拓宽融资渠道，使一大批农业高新技术项目得以快速引进和建设，并在较短的时间内投入生产。据不完全统计，到2003年为止，辽宁省现代农业园区已经投入资金89.3亿元，建设项目达到279个，主要是企业投入，还有一部分是政府投入、金融机构贷款和农民的土地入股。

现代农业园区是促进农业各要素有机组合，提高农民组织化程度的有效载体。由于园区建设以科技为依托，从而使土地、劳动力、资金、信息等生产要素有机结合，使种植业、畜牧业、渔业和林业、加工业、建筑业以及第三产业协调发展，打破了以往各业独立发展、联系松散的局面。同时，现代农业园区又是一种新的组织形式，特别是以企业作为运作主体，在园区内部，按工厂化方式分工，专业化生产，以工业化的方式把农民高度组织起来。同时，园区在抗御自然风险，参与市场竞争，乃至应对国外反倾销等方面，也起到了重要作用。

现代农业园区是实现农业现代化和提高农民素质的示范区。现代农业园区成为新产品的示范基地和新技术的传播基地，新的生产方式和管理方式，使农民的科技素质迅速提高。目前全省现代农业园区可带动668万亩生产基地，占全省总耕地面积的10.7%，预计可吸纳农村劳动力23.4万人，目前已经吸纳农村劳动力6.9万人。

现代农业园区是全面改变农村落后面貌，改善农村生产生活方式的快捷之路。现代农业园区使农村的落后面貌迅速改观，农村城镇化、农业工业化、农民工人化正在变成现实。

六、调整农业结构

中央农村工作会议明确提出，农业和农村经济发展的新阶段，实际上就是对农业和农村经济结构进行战略性调整的阶段。为了及时掌握各地在农业结构调整中的新情况、新经验，我先后到广东、河南、广西、上海等地进行了调研，通过实地考察和走访农户，形成了一些看法和意见。

（一）当前农业结构调整出现的新情况

从调查情况看，各地对农业和农村经济结构进行战略性调整是积极的，工作是主动的。特别是基层干部和广大农民在实践中积极探索促进农业结构战略性调整的有效途径，表现出很强的主动性和创造精神。当前农业结构调整出现的新特点，主要有以下几个方面：

第一，各地普遍把农业和农村经济结构调整作为全面提高农业和农村经济素质和效益，全面提高我国农业整体水平的现实选择。

第二，各地普遍把农业和农村经济结构调整作为解决农业发展新阶段面临的新情况、新问题，适应国民经济结构战略性调整和加入 WTO 后积极参与国际市场竞争的难得机遇。

第三，以科学求实的精神对待结构调整。既注意制定规划、科学调整，又注意市场变化、稳步实施；既注意解决当前一些地区大路产品卖难、农业效益不高等现实问题，更立足于长远促进农业产业转型升级。

调查中感到，各地调整农业结构的热情高、决心大，形势总体上是好的。但工作中也存在一些问题，主要表现在：①结构调整的资金准备不足。农业结构调整是传统农业向现代农业转变的过程，引进优良品种、发展名优特新产品和农产品加工业等，都需要大量资金投入，特别是一些种养大户，资金短缺的问题比较突出。②农产品质量标准监测体系和市场信息体系建设滞后。许多地方反映，由于区分不开农产品的质量档次，不能实行优质优价，既影响了农民发展优质农产品的积极性，又难以满足市场对农产品的需求。一些地方的市场体系建设不适应当前结构调整需要，对农民起不到引导的作用。由于信息滞后，一些地方结构调整的趋同性倾向比较突出。③新品种、新技术引进手续繁杂。目前“三缺”（缺良种、缺技术、缺信息）问题直接影响着结构调整的进程。基层干部反映，引进一些市场急需的品种和技术需要很长时间，往往丧失了市场良机。有的农民反映，过去是捆住手脚不敢调，现在是放开手脚不会调。④农产品流通不畅。特别是一些果蔬外销比重较大的产区对运输关卡和收费过多反映强烈。⑤一些地区农技人员的自身素质还不适应。由于多年来农业科研和开发的重点主要放在发展粮食生产和增加农产品数量上，而对发展经济作物和养殖业，特别是对发展优质农产品的技术研究和开发不够，不能适应市场不断变化的需要。有些农技人员知识老化，不能适应技术指导、承包和示范的要求。

（二）当前农业结构调整需要解决的几个问题

对农业和农村经济结构进行战略性调整，是我国农业在基本解决了农产品短缺和人民温饱问题后，向提高农业整体素质和效益进军的里程碑。同时，农业结构的战略性调整又是一项系统工程，是农业经营方式的深刻变革，要求抓住新的机遇，探索新的思路，创造新的需求，实现新的发展，使农业和农村经济走上市场引导结构，结构提升效益，效益决定发展的轨道。因此，实现农业结构战略性调整的目标，是一个长期的过程，也是一个需要在实践中不断完善的过程，不可能一蹴而就。当前，农业结构调整迫切需要解决以下五个问题。

1. 进一步认识农业结构调整的深刻内涵。这次结构调整，与20世纪80年代中期和90年代初期的两次调整相比，有很大的不同。一是农产品供需形势不同。前两次结构调整，是在农产品供求总体上偏紧的背景下进行，有些产品一时多一点，主要是结构性、地区性的，整个农产品市场还是卖方市场。这次调整是在农业发展进入新阶段，农产品供求关系发生根本变化，绝大部分农产品供大于求的背景下进行的；二是城乡居民对农产品的需求发生了较大的变化。过去主要是解决温饱，而现在人们对农产品消费提出了优质化和多样化要求；三是调整的主体不同。过去结构调整的主体主要是政府，采取层层下达指标和运用行政手段进行，而现在结构调整的主体是农民，农民依据市场状况，掌握着结构调整的主动权；四是调整的内容不同。过去主要是通过面积增减和规定粮食与经济作物种植比例，局限在种植业内部进行平面调整；而现在是依靠科技进步，优化农产品品种和品质结构，发展多种经营，向生产的广度和深度进军，是一种立体式的调整。可以说，这次农业结构调整，是复合型的目标，工作要求比过去更高了。这就要求广大干部和农民要进一步更新观念，转变思维和工作方式，以便适应新形势的需要。

2. 千方百计开拓市场，搞活流通。各地反映，目前农产品流通是结构调整最主要的制约因素，农产品流通不畅不仅制约着农民的生产交换，而且还影响着后续产业的发展。从各地实践看，凡是结构调整成功的地方，也都是开拓市场的成功典型。山东寿光的蔬菜、甘肃酒泉的洋葱、河南鄢陵的花卉、浙江常山的胡柚都是在开拓市场中扩大了规模，打出了品牌，提高了效益。可以说搞活流通是结构调整的“牛鼻子”。因此，一要“反弹琵琶”，反向思维，为了抓生产，先要抓流通、抓运销，反过来促进结构调整。广东湛江市坚持“一把手”抓流通，把搞活农产品流通放在重要位置，组织专职人员跑销售，1999 年农产品外销 453 万吨，产值达到 1 亿多元。广西、河北的一些村成立农工贸公司，村委会主任担任总经理，为农户提供良种、化肥、技术和购销服务，村干部用 70%的精力帮助农户解决最为迫切的运销问题，效果十分显著。二要大力发育农村流通组织特别是外销网络，通过发展民间运销大户、农民经纪人队伍，鼓励农村能人创办流通协会、专业合作组织或公司等，形成多渠道、多形式流通。同时，要通过组织创新，构建我国农业参与国际竞争的新型市场主体。三要通过抓市场建设和管理，组织产销订货会，采用订单农业等形式，促进农产品流通。四要充分发挥龙头企业、科技推广部门在联基地、带农户、进市场方面的作用，使农民在二次分配中获得合理收益。

3. 积极推广良种良法，全面提高产品质量。提高农产品质量，增强其国际竞争力，是农业和农村经济结构调整的重要目标。目前，世界农产品的竞争，正在从以往的价格竞争为主，转变为质量、技术含量为主的全方位竞争。据专家分析，21世纪世界农产品质量的竞争，核心是良种的竞争，谁拥有良种和先进技术，谁就能掌握质量竞争的主动权。从国内看，尽管许多农产品出现“卖难”，但一些名特优产品价格在超出同类产品价格几倍乃至十几倍以上仍然畅销。比如，广西壮族自治区钦州的红荔市场价比普通荔枝每斤[①]高出20元；山东省1999年60亿斤优质专用小麦绝大部分以超过普通小麦20%以上的价格销出。因此，要加大动植物良种繁育体系和农业技术推广体系建设力度，把良种良法作为关键环节来抓。

4. 坚持因地制宜，发挥区域优势。我国幅员辽阔，各地地貌、资源、气候和生产习惯差异很大，调整农业结构必须坚持因地制宜，在保护好粮食生产能力的情况下，宜牧则牧，宜渔则渔，通过优化布局和区域分工，形成具有区域竞争优势有规模的主导产品和支柱产业。过去讲因地制宜，更多的是着眼于增加产品，现在讲因地制宜，主要是着眼于提高经济效益。从产量最大化到效益最大化，这是农业新阶段区别于过去的一个重要标志。据专家测算，在同样的生产技术条件下，如果投入决策目标从产量最大化转变为效益最大化，单位农产品的生

① 斤为非法定计量单位，1斤=500克。

产成本可以降低10%～30%。这方面，美国、加拿大、澳大利亚的小麦，荷兰的奶制品，法国的葡萄酒，阿根廷的牛肉，加拿大的猪肉，以及以色列的柑橘等，在发挥区域优势方面都获得了成功，值得我们借鉴。

5. 发展食品加工，实现多次增值。农业的国际竞争力不仅取决于初级农产品的质量，更取决于整个产业链、整个生产体系的发达程度。许多发展中国家正是通过不断提高农产品质量和建立发达的农产品加工体系来增强农业的国际竞争力的。据测算，发达国家农业产前、产中和产后向社会提供的产品价值量比为2∶1∶7，农业原字头产品的价值量只占农业最终产品价值量的10%左右。可见，没有农业生产外环节的多次增值，农业经济效益就难以从根本上提高。因此，大力发展食品加工业，是增强农业竞争力，促进农业结构调整向纵深发展的迫切需要。目前，不少省、自治区都制定了发展食品加工业规划，出台了相应的政策措施，提出要由农业大省向食品工业大省转变。要尽快制定食品加工业规划和支持政策，建立食品加工专项资金，鼓励多种所有制和多元投资主体共同参与，实现农业产业化经营，特别是要挖掘乡镇企业的潜力，使其在食品加工业中挑大梁。

（三）推进新阶段农业结构调整需要处理好的几个关系

农业结构的战略性调整，一方面要与我国国民经济结构的战略性调整相结合，为国民经济的发展打好基础；另一方面要面向国内外两个市场，积极参与国际竞争，使我国农业在世界农业中争得应有地位。在结构调整中要注意处理好以下几个关系。

1. 结构调整与加强宏观调控的关系。对农业结构进行战略性调整是一项政策性和实践性很强的工作，特别是在农产品市场和质量监测体系建设滞后、信贷等支持资金短缺的情况下，要通过加强宏观调控，引导各地干部克服困难，有所作为。要通过细致的工作，把政府的决策变成农民的自觉行为。要通过农业结构调整，进一步促进和完善农产品流通体制。

2. 结构调整与保护粮食生产能力的关系。调整农业结构，必须在稳定粮食总产、保护粮食生产能力的前提下，依靠科技进步，提高单产，改革耕作制度，开拓农业发展的新空间。要确保粮食生产能力不被破坏，制止在现有粮田上挖鱼塘、栽果树，严格控制基本农田农转非，做到稳定粮食政策，稳定基本农田面积，确保人均占有粮食400千克。为此，要在加强粮食主产区基础设施建设，支持加工转化和专用生产基地建设等方面，制定具体的配套措施，保护这些地区农民粮食生产的积极性，使这些地区尽快形成自己的农业优势。

3. 结构调整与农民增收的关系。农民收入增加不了或增长缓慢，农民富裕不起来，直接影响国民经济和社会发展大局。农民是结构调整的主体，只有农民在结构调整中实实在在地增加了收入，才能激发他们的主动性和创造性，并迅速变为自觉行动，形成强大力量，推进结构调整向深度和广度进军。从这个意义上讲，农民收入是否增加，是衡量结构调整是否成功和有生命力的关键。

4. 结构调整与参与国际市场竞争的关系。加入WTO既为我国农产品出口营造了一个有利的国际贸易环境，也为国外农产品进入我国市场提供了条件。要认真研究我国农业的国际比较优势，对于不具备比较优势的产品，如大豆、玉米等，要通过改良品质、提高质量和深度加工等措施，提高市场竞争力；对于有比较优势的产品，如畜产品、园艺产品及其他劳动密集型产品等，要大力发展，增加出口，拓宽国外市场。据有关专家测算，目前我国猪肉、牛肉和羊肉的价格分别比国际市场低57%、84%和54%，出口潜力很大。要抓紧清理和调整不符合WTO规则的法律、法规和农产品质量、安全、卫生标准，制定与国际接轨的新的法律、法规和有关标准，比如进出口标准、市场准入标准等。

5. 结构调整与农业信息体系建设的关系。信息引导既是市场经济条件下政府宏观调控的重要手段，也是微观主体进行生产经营活动的重要依据。建立科学准确、反应灵敏和运转高效的农业信息体系，是推进农业结构调整顺利进行的重要条件。当前，一要加大农业信息基础设施建设力度，强化省级、健全县级，逐步将农业信息体系网络向乡村特别是种养和运销大户以及农民专业协会、公司延伸。二要及时向农民传递权威的生产、技术、价格和供求信息，逐步解决目前存在的“调减什么人人都知道，增种什么谁也不敢说”的问题，加大“电波入户”工程实施力度，充分利用电台、电视台和其他媒体，传播农村实用技术和农产品产销与价格信息。三要加强农产品产地批发市场建设，产地批发市场贴近农民，与农业生产联系密切，是农民进入市场并感受市场变化、获取市场信息最直接有效的场所。目前，产地批发市场是整个农产品市场体系最薄弱的环节，要统筹规划，加大建设力度。

6. 结构调整与农业产业化经营的关系。发展农业产业化经营，对于促进农业和农村经济结构调整具有重要意义，可以有效解决千家万户进入市场、扩大经营规模等问题。推进农业产业化经营，关键是搞好龙头企业建设。农业产业化龙头企业可以是加工企业，也可以是批发市场和流通中介组织。不论是哪种形式，只要能与农民形成稳定的购销关系，能够带动农民发展生产，进入市场，都应积极予以扶持。

七、发展高效生态农业

随着全面建设小康社会推进，社会对农产品和食品的要求，不仅优质化、多样化，而且越来越引起人们关注的是生态、安全问题，并作为市场的首选目标。同时，国际贸易已把食品安全及其生态环境作为农产品和食品进出口的根本条件。发展高效生态农业，对于实现农业增效、农民增收、农村经济可持续发展，发展现代农业，都具有重大的现实意义和深远的历史意义。

（一）生态农业内涵

生态农业是指遵循生态学规律和经济学规律，吸收传统的农业经验，运用现代的科学技术，把农业生产、农村经济发展、生态环境、资源保护及其高效利用融为一体，形成产加销、贸工农一体化的农业体系，在良好的生态环境下，生产高产、优质、高效、生态、安全的农产品及其加工品，实现农业可持续发展。

（二）生态农业特点

生态农业是农业进入现代化建设阶段产生的生产转型模式，农业生产在良好的生态环境下，实现可持续发展。具有以下四个特点：

1. 生态农业是农业资源与农业环境实现可持续发展的农业。生态农业强调农业生态本质，强调生产系统的良性循环，强调系统功能的稳定性、持续性。因此，要求在结构上，体现多层次、多产业复合；在效益上，体现生态、经济和社会效益并重；在资源利用上，体现“减量化、资源化、再利用”的要求，充分发挥资源自然生产潜力，充分利用和保护资源。

2. 生态农业是传统农业文明与现代农业技术有机结合的农业。生态农业既吸收了传统农业技术精华和现代科学技术，又吸取了促进生态农业发展的生态技术和新方法，如提高太阳能的利用率、生物能的转化率和废弃物的再循环率等，通过现代管理协调农业生产、经济发展与环境、资源利用及其保护关系，以提高农业生态经济生产力和农业综合生产力，实现生态和经济的良性循环。

3. 生态农业是从生产到消费环环相扣的标准化农业。生态农业从源头开始，在生产、加工、运输、储备、销售和出口等各个环节，都是按照生态农业的要求，根据国内、国际实际情况，制定各类标准，包括土地、水、投入品、技术、设备、基础设施、产品及其包装等，都有明确的标准，并从田间、基地到餐桌，各个环节都建立了全面质量监控体系，对农产品进行全过程检测检验、层层把关。

4. 生态农业是生态和经济实现良性循环的农业。生态农业以生态建设为基础，以市场为导向，以产业化经营方式为手段，龙头企业与农户紧密结合，因地制宜实现种养加、产加销、农工贸一体化、多种形式的规模经营，发挥生态农业多样性、层次性、区域性的优势，实现生态效益和经济效益的有机统一。

（三）发展生态农业势在必行

国务院领导多次指出："要把生态农业建设与农业结构调整结合起来，与改善生产条件和生态环境结合起来，与发展无公害农业结合起来，把我国生态农业建设提高到一个新水平"。实践证明，粗放型、掠夺型的农业增长方式，已成为污染环境、破坏生态、耗竭资源的重要源头，越来越不能适应社会发展需要。发展生态农业，是实现农业可持续发展、满足人民需求、促进农民增收、提高农业竞争力的迫切要求，是我国实现现代农业的必由之路。

1. 发展生态农业是转变农业发展方式的需要。随着我国农业、农村经济的快速发展和人口的急剧增加，粗放型农业生产方式已难以为继：

（1）农业资源数量不断减少、质量不断下降。我国人均耕地不足世界人均水平的45%，并且还在以每年500万亩左右的速度减少。全国沙漠和沙漠化土地已占国土面积的15%，1/3的国土受到风沙威胁。全国平均每年旱涝灾害造成1 000万吨左右粮食损失和约300亿美元的经济损失。

（2）工业"三废"对农业环境污染正向整体蔓延。我国因固体废弃物堆弃占用和毁损的农田面积已达 200 万亩以上，遭受不同程度大气污染的耕地约有8 000万亩以上。全国利用污水灌溉的面积已占全国总灌溉面积的 7.3%，比 10 年前增加了 1.6 倍。由于大量工业污水排放入海、入江，每年造成渔业经济损失达几十亿元。

（3）农业自身造成的污染日趋严重。目前我国平均每公顷化肥施用量达 400 千克以上，已远远超过发达国家。目前，全国农药年使用量已达 120 万吨以上，50%左右进入土壤、水体，污染农田面积已达 1.36 亿亩。地膜、农业废弃物如秸秆、畜禽粪便等污染也呈加剧趋势，给人民生活和经济建设带来了严重影响。

（4）农业生态恶化对农产品的污染造成严重影响。据农业部对工矿企业区、污水灌溉区主要农畜产品污染情况典型调查表明，其污染超标率达 18.5%。许多城市郊区和公路沿线的耕地重金属污染严重超标。农业环境和农产品污染，造成农产品出口竞争力下降，每年出口产品因农药残留退货的达 500 多起。

（5）农业生态恶化导致农业发展后劲不足。目前我国大部分草地已经或正在退化，草地退化、沙化、碱化面积每年以 200 万公顷左右的速度增加。由于生态恶化造成自然灾害频繁，由 20 世纪 50 年代每年1 000万～2 000万公顷发展到 90 年代的每年3 000万～5 000万公顷。90 年代中期以来，北方地区发生“沙尘暴”的频率越来越高。

2. 发展生态农业是改善和提高人民群众生活质量的需要。 随着生活水平提高，人们对农产品的需求出现新的趋势，大致经历三个阶段：一是温饱阶段，人们追求的是"吃得饱"，表现在农业生产上只追求农产品产量；二是总体小康阶段，温饱问题基本解决后，人们开始追求"吃得好"，表现在饮食结构上，肉、蛋、奶消费比例明显增加；三是全面建设小康阶段，随着人们健康意识普遍提高，对农产品和食品质量安全问题更加敏感，不仅要求"吃得饱"、"吃得好"，更加追求"吃得科学"，特别关注食物对人健康、营养、安全和生态的要求，关注生产环境对农产品质量的影响，以及农业生产对生态环境的影响。随着我国全面建设小康社会的发展，粗放型农业生产方式，越来越不能够满足人们生活质量提高的需要，特别是农产品生态、安全问题，越来越成为现代农业发展的瓶颈，发展生态农业迫在眉睫。

3. 发展生态农业是实施农业可持续发展的需要。发展生态农业，能够缓解农业资源过度消耗、农业生产过度开垦、乱砍滥伐、过度放牧、过度捕捞等，对适应气候变化有着明显优势；能够控制农业面源污染，包括化肥农药、畜禽粪便、作物秸秆、农用塑料薄膜等；能够降低农业生产对化肥、农药的依赖性，治理农产品生产加工以及农产品消费带来的污染；能够改善广大农村居住环境，加快新农村建设。生态农业的发展，是全面实施农业可持续发展战略的重要组成部分，是人与社会、人与自然和谐发展的重要内容，能够推动相关领域产业循环发展，使农业融入一个良性的循环经济之中。

4. 实施生态农业是加快农业增效、农民增收、农村繁荣的需要。生态农业适应市场多层次、多样化的需求，发展无公害农产品、绿色食品和有机食品，是农业和农村经济结构战略性调整的重要措施。通过生物链加环和产业链延长，可实现种植业—养殖业—加工业产业化经营。通过“公司＋农户”、“公司＋基地（中介组织）＋农户”等多种模式，使龙头企业和农户收入大幅度增加。据有关部门调查，常规小麦、绿色小麦、有机小麦亩均净收益比为 1∶1.29∶3.38，玉米分别为 1∶1.14∶1.39，茶叶为 1∶1.5∶4.3。实践证明，生态农业不仅保护生态环境，促进农业生产和农村经济持续发展，而且是农民增收的有效途径，是现阶段促进农业增效、农民增收、农村繁荣的必然选择。

5. 发展生态农业是提高农业竞争力的需要。随着我国农产品市场的进一步开放和国内农业结构调整不断深入，农产品买方市场的特征更加明显，世界性绿色食品消费浪潮和农产品贸易“绿色壁垒”同时兴起，使出口的农产品质量门槛越来越高，开拓国际市场的难度越来越大。以茶叶为例，欧盟对我国茶叶农药残留的检验由先前的 6 种增加到现在的 62 种，同时由汤检改为干检，我国的茶叶很难达到要求，因此出口受阻。我国出口的蔬菜，屡屡因卫生安全问题而遭禁运，2008 年上半年，山东省蔬菜出口大幅下滑，传统出口产品冷冻菠菜因个别批次农药残留超标而导致日本政府的全面禁运。我国是世界第一猪肉生产大国，产量占世界 35%，每千克成本比美国和荷兰低 34%和 18%，出口却远不如欧盟、美国等，把我国列为疫区，剥夺了市场准入机会。据资料显示，青岛海关 2008 年 1～3 月被退运的冻鸡产品 505.4 吨，比上年同期增加了 9.2 倍；大连海关 2007 年年底到 2008 年 2 月底，农产品出口遭到退运 359 万美元，比上年同期增加 17.4%。这些趋势表明：以绿色食品消费需求为导向，以提高农业市场竞争力和可持续发展能力为核心，走生态农业发展路子，是世界各国提高农业竞争力的共同选择。

（四）发展生态农业面临的主要问题

发展生态农业与整个国民经济及农业经济发展水平息息相关，伴随着现代农业建设的全过程。目前生态农业仍处于起步阶段，所面临的困难和问题很多，可归纳为“四个制约”：

1. 发展阶段制约。农民文化知识水平较低，生态农业观念淡薄，要彻底转变农民千百年来重产出、轻生态生产的习惯，必将经过一个长期的过程。同时，我国农产品种类丰富，从农田到餐桌要经过多个环节，标准不同层层把关，难度较大，不可能一蹴而就。从各地实践看，一些地方发展生态农业仅局限于小规模试点，进行大规模产业化生产还较少。

2. 潜在风险制约。在新形势下建设现代农业，必须面对工业化对生态环境造成的破坏和传统农业生产方式所带来的问题，我国生态农业发展面临多种污染物的危害，有的源于农业生态环境的恶化，有的源于农业投入品使用不规范，有的人为非法使用添加剂，消除风险隐患是一个复杂的系统工程。

3. 技术支撑制约。一是对生态农业技术研发不够。广大农村缺乏农业污染防治、病虫害防治等先进的生态适用技术；二是生态农业技术推广不够。目前，我国登记使用的农药有600多种，列入国家药典的兽药有1 500多种，每种都有严格的使用技术规范。有关调查显示，近50%的农民在使用农药和兽药时，得不到有效的技术指导，对绿色食品、有机食品的生产技术掌握程度更为有限；三是严重缺乏自主创新的检验检测设备。当前，我国农产品检验检测设备主要依靠国外进口。

4. 管理保障制约。农业生态环境工作基础薄弱，行政监管和执法力量严重不足，普遍存在缺人员、缺手段、缺经费等问题。生态农业标准体系不健全。农产品质量安全检验检测体系基础差，工作水平低，尤其是基层检测机构表现更为突出，常常出现“检不了、检不出、检不准”等问题。农产品优质不优价的情况屡见不鲜，缺乏市场动力机制。目前，生态农业建设，普遍缺乏资金投入。

（五）发展生态农业的对策

发展生态农业是一项长期、系统的工作，关键在于创新体制机制，增加资金投入，强化技术支持，完善有关法律法规和有效发展机制，使投入的资金和技术真正发挥作用。

1. 积极宣传生态理念，实施生态农业发展战略。生态农业是经济社会发展到一定阶段的产物。现阶段，我国人均GDP已超过3 200美元，人们对农产品的消费需求标准发生了根本变化，已从生产—消费—营养安全，向营养安全—消费—生产转变。食品安全、生态安全已成为人们追求的重要目标。应抓住这个关键时期，通过多种方式大力宣传生态农业理念，使消费者更加青睐生态农产品，使农业生产者更加自觉地发展生态农业。

2. 科学制订发展规划，梯次推进生态农业建设。要根据各地实际，研究制订各具特色的生态农业发展规划。一是着眼于保护和改善农业生态环境与条件；二是着眼于优化农产品质量结构、区域结构和市场结构；三是着眼于消除潜在危害因素。东部发达地区，要重点防治城市和工业污染，控制农业生产过程中的面源污染，防止农业环境恶化和农产品污染；西部生态脆弱地区，主要是保护和改善农业生态环境与条件，利用生态环境优势发展无公害农产品、绿色食品和有机食品，应用综合措施改善和恢复生态功能。

3. 大力强化科技进步，加快生态农业技术推广。要从生态农业涉及学科多、领域广的实际出发，培养和组建高水平的生态农业科技队伍，长期跟踪研究制约发展的技术难题。要大力普及生态农业生产技术标准化，要编著、出版老百姓看得懂、用得上的生产操作规程和技术手册，普及农业投入品安全、合理使用方法，强化生产指导与服务。

4. 积极健全制度，提高生态农业管理水平。要抓紧建立农产品风险评估制度，建立健全生态农业生产档案制度，建立生态农产品产地准出和市场准入制度，探索建立产地证明方式和信息追溯平台，通过市场机制引导优质、优价。

八、国外渔业发展经验

澳大利亚和印度尼西亚是国际上重要的渔业生产和资源大国，在渔业生产和贸易领域有着独特的地位和发展经验。

（一）两国渔业生产与贸易的基本情况

澳大利亚拥有世界上第三大渔业捕捞区，有着丰富的海洋渔业资源，年产量22万～25万吨，渔业产值在农业部门居第四位，在出口农产品中也居于第四位。在渔业发展和资源保护方面，澳大利亚建立了一整套严密的渔业资源利用、保护与管理体系，走出一条“小产量、高产值”的路子。

印度尼西亚国土面积的2/3是水域，海洋渔业资源丰富。中国与印度尼西亚渔业合作已有10多年的历史，印度尼西亚是目前我国过洋性远洋渔业渔船最多、产量最高、效益也较好的国家，在我国远洋渔业中占有重要位置。2004年，我国在印度尼西亚的远洋捕捞产量为33万吨，产值30亿元，分别占我国远洋渔业总产量、总产值的24%和34%。我国和印度尼西亚在海洋渔业领域的合作有重要的现实意义。

目前，澳大利亚和印度尼西亚两国的渔业发展均以海洋捕捞为主，而水产养殖业的发展起步较晚，产量较小，水产养殖业占全国渔业产品产量的10%～20%，但由于澳大利亚具备资金、技术、管理等优势，印度尼西亚具有资源禀赋优势，两国水产养殖业很有发展潜力。

（二）两国发展渔业的做法和经验

两国根据各自国情，制定了一系列发展渔业的政策和措施，主要做法和经验是：

1. 确立经济、社会、环境“三位一体”协调发展原则，走“小产量、高产值”的路子。稳定捕捞数量，确保产品质量和竞争力，积极发展养殖业，保护资源和环境，是澳大利亚渔业可持续发展采取的策略。为此，澳大利亚渔业生产实现了两个根本转变，由从前的随意捕捞转变为目前的按照出口要求生产，由从前的盲目捕捞转变为目前的按照可持续发展要求生产。控制捕捞数量主要通过分配捕捞配额和发放捕捞证，每个渔船都装备有效的监控设备，随时报告捕捞区域和数量，经渔业协会确认并签发捕捞数量证明方可进入市场流通。澳大利亚将年捕捞数量稳定在22万～25万吨水平，出口量占世界水产品出口总量的0.2%，但出口额却占了世界出口总额的2%，成功实施了“小产量、高产值”产业发展战略和“进口低档水产品、出口高档水产品”的贸易策略，既保护了资源，又发展了产业。

2. 建立先进的水产品质量安全保证体系，确保水产品的质量安全。澳大利亚在渔业生产、流通和营销等全过程建立起了HACCP质量安全管理体系，并且主要在三个环节严把质量安全关：在捕捞环节，不仅做到符合环境保护和资源保护的要求，而且保证捕捞的水产品的卫生安全水平；在流通环节，由于距离市场较远，澳大利亚主要是提供高价值的水产品，并采取严格措施确保质量安全；在养殖过程，绝不使用任何化学品和添加剂，而且澳大利亚建立了包括渔业在内的国家应急体系，可以保证一旦发生疫病，就可以得到及时有效处理。

3. 建立渔业物权制度，确保渔民收益权。澳大利亚根据渔民往年平均捕捞能力分配捕捞配额。对于这些捕捞配额，政府通过建立物权制度，赋予捕捞配额物权特征，保证渔民可以从这些捕捞配额中受益。渔民可以自主支配这些捕捞配额，既可以下海捕捞、出售，也可以有偿转让，由此渔民也就有了一定的收入保障。对于效益低、有污染的企业，由政府每年拨付2.2亿澳元，专门对渔民进行转业技能培训。

4. 重视渔业从业人员素质的提高，把对渔民的培训作为对渔业的重要投资。澳大利亚政府和渔业协会共同出资，把渔民培训作为对渔业投资的一部分，借助院校和科研机构的力量，针对渔业生产现实需求，对渔民开展专业技能培训，培训形式灵活适用，如邀请有经验的渔民授课，授课地点设在渔业作业现场，受到渔民欢迎，效果很好。

5. 注重发挥行业协会作用。澳大利亚和印度尼西亚两国均有系统完善的渔业协会，每个渔业企业和渔民都是协会的会员。作为非政府组织，这些协会与政府建立了密切的伙伴关系，协助政府提高行业的管理效率和效益；主管理捕捞、质量控制、发展水产养殖、市场营销、行业自律等方面，均发挥了不可替代的作用，成为政府管理的好帮手。

（三）启示与借鉴

澳大利亚和印度尼西亚的一些做法和经验值得借鉴，提出以下建议：

1. 建立经济、社会、环境“三位一体”的渔业发展模式。我国渔业资源有限，而渔业增长方式还较粗放，资源浪费比较严重，资源和市场约束日益突出。尽管目前我国的水产品产量很高，2005 年达到5 100万吨，但是发展方式转变缓慢的局面仍未改变，这种“高投入、高产出、高代价”的发展路子，不利于我国渔业提高竞争力和实现可持续发展目标。在资源和环境约束日益突出的情况下，我国必须正确处理渔业发展的质量和数量的关系，切实转变渔业发展方式，实现渔业产值增长、效益提高、可持续发展的统一。

2. 进一步发挥行业协会的作用。我国的水产捕捞、养殖由千家万户渔民组成，生产规模小而且分散，尽管这些年渔民的产品质量意识和资源保护意识有了一些提高，但在生产实践中对统一产品质量、资源合理利用、环境保护等仍然不到位。面对千家万户的渔民，如何约束渔民生产行为，如何统一质量、标准，除了政府加强行业管理和服务外，必须强化协会的行业自律和管理职能，使其真正发挥应有的作用。一是发挥行业协会在质量认证、组织培训、实施标准等方面的协调管理作用；二是支持行业协会协助政府为渔业出口企业提供相关服务；三是完善农业行业协会自律机制，着力解决发育不足、运作不灵等问题。

3. 进一步加大对渔业从业人员的培训力度。我国渔业从业人员素质不高，严重制约我国渔业可持续发展目标的实现。必须把提高渔业从业人员文化素质和专业技能作为转变渔业发展方式、提高渔业核心竞争力的大事抓紧抓好。发挥和利用好现有渔业技术推广体系、科研院所、大专院校的作用，采取灵活多样的形式，培训渔民新的理念、新的技能。

4. 加强与两国在水产养殖方面的合作。我国在水产养殖方面有先进技术和成熟经验，澳大利亚和印度尼西亚两国均有强烈愿望与我国合作。澳大利亚水产品养殖业虽起步晚，但资金、技术力量雄厚；印度尼西亚水产品养殖资源丰富，政府制定了鼓励政策。与两国开展合作对我国水产养殖业发展大有好处。我国可采取合资等多种形式，输出水产养殖技术；利用澳大利亚资金与技术，以及印度尼西亚在美、欧、日等国销售渠道，在养殖、加工、出口等领域开展合作。

第二章　创新农业体制机制

内容提要：体制是农业发展动力，机制是农业发展保障。创新农业的体制机制，始终是农业发展源泉。随着我国农村经济快速发展，生产关系和体制机制等方面出现了新的变化，工商企业进村租赁土地经营、土地经营权入股和粮食安全等问题已引起社会上高度关注，通过调研表明，解决这些问题的关键在于创新体制机制。当前，重点应抓好建立与现代农业发展相适应的现代农业建设体制和农村经营体制，创新农民专业合作社机制，创新农业产业化经营机制，创新农村金融制度，通过成立农民贷款担保协会，解决农民“贷款难”和信用社“难贷款”问题。通过创新大豆产业发展机制，解决大豆产业“农户一盘散沙，企业孤军奋战”的严峻形势。

一、当前农业发展需要关注的四个问题

当前，在农业与农村改革实践中，各地出现了一些新事物，许多是带有宏观政策性的问题，引起社会上高度关注，相当多的领导干部和专家看法不一，如果这些问题不能统一认

识，势必影响农村改革和农业发展。通过对辽宁、湖南和重庆等地调研，与有关部门领导、专家进行座谈，到有关区县进行了考察表明，当前农业发展应高度关注以下四个问题：

（一）关于工商企业进村租赁土地经营问题

调研表明，一些地方工商企业进入农村领域，利用自身资金、技术人才和市场优势，除了为农业产业服务外，组织和带动农民搞农业产业化经营，为农村发展、农民增收、发展现代农业和新农村建设发挥了重要作用。同时也看到了存在一些问题：一是工商企业本质是追逐利润最大化，租赁土地多数不从事粮食生产，种植经济作物，"非粮化"现象比较普遍，甚至个别企业改变土地农业用途，出现"非农化"；二是工商企业租赁土地经营，由于规模化种植，采用机械作业，在一定程度上排斥农业劳动力；三是工商企业租赁土地经营，存在一定风险，一旦企业破产，农民土地承包权益难以保障。

综合利弊考虑，目前，我国还处于社会主义初级阶段，过渡性的政策和措施，还要较长时期存在，我国各地的经济状况、自然条件、生产方式千差万别，根据中央主要领导同志多次批示要求有关部门研究提出规范意见的精神，建议对工商企业进村租赁土地，不能一概否定，要具体情况具体分析。各地反映，工商企业只要遵循"三不得"原则，即不得改变集体土地所有性质、不得改变土地用途、不得损害农民承包权益的情况下，应允许工商企业在如下三种形式租赁土地经营：一是以扶贫为主要目的。租赁农民土地，通过自身优势，实施农业产业化经营。二是一些工商企业与农民合作经济组织联合，通过租赁农民土地或农民土地入股实行农业产业化经营，如辽宁、湖南等地。三是一些开明的工商企业主为家乡作贡献，既是企业老板，又是村干部，实行村企合一和以企带村，通过自身优势租赁土地实行全村统一规划、统一生产、统一经营，发展现代农业，使农民多渠道就业，如山西、北京等地。

（二）关于土地经营权入股问题

在调研中，地方同志反映：土地经营权入股利大于弊，应当积极引导，在制度上予以规定，规避可能出现的风险。

实行土地股份制，入股农民不仅可以获取股份红利，还能到股份企业工作，获得劳动收入。基层的广大干部和农民对这种形式都很欢迎。从各地实际情况来看，土地承包经营权入股越是发达地区发展越快，这很可能是今后的发展趋势。

但是，有些同志反映：农民土地经营权入股存在风险，一旦股份制公司出现经营困难、甚至破产，根据股份公司法规定，农民的土地承包经营权要承担债务，农民的土地承包经营权就会丧失。

在鼓励农民土地经营权入股实行产业化经营方式时，为了确保农民的土地承包经营权益，建议国家应制定政策，除了明确不能改变土地用途外，对于以土地承包经营权入股的农民，不承担风险，应像工业破产法那样，一旦企业破产，首先要把工人社保部分扣除，方可清算。也就是说，在股份制公司破产或者清算时，入股的土地承包经营权不作为清算的资产，退还给农民；同时，为体现风险与收益对等的原则，入股的土地承包经营权分红的比例可以适当降低。

（三）关于粮食安全问题

近年来，国内外粮食供求形势发生了新的变化，引起人们极大关注，议论纷纷，概括起来主要有以下三种观点：

第一种观点，认为没有必要担心粮食安全，现在是市场经济，有市场就有粮食。粮价高了，农民自然就种粮食了，我们有 2 万多亿美元的外汇，如果粮食不足，可从国外进口。特别是我国人多地少、水资源紧缺，进口粮食实际就是进口土地、进口水。

第二种观点，认为粮食生产要有一个分工。粮食主产区二、三产业不发达，土地、气候条件适宜种粮食，又加上农村劳动力多，种粮生产成本低，应多种粮食。粮食销区二、三产业发达，种粮成本高，可以不种粮食，给粮食主产区一定的补贴，保证销区粮食供应。

第三种观点，认为解决粮食供求问题，应坚持国内自给为主、进口为辅的原则。世界市场上每年粮食交易总量仅有 2 000多亿斤，这些粮食不可能全部卖给我们，运输也保证不了，而且，一旦我国粮食生产出现问题，一两年内是难以恢复的。因此，我国口粮供应要立足全部自给，饲料和工业用粮以自给为主、进口为辅。

我完全同意第三种观点。国际经验和教训告诉我们，我国是 13 亿人口大国，确保粮食安全不能寄托于国际市场，必须靠国内基本自给，自给率应达到 95%左右，其余可根据品种结构、自然灾害等实际情况酌情少量进口。对于我国土地、水短缺，要多进口粮食问题，应该明确充分利用国际、国内两种资源两个市场是必需的，根据我国国情，粮食进口贸易定位是调剂余缺、弥补不足。由于我国粮食等大宗资源节约型产品不具有比较优势，因此，按比较优势原则进行资源配置，不是我国粮食贸易的追求目标，粮食进口贸易，必须充分考虑我国粮食安全的近期和长远目标，绝不能因为粮食进出口危及我国农业和粮食产业的发展。

（四）关于农业“走出去”问题

近年来，国际粮食供求呈紧张态势，粮食成为重要的国际性战略资源。农业“走出去”是一个大战略，对确保粮食安全、提高农业竞争力，由“被动防御”转为“主动防御”具有重要作用。党中央、国务院领导对农业“走出去”高度重视，多次做出重要批示。但是，有些同志对农业“走出去”战略的实施有顾虑，主要是三个方面：一是担心运不回来；二是担心运费问题；三是担心运回来冲击国内市场。我认为，这三个方面都不是本质问题。

1. 应把粮食、棉花、油料（大豆）等我国短缺的战略性农产品作为农业“走出去”的重点。要选好国家，签订政府间协议，在双利共赢的情况下，建立生产基地，需要时运回国内，不需要时就地或国际市场销售。规避国家风险，应遵循以下三条原则：一要慎重选择“走出去”的国家，既要重视政治稳定、资源互补性，又要重视政策优惠性。二要与援外相结合，双方签订协定，援外工作既要考虑非农援助，又要考虑通过对农业基础设施援助，为两国农业合作提供条件。三要实现“三赢”，即充分调动政府、企业和东道国三方面的积极性，对三方都有好处，农业合作才有生命力。

2. “运不回来”的问题可以通过选择目标国家、签订政府协议解决。在选择“往哪里走”的问题上，应选择政治稳定、社会秩序好的国家开展农业合作，通过签订政府间协议，规定我国农产品出口的比例。农业合作要与援外、外交手段相结合，保障我方利益。

3. 关于运费问题。我国进口的粮食、棉花、油料（大豆）等农产品，由于生产成本低，其到岸价格已包含了运费，一般来说，仍然比国内农产品便宜。

4. 关于冲击国内市场问题。农业“走出去”，重点要抓好粮食、棉花、油料等我国短缺的农产品，以弥补不足，其数量少，不会对国内市场产生冲击，相反，我国还能获得一定的价格话语权。

我们应该看到，在我国耕地资源刚性减少，外资对我国农业产业影响日益加大的情况下，实施短缺农产品“走出去”战略势在必行。

二、创新体制机制应对挑战

党的十七届三中全会指出，我国正处在加快改造传统农业、走中国特色现代化道路的关键时刻，必须把建设社会主义新农村作为战略任务，把走中国特色农业现代化道路作为基本方向，把加快形成城乡经济社会发展一体化新格局作为根本要求，创新体制机制，加强农业基础，增加农民收入。这就为今后农村改革发展指明了方向。

在这新形势下，既要看到农村经济面临的发展机遇，又要看到严峻挑战。全面建设小康社会是一项艰巨的任务，农业、农村、农民问题是许多矛盾和问题的根源。当前，农业基础仍然薄弱，最需要加强；农村发展仍然滞后，最需要扶持；农民增收仍然困难，最需要加快。具体表现是：

（一）“三农”工作面临四大矛盾

1. 建设现代农业与“四个积极性不高”的矛盾

（1）农民务农种粮积极性不高。尽管扶持粮食生产的政策不断加强，但总体来看，农民种粮效益仍然较低，据有关部门统计，2004—2007 年全国粮食平均每亩净利润减少近 10 元，2008 年减少更多，政策对种粮农民的激励作用还不够，有些惠农政策，尚未完全落到粮农身上，农民种粮积极性不高。解决这一问题不仅要把发展粮食生产列为基础性、公益性事业，由财政资金来支付，而且还要鼓励采取多种形式扩大经营规模、提高规模效益，通过科技进步提高单产、质量和综合效益。

（2）地方政府重农抓粮积极性不高。中央出台一些支持农业政策，相当部分需要地方政策配套和财政支出，中央出台支农政策越多，地方配套资金越多，财政负担也越重，中西部地区更突出。这些政策虽然调动了农民的积极性，但对地方财政投入回报率却很低，地方政府缺乏积极性。又如，地方领导都清楚，农产品加工企业是带动现代农业发展的重要力量，但是由于农业企业大多数税收少、产值小，往往是在申请企业用地时却竞争不过工业项目。因此，政策的出台既要考虑调动农民生产积极性，还要考虑调动地方政府积极性。

（3）地方干部抓农业积极性不高。抓农业的地方干部工作时间长，风吹雨淋太阳晒，很辛苦，承担自然和市场双重风险，面对农民和政府双重压力，取得的成绩是社会效益，而政府对干部考核却大多是经济效益。常常是把GDP、城市建设水平等作为干部成绩评价标准，因此，地方干部抓农业积极性也不高。

（4）农业金融企业为农户贷款的积极性不高。农业银行和农村信用社主要为农户提供贷款，由于农户数量多、贷款额度小、布局分散，贷款不仅成本高，工作辛苦，而且农业银行人员比其他商业银行待遇却相对较低。除此之外，农产品保险还具有风险大、经营成本高的特点，这就导致了农业保险公司积极性不高。因此，国家应对农业银行和农村信用社等涉农金融机构给予补贴，对金融机构发放的农贷给予税收优惠。

2. 加快农村经济发展与农村土地产权制度不完善的矛盾。十七届三中全会决定指出，现有土地承包关系要保持稳定并长久不变，家庭经营要提高集约化水平，统一经营要发展农户联合与合作，按照产权明晰、用途管制、节约集约、严格管理的原则，进一步完善农村土地管理制度。从目前一些地方开展的农地流转试点情况来看，农业经营的自然风险可通过农业保险和国家救助的办法解决，市场购销风险可以通过购销合同转移到龙头企业身上。但经营风险如何通过体制、机制创新来解决，是广大农民关注的问题。通过调研，一些专家和广大干部认为，有的地方农民以承包地入股，其经营风险可以考虑以下两种办法解决：①参照破产法，当企业出现经营风险时，农民入股的土地不列入清算范围。②农民的利息分红比率可降低，但不承担经营风险。目前，农民承包土地入股与龙头企业合作这种形式，现在还没有政策根据，应根据十七届三中全会精神尽快加以明确。

3. 提高农业综合生产能力与科技体制不适应的矛盾。目前，我国农业科技改革的突出矛盾有五个方面：农业科研单位主要是公益性的还是非公益性的；现阶段，农业科研、教育单位是不是农业科技创新主体；农业科研单位应由主管部门统一领导，还是多部门领导；中央与地方科研单位的研究任务如何划分；科研、教育和推广如何结合等。

关于加强基层农业技术推广体系建设，主要矛盾有两个：①投入保障问题，主要涉及改革本身需要大量投入、经费保障严重不足、推广条件差、没有固定办公场所等。②人员编制问题，有的地方需要分流安置，有的地方需要增加编制，但由于编制总量控制，地方难以落实。

4. 发展现代农业与农民经营分散、素质较低的矛盾。我国农户土地规模小，经营分散、组织化程度低、抵御自然和市场风险的能力较弱。农村社会生产结构已经发生了重大变化，农村青壮年劳动力外出打工不断增多。目前从事农业生产的绝大多数是老人、妇女和未成年人，农业劳动力的素质状况远不适应发展现代农业的需要。

（二）解决现实矛盾，必须依靠体制机制创新

十七届三中全会决定指出，要抓紧在农村体制改革关键环节上突破，强化农村发展的制度保障。要解决现代农业发展的

现实矛盾，必须依靠体制机制创新：

1. 把粮食作为基础性公共产品。近几年，各 WTO 成员继续加大对农业的扶持力度，农业政策调整的重点转变为支持方式，即减少对农业“黄箱”政策支持，大幅度提高“绿箱”政策投入，包括政府提供的涉及科研、病虫害控制、技术推广、营销和农业基础设施建设等方面的公共投资和服务，把粮食作为基础性公共产品对待。所谓基础性的公共产品，是指为整个社会提供的，其受益对象是全体社会成员，常常是社会效益高，经济效益低。如果完全依靠市场机制调节，难以满足全体社会成员的需求。粮食是整个社会成员的必需商品，涉及千家万户，具有“放大”效应，每户多买一点，就会出现供应紧张，如果不正确引导，就可能引发大的波动，带来连锁反应。必须充分认识粮食是基础性的公共产品，国家扶持粮食生产，应像投资公路、水、电、文化教育事业一样，用公共财政大力投入。仅靠市场调节，粮食供需矛盾是难以解决的。

2. 调动地方政府抓粮、农民种粮、科技人员服务的积极性。十七届三中全会决定指出：要建立主产区利益补偿机制，加快实现粮食增产、农民增收、财力增强相协调。一是建立领导干部粮食考核考评机制，把粮食增产、农民增收的实绩，作为考核干部重要内容，增强干部的使命感和责任感；二是加大对粮食主产区的财政转移支付和奖励补助力度，将商品粮提供量，作为财政转移支付的重要参考依据，增加产粮地区政府财政收入；三是加大对粮食科研推广的支持力度，将科研项目管理费比例由 5%提高到 10%，落实农技推广公益职能，并确保财政足额支持。

3. 加强和完善农业科技体制，促进农业科研成果迅速转化。打破农业科技多头管理格局，实现国家对农业科技的统筹管理和协调。要合理界定中央和地方科技职责分工，充分发挥中央和地方两个积极性，实施农业科研、教育和推广相结合，使各环节相互衔接和相互配合，加快科研成果转化为现实生产力。

4. 创新体制机制，提高农业国际竞争力。十七届三中全会决定指出：要增强农业抗风险能力、国际竞争力和可持续发展能力，这是在扩大改革开放形势下对农业提出的新要求。以大豆产业为例，我国大豆产业缺乏竞争力，主要是千家万户生产一盘散沙，大豆加工企业孤军奋战。为了振兴中国大豆产业，必须从体制和机制改革创新着手。目前大豆协会在农业部、商务部支持下，在总结经验的基础上，正在黑龙江省、内蒙古自治区的一些地区开展试点工作，通过豆农合作社与龙头企业合作实行产业化经营，减少中间流通环节，按企业要求实行专种专用生产，使豆农和企业共同分享大豆增产和加工品质量提高的效益。豆农和企业共同创新提高第二产业效益并共同分享，豆农每斤大豆比原来价格提高 0.3 元左右，龙头企业不仅增加了大豆产量和质量的效益，而且提高了产品档次，实现规模化、专业化、标准化和区域化，增强豆农和龙头企业国际竞争力，从而使豆农与龙头企业“双赢”，这将成为振兴我国大豆产业的成功之路。

5. 农村劳动力转移当前要把握好四个方面。目前，我国农村劳动力转移已进入新的发展阶段，突出表现“四个转变”：由异地输出向就近就地务工转变；由体力型向技能型转变；由无序流动向有组织转移转变；由“打工潮”向“创业潮”方向转变。按照十七届三中全会决定的精神，当前应把握好以下四个方面：

（1）农村劳动力就近就地转移是一个大趋势。①实现农村劳动力就地、就近转移就业，是统筹城乡发展的需要，有利于增强城乡联系，有利于城乡劳动者平等就业机制的建立，有利于缩小城乡居民收入差距。②农村劳动力转移具有明显的兼业性，农民优先选择就近就地就业。③农民工在大中城市就业面临困难多，就近就地就业是现实选择。突出表现：一是城市非技术性的简单劳动岗位基本饱和，需要一定技术性的工作，一般农民工难以胜任；二是务工收入低，农民留在城市生活花费大，常常生活难以为继；三是外出务工留守问题较多，如留守儿童、空巢老人、土地撂荒等；四是企业对务工人员年龄有限制，大多要求 18～35 周岁，超龄劳动力难以就业。

（2）要把发展农业产业化经营作为劳动力就业的重要载体。农业产业化经营具有劳动密集的特点，是农村劳动力在农产品生产、加工、销售与服务部门等就业的主要渠道，是吸纳农民就近就地就业的重要载体，为农民创造了大量的就近就地就业的机会，有着不可替代的作用。

（3）鼓励农民工返乡创业，为农民提供就业渠道。农民工返乡创办的企业，多属劳动密集型行业，为当地农民提供了容量大、门槛低、易接受的就业渠道。农民工就地就业，既实现了务工的收益，又使农业生产和照顾家庭两不误，形成了以创业带就业、以就业促创业的格局。

（4）通过发展劳动密集型产业，提高农民就业率。①我国农村剩余劳动力多，且素质较低，而资金、技术等要素相对稀缺，这是我国现阶段经济发展面临的基本国情。②国际经验表明，发展劳动密集型产业是我国经济发展不可逾越的阶段。③发展劳动密集型产业是促进农村就业和农民增收的重要途径。对解决就业，增加农民收入，拉动农村有效需求，将会发挥重要作用。

三、创新现代农业建设体制

建设社会主义新农村的首要任务，是实现生产发展、生活宽裕，其核心是发展现代农业。要把发展现代农业作为新农村建设的总抓手，并贯穿新农村建设始终。

（一）发展现代农业是新农村建设的必然要求

在人类社会中，农业是永不衰退的基础性产业，生产力是推动农业不断推陈出新的决定力量。根据生产力发展水平，农业发展过程大体可划分为原始农业、传统农业和现代农业三个阶段（有的分为四个阶段，把现代农业分为近代农业和现代农业），现代农业是农业生产力发展最高阶段。改革开放以来，党中央国务院把“三农”工作作为全党工作的重中之重，出台了一系列重大惠农政策，农业发展进入了一个新的阶段，突出表现在以下三个方面的变化：

1. 传统农业出现四大分化和演变。一是农业产业的分化，由传统的种养业向产前、产中和产后三大产业部门拓展；二是农业劳动力就业的分化，由原来主要集中在农业产中就业向产前和产后演变，并出现向现代工业部门扩散的趋势；三是农业经营方式的分化，由传统的以生产初级产品为主向产加销、贸工农一体化经营演变；四是农业就业者收入来源的分化，由原来单纯依靠种养业获得收入向依靠农业外部收入演变。

2. 城乡生产要素相互流动，工农业形成交融发展。改革开放以来，作为农业生产力要素，劳动力、土地和资金等不断流入城市和非农产业。据有关部门统计，近 10 年来，我国农村劳动力进城务工近 1 亿人，以较低价格报酬为工业发展作出贡献；1996—2004 年非农用地使耕地年均减少1 400多万亩，农民以较低收入支持城市建设；2003 年以来农民存款约有50%流入城市。这些都为工业化积累了大量资金。同时，也应看到，农业发展面临缺人、缺钱、缺技术和缺装备的局面，这种状况吸引了许多企业向农业投资，利用自身的资金、信息、人才、技术和管理优势，实现企业资源与农业资源优化组合，发展现代农业。特别是党中央提出一系列城乡统筹协调发展的重大政策，为城乡生产要素相互流动，工农业交融发展创造了条件。目前，工农业交融发展在全国各地已初见端倪，在珠三角、长三角等经济发达地区表现尤为突出。

3. 农业产业化经营方式不断完善。农业产业化经营是发展农村经济，增加农民收入的主要途径，实践表明，它将成为现代农业的基本经营形式。截至 2004 年底，全国产业化经营组织已发展到 11.4 万个，固定资产总额8 099亿元，分别比2000 年增长 70.9%和 91.7%；2009 年底，全国产业化经营组织已发展到 22.39 万个，固定资产总额 2.11 万亿元，分别比2008 年增长 11.2%和 13.9%。农业产业化经营的形式由最初的"公司＋农户"，逐渐发展为"公司＋基地＋农户"，又进一步发展为"公司＋合作组织＋农户"。这些发展形态，反映了现代农业不同发展阶段市场对生产、加工的要求，反映了产前、产中、产后各个经营环节、经营单位之间互利关系的变化。"公司＋农户"主要解决最初农产品卖难问题；"公司＋基地＋农户"稳定了企业与农民的利益关系以及对农畜产品的供求关系；"公司＋合作组织＋农户"规范了企业与农户生产、经营和销售等合理的经济利益，形成经济利益共同体。

（二）发展现代农业是新农村建设的客观需要

现阶段，我国农业发展正经历由传统农业向现代农业转变，因此，发展现代农业既是社会主义新农村建设的重要内容，也是建设社会主义新农村的必由之路。

1. 只有发展现代农业，才能保障粮食安全。2003—2006年，粮食生产有三方面值得注意：一是总产虽然逐年增加，但是增幅越来越小；二是单产虽然逐年增加，但增幅不大，2005年亩产仅增加 1.4 千克，2006 年增加 4.9 千克；三是种粮亩均纯收益不断下降。这说明在目前条件下，粮食增产增收潜力很有限，粮食增产增收的基础并不牢固。促进粮食生产稳定发展，必须要有新举措：一方面要稳定粮食面积，稳定、完善和强化农业的扶持政策；另一方面也是最根本的，必须从强化科技、完善设施、优化结构、转变方式、提高综合生产能力等方面入手，着力发展现代农业。实践表明，稳定粮食面积难度很大，扶持政策有限，不可能年年出台新政策，只有发展现代农业才是提高粮食综合生产能力、保障粮食安全的根本措施。

2. 只有发展现代农业，才能提高农业竞争力。在国际统一大市场背景下，新农村建设的"生产发展"不仅要有生产能力，还必须要有竞争力。如果没有竞争力，生产能力再强，也难以在市场竞争中生存。我国大豆产业就是一个例子，无论在产量上、出油率、整齐度和价格等方面与大豆主产国相比，都不具有竞争力。据有关部门调查，2004年大豆亩均收益127元，2005年下降为100元，2009年基本上没收益，甚至有亏本。这说明农产品竞争，集中表现为品种、质量、标准和价格的竞争。提高这些竞争能力的关键，要靠发展现代农业。

3. 只有发展现代农业，才能不断增加农民收入。从我国人多地少的国情出发，发展农业生产，不仅要提高劳动生产率，而且还要提高土地产出率。对于从事农业生产的农民来说，特别是粮食主产区的农民，提高收入的根本途径要靠机械化、靠科技、靠产业化经营、靠技能提高农业效益，这正是发展现代农业的重要内容。

4. 只有发展现代农业，才能更好地实现"乡风文明、村容整洁、管理民主"。通过"工业反哺农业、城市支持农村"，尤其是企业带村，现代工业和城市文明直接影响村民的文明程度，培育了农民的公共道德意识、人际关系意识、公共卫生意识、公共生活意识，倡导健康文明新风尚；提高了劳动力素质和民主意识，建立和完善民主决策群众监督的机制；培养了知识型农民、技能型农民、管理型农民。

（三）发展现代农业要处理好四个关系

1. 处理好东中西部的关系。东中西部经济发展水平差距较大，建设现代农业，必须因地制宜，根据自身的资源优势和经济实力，发展适合自身情况的特色产业。总的来说，东部地区经济发展水平较高，适宜发展资金、技术密集型的现代农业；中西部地区劳动力丰富、资源优势明显，适宜发展劳动密集型、资源密集型的产业。

2. 处理好现代农业与现代农民的关系。在相当多的地方农村主要劳动力从事非农产业，从事农业生产的劳动力多为妇女和老人，与发展现代农业的要求差距较大。发展现代农业，一方面要靠国家政策提高农民发展农业的积极性；另一方面需要通过培训提升农民的发展能力。当前发展现代农业的重要任务是培训“有文化、懂技术、会经营”的新型农民。大力实施“新型农民科技培训工程”，围绕主导产业和特色产业，培训专业农民。

3. 处理好发展现代农业与农民增收的关系。农民增收与农业发展，并不一定是同步的。有的地方农民增收了，农业却萎缩了。农民收入来源是多方面的，据国家统计局调研表明，2005年种植业收入仅相当于农民纯收入的1/3，打工收入占1/3，而且，非农收入比重越来越大。只有发展现代农业，才能使农民通过农业产业本身增加收入，稳定农业生产，促进农业发展，才能对国民经济高速发展起到支撑作用。

4. 处理好外部支持和挖掘农村内部潜力的关系。在基础设施投入和公共服务建设上，国家是投入的主体。在这方面，必须贯彻“工业反哺农业、城市支持农村”的方针，主要依靠国家和地方财政扶持，以及社会力量的广泛参与。

在产业发展上，政府应对资源配置、建设规划、制定政策等起着主导作用；建设现代农业的主体是农民。任何外部的力量，归根到底都是通过农业自身的吸收能力和转化能力，使输血变成造血，形成发展农村经济的资本。即通过挖掘农村内部潜力，调动广大农民积极性，把政府财政援助和补贴集中用在发展农业生产力上，把重点放在发展本地的支柱产业与特色产品上。

(四)为现代农业发展创造良好的制度环境

1. 落实好两部法律。《农产品质量安全法》和《农民专业合作社法》是实现现代农业的重要载体，这两部法律落实，基本上可以回答多年来社会上对“三农”问题提出的主要疑虑，如小生产与大市场矛盾；家庭承包经营与规模经营的矛盾；农民是市场主体；农产品质量安全，农业标准化，农产品国际竞争和农民国际维权等问题。

(1) 落实好《农产品质量安全法》。《农产品质量安全法》对提高农产品消费安全、质量安全和国际竞争力具有重要作用。从源头上解决了农产品污染、实施过程监控，治理市场秩序和农产品质量安全科技支撑等问题。这正是建设现代农业、提升农业整体素质的重要内容。当前重点要完善相关配套制度，加强农产品质量安全检验检测体系建设，增强农产品质量安全依法监管能力等。

(2) 落实好《农民专业合作社法》。《农民专业合作社法》的颁布实施，有利于提高农民的组织化程度；有利于“公司+农户”买断关系向合作组织与农民经济利益一体化方面转变；有利于实现现代农业标准化生产、专业化经营、信息化管理；有利于整合农民资金、技术和劳动力等资源；有利于农业企业进行国际维权，对发展现代农业、促进新农村建设具有特殊意义。当前重点要广泛开展宣传，抓紧修订颁布《农民专业合作社示范章程》。

2. 推进三项改革

（1）深化农业科技创新体系改革。

——关于农业科研体制创新主体问题。农业科研与工业科研有所不同，农业科研是自然再生产与经济再生产相结合的科研类型。目前我国具有科研能力的大型农业企业很少，农业科研单位应作为科技创新主体，国家在投入上应将其作为创新主体对待。

——关于应用研究与基础研究问题。从目前情况看，“重应用研究、轻基础研究”的现象比较普遍。近年来，农业科研突破性成果、重大成果少，大多数都是小成果。根本原因是基础性研究不够，缺乏基础性研究，应用性研究就是无源之水。这个问题若不能很好地解决，我国农业科研的发展必将后劲不足。

——关于农业科研机构的公益性问题。农业科研机构划为非公益性的比例过多，如中国农业科学院39个研究所，最初改革划为公益性的只有18个，还不到50%；留下科研人员占原科研人员总数的比例仅为21.4%。

（2）深化农技推广体系改革和兽医管理体制改革。

——加快农技推广体系改革。一是将农技推广工作列为公益性事业，为乡镇农技推广站配备必要的设备，加强技术人员知识更新；二是重视科技示范区、推广基地、成果展示区对周围农民的示范和辐射作用；三是大力推进农业科技入户。入户技术由单项向种、养、加、销等综合技术转变；加强经营管理知识培训。

——继续推进兽医管理体制改革。重视和加强乡镇和村级动物防疫队伍建设，为做好重大动物疫病防控工作提供组织和制度保障。

（3）加快农村金融改革步伐、逐步建立农业政策性保险。

金融贷款投入是建设新农村资金投入的重要来源。有关部门应在农民存款中划出一定比例保证农民贷款。另外，长期以来，"农民贷款难"、"农村信用社难贷款"严重困扰农村信贷，"两头难"归根到底是担保难。对河南焦作调研表明，农民自发组成的贷款担保协会，能够有效地解决担保难的问题，从根本上解决了"两头难"的问题。这种制度创新，对农民、信用社、担保协会都有利，是一举多赢的组织形式，具有良好的发展前景。有关部门应当在认真总结经验的基础上进行规范、扶持，将其纳入法律范围。

逐步建立农业政策性保险制度，是解决"三农"问题的重要措施，应当把农业政策性保险作为一项重大支农政策，将保险费补贴列入中央和地方财政预算。

（五）发展现代农业要抓好四项战略措施

1. 增加投入，提高综合生产能力。提高农业装备水平，加强基本农田水利建设，继续搞好农村"六小"工程，大力实施沃土工程。扩大良种补贴的品种和地区范围。扩大测土配方施肥实施规模，提高补贴标准。继续增加农村沼气建设投资规模，在畜牧养殖小区建设大中型的沼气项目，扩大养殖场沼气工程示范建设规模。

2. 以企带村，促进县域经济发展。

（1）以企带村，全面推进农业产业化经营。重点扶持农村土地股份合作制和农民合作经济组织类型的产业化经营；推进“一村一品”，建立专业化、规模化、标准化生产基地；推行质量管理体系认证；开发具有自主知识产权的新品种、新产品、新技术，提高自主创新能力。

（2）以城带乡，县域经济是重要载体。要实行财政鼓励支持政策，建立县财政收入稳定增长机制；要扩大县级经济管理权限；加强金融服务；培育和发展农村产业，发展农村二、三产业，特别是以农产品为原料的加工业；积极推进“一村一品”的支柱产业。

3. 提高种养水平，大力发展设施农业。设施农业包括：设施栽培，如各类塑料棚、各类温室和人工气候室等；设施养殖，如畜禽、水产和特种动物的设施养殖和现代集约化的养殖小区等。实践表明，设施农业已经成为农民致富的重要渠道，也是建设现代农业的重要内容。据调查，规模养殖场和养殖小区，蛋鸡产蛋量可提高18%，奶牛产奶量可提高12%。设施渔业单位水体产量和效益大大高于池塘等传统养殖方式。据统计，全国塑料大棚已达到3 100万亩；各类畜牧养殖小区4万多个；设施渔业养殖水体近5 000万$米^3$。单位水体产量和效益大大高于池塘等传统养殖方式。

4. 加强科技培训，造就新型农民。培训要适应农村劳动力转移的需要，适应发展现代农业要求，一是扩大农村劳动力转移培训阳光工程实施规模；二是大力实施“新型农民科技培训工程"，围绕主导产业、培训专业农民、进村办班指导、发展"一村一品"。

四、创新农村经营体制

以家庭承包经营为基础、统分结合的双层经营体制是我国农村的基本经营制度，必须长期坚持，不断完善。与任何经济体制一样，农村经营体制随着生产力的发展，也应当与时俱进，不断创新。创新是在稳定基础上的完善、继承基础上的扬弃，必须妥善处理和解决好"路径依赖"问题。我曾到辽宁、广东、湖南、河南等地农村，就此进行过专题调研。调研中，许多同志认为，土地实行股份合作既是土地制度的创新，也是经营体制的创新，符合新时期发展农村先进生产力的方向和要求。应当认真研究、总结和推广。

（一）发展农村土地股份合作的重大意义

农村土地实行股份合作是21世纪初农民在实践中创造的一个新事物，其对农村经济社会发展的积极影响已经明显显现出来。

1. 有利于提高农业劳动生产率，实现集约经营和规模经营。在家庭经营基础上实现农业现代化，关键是如何找到一条既保持农户土地承包关系长期稳定，又有利于实行土地集约经营和规模经营的路子。广东、辽宁、湖南、河南等省探索的土地股份合作制已经很好地回答了这个问题。实行土地股份合作，农户以承包经营权做股权，既保持了农户土地承包经营权的长期稳定，又以股份的形式实现了土地在不同程度上的“社会化利用”，使农民真正拥有了长期而有保障的土地收益权。这不仅使农民能够安心外出打工，而且有利于他们大胆增加对土地的物质技术投入。河南省新乡市凤泉区耿庄村有1 996亩土地，农业人口1 886人，劳动力900多人。2003年以农户土地承包经营权入股，成立耿庄村土地资源股份有限公司。把土地资源分为两个区：第一区970亩地是专业经营粮食和蔬菜，公司实行统一供种播种、统一施肥、统一浇水、统一收获，种子、农药、化肥等物质费用全部由公司承担，有11个人专门从事这项工作，大大提高了农业劳动生产率。第二区540亩主要是开发休闲农业，现在已经建起一个生态度假村，股金总额为5 960万元，其中集体现金入股占51%，农民土地折价入股占10%，其他是农民和社会现金入股。公司章程规定，每亩土地有600元作为农民的保底收入，年底再视经营和盈利情况参加分红。同时，股民可优先参与就业，仅生态度假村就吸收本村劳动力300多人。

实行土地股份合作是推进现代农业建设的有效选择，它不仅有利于专业化生产、产业化经营，也有利于标准化生产，确保农产品质量，有利于技术推广，普及科学知识，提高农民素质。湖南省浏阳市淳口镇鸭头村与湖南省烟草公司合股创办了浏阳市金叶农业开发有限公司，该村以1 135亩土地作价入股，占总股份的30%，其股期为5年。公司实行专业化生产，工厂化育苗、整地、施肥、锄草、防治病虫害、烟叶烘烤六道工序都要严格按照标准化进行。公司按照工序和技术要求，有针对性的对农民进行培训。

2. 有利于促进农民增加收入。实行土地股份合作制将土地承包经营权作股量化，参与分红，无论对承包户、集约经营者，还是外出打工者，其收入都有较大幅度增加。承包农户的获益包括三个层次：一是可得到土地承包经营权的收益；二是可得到股份分红；三是可优先在本公司就业。从理论上分析，以上获益形式既体现土地资源的真正价值，又体现劳动的价值；农民既可获得劳动报酬，又可获得生产要素报酬；农民既是生产者、劳动者，又是经营者、投资者。对集约经营者来说，由于土地产权更明晰，可以放心地对土地增加物质和技术投入，实行规模经营，获得规模效益。对外出打工者来说，不仅土地承包经营权长期不变，而且还有股权收益。

3. 有利于维护失地农民的合法权益。近几年工业化、城镇化快速推进，大量农村土地被征且补偿标准极低，不平等的土地产权交易严重损害了农民的权益。农民反映，对农民征地采用的是“计划经济”，对开发商用地则实行的是“市场经济”。有的专家讲，如果说计划经济时代的“剪刀差”让农民付出了6 000 亿～8 000亿元代价的话，改革开放以来通过低价征用农民的土地，最少使农民蒙受了 2 万亿元的损失。在这方面，湖南省探索了新办法，长沙县咸嘉新村 2002 年列入长沙市城市整体规划，农民改居民，村委会改居委会。全村有 670 亩地，经测算 20%用于解决农民居住，80%用于建设开发。该村将每人 55 米^2 生产开发面积作为村集体的一股，集体统一开发经营，经营利润按股分红。通过房产开发、物业经营等，增加了集体收入，保障了劳动力就业。2003 年每个村民分配收入3 000元。通过土地入股、集体统一经营的形式，确保了集体土地和经营性财产保值增值，使失地农民在生活和增加收入方面，有了稳定的制度保障。

实行土地股份合作制，土地变资产，农民变股东，建立股东代表大会，有效维护了农民的土地合法权益。如广东省广州市南海区西夏村股份合作社和北京市丰台区的农村股份合作社的董事长，以法人身份代表股东与征地部门进行谈判，讨价还价，有效维护了农民的合法权益。

4. 有利于统筹城乡经济社会发展，促进农村物质文明、精神文明和政治文明建设。实行股份合作制，为壮大集体经济开拓了新路，通过集体股分红或在收益分配前提取公积金和公益金，为公共福利设施建设等提供了资金支持，改善了农村的生产和生活条件，推动了社会主义新农村的建设。过去集体经济名义上“人人有份”，实际上与个人利益不挂钩，经营决策往往由个别人或少数几个干部说了算，常常出现决策失误，甚至导致腐败。实行股份合作，农民直接参与民主管理、民主决策，从制度上改变了少数人说了算、村干部独断专行的做法。广东省东莞市竹尾田村在实行股份合作制的过程中自始至终贯彻了农民自愿、民主讨论、民主决策的原则。如对股份合作章程讨论，先后8次征求农民意见，向农民进行问卷调查，并将结果公示。由此，形成了人人关心集体、人人维护集体的良好氛围。

5. 有利于促进农村基本经营制度的创新和完善。党的十一届三中全会以后，实行家庭联产承包责任制，农民重新获得了土地经营权，极大地调动了农民的生产积极性。但是，集体经营的财产和土地的产权关系十分模糊，农民虽然是集体财产和土地的真正所有者，却不清楚自己在集体财产中的具体份额和应当享有什么权利，更不能直接分享集体经营的收益。实行土地股份合作，明确土地承包经营权股权化，将土地作为资产折股量化到个人，实际上是在保持农户土地承包经营权长期不变的基础上，以股份的形式进一步确认和完善了它的财产权，特别是收益权。土地承包经营权不管是自己使用还是采用其他方式流转，其收益权都是单一的，如租赁只收取租赁费，转包只收取转包费（种地不赚钱时可能还收不了转包费）；而实行股份合作，其收益权体现在两个方面，一个是“保底收入”，一个是“股份分红”。将土地承包经营权股份化，不是将土地分给个人实行“私有”，它是在保持土地实物形态不改变其集体所有的前提下，在价值上以股份的形式将集体财产和土地量化到社区每个成员，这既保证了公有制财产不可分割，也保持了土地承包经营权长期稳定。通过折股量化，每个成员都能了解自己在集体资产中的份额，使过去笼统的、无差别的、抽象的集体所有，转变为具体的、有差别的、活生生的个人按“股”所有、共同占有。总之，股份合作制既融合了股份制的组织治理结构，按股分红特点，又体现了租赁特点，不管股份合作企业是否盈亏，股民都享有“保底收入”，也吸收了合作制“一人一票”参与民主管理的原则，形成了一种新型的产权结构和运行机制。这种组织形式是农村集体经济的一种重大组织创新和制度创新。

（二）实行土地股份合作的主要形式

实践中，土地股份合作主要有三种形式：

1. 将村集体土地与村集体经营性资产一起折股量化，明确每个社员的股份，经营收益按股分红。它的主要特点是：在村集体经营性资产折股量化的基础上，将农户承包的土地也折股量化，设置土地承包经营权股，一般是承包经营权为 1 股。有的按当地确定的不同类型土地的标准参考价格作为依据，有的是经评估确定土地价值，然后，折价作股。土地承包经营权股按农业人口无偿配给，土地股份不能抵押、买卖，经董事会同意可以在本社区范围转让。股东按其所占有的土地承包经营权股和资产股的总股数，参与收益分配。实行一人一票制。广州市番禺区实行这类股份合作制的有 31 个村，占已建立股份合作制村的 21.5%。

2. 将农户土地承包经营权股权化。它的主要特点是将原社区集体经济组织发包给农户的承包地经营权作股，组建新的股份合作组织，对入股土地实行统一规划、开发和经营。股份合作组织直接经营或者代表股东与企业签合同或进行租赁等形式。广东省的南海、顺德、三水共有土地股份合作社2 717个，入股土地面积 146.5 万亩。南海区顺镇万顷洋农业现代化示范区实行土地经营权入股，独立核算，按股分红。目前该示范区首期工程建设包括 3 个股份合作联社、10 个股份合作社，吸引 19 家农业企业参与，引入资金6 000多万元，经营面积4 000多亩。每亩保底收入 600 元，2003 年每亩分红 500 元，两项每亩共收入1 100元，大大高于自己种植粮食的收入。同时，劳动力还可以在本区从事农业经营或外出打工，有 300 人直接在园区工作。

3. 农户以土地承包经营权参股。它的主要特点是农户以承包地折价参股。辽宁省大连市向应现代农业园区在依法、自愿、有偿的原则下，采取集体土地、资金以及农业设施和农民承包土地的全部或部分折价入股，作为企业的投资，成立大连向应农业发展有限公司。实行农民“入股自愿，退股自由”。经全体村民代表讨论，成立了股东大会、董事会、监事会。采取保底收入、盈余分红形式。村民既可承包园区内的农业项目，又可为公司打工，股民可优先在园区就业。

（三）存在的主要问题

现在的农村土地股份合作还处于初步发展阶段，各地尽管创造了一些好的经验和做法，但也存在一些问题。主要有：

1. 产权组织定位不清晰。实行土地股份合作，有的是建立股份制企业，有的是建立股份合作公司，有的是建立股份合作社。由于改革的目标定位不清，引发不少矛盾，农民的权益缺乏有力保障。

2. 法人资格确立无依据。农村股份合作是合作经济的一种形式，不同于工商法人，也不同于行政事业单位法人，更不同于社团法人，它既承担着发展集体经济、增加农民收入的职能，又承担着社区公共管理的职能。由于目前我国还没有农村合作组织法，地方在进行农村股份合作改革时，往往无法可依。

3. 经营机制转换不到位。多数股份合作组织目前还处于明晰产权解决收益权的阶段，对转换经营机制、实现制度创新还重视不够。虽然大多建立了股东代表大会、董事会、监事会，并在章程中规定了“三会”的职责和权限，但在实践中

“三会”的职责并没有真正得到落实，重大事项还是支委会或村委会说了算，出现新的“政企不分”。

4. 实施运作机制不规范。主要表现，一是土地股份合作章程不够完善。股东的身份不明确，一些村社《章程》对承包土地的农户变成股份合作社成员后，享有30年的股份分配权的规定还不明确；二是对土地入股后由于公司经营亏损出现的风险，缺乏妥善的处理办法和相应的风险防范机制。农户虽可以退股，享有“保底收入”，但由于缺乏明确的制度保障，仍存有“后患”。

（四）几点启示

启示一，发展土地股份合作必须统一思想认识。目前，对农村土地所有制问题主要有三种观点，一种是将土地收归国有；另一种是实行私有；再一种是认为应在30年承包期的基础上明确承包农户可长期使用。第三种意见符合《农村土地承包法》的精神。可以说，土地股份合作就是第三种意见的具体体现。它有助于在进一步强化农村土地承包经营权的基础上，明确土地承包经营权具有物权或准物权性质，即土地变资产，经营权股权化，使土地这一稀缺资源，作为资产或资本，按照市场规律参与市场竞争，优化资源配置，成为保护农民土地收益权的制度保障。

启示二，发展土地股份合作必须有明确的定性和定位。应通过立法，明确土地股份合作是合作经济性质，发展方向是建立股份合作组织，一般不宜实行公司制。股份合作制是在坚持合作制基本原则的基础上，吸收股份制的股权设置、组织治理结构等因素的一种新型合作经济组织，应明文规定其特殊的法人地位。

启示三，发展土地股份合作必须坚持依法自愿、具备条件，不搞"一刀切"。实行土地股份合作试点，一般应具备以下四个条件：一是试点单位人多地少，农业劳动力可以有效地转移到二、三产业；二是参与土地股份制的公司，其产业发展前景好，效益明显，企业资信度高；三是立足本地优势产品，农业产业化经营搞得较好，农产品加工增值效益较高；四是当地领导班子组织能力较强，多数群众对土地股份合作有内在要求。

启示四，发展土地股份合作必须建立风险保障机制，确保土地收益。这是实行股份合作制的基本出发点和归宿，也是衡量土地股份合作是否成功的主要标志。在项目选择和制度设计上要经过认真研究和科学论证，必须建立风险保障机制，确保农户入股土地的安全和收益。要明确规定，当投资企业出现经营亏损时，要保障农民入股的土地能及时收回；当股份合作公司（组织）破产时，要保障农民作为第一清偿人（即优先保证把剩余资产清偿给农民）。

启示五，发展土地股份合作必须与农业产业化经营有机结合起来。土地股份合作是农业产业化经营发展到一定阶段的产物。利益联结机制是农业产业化能否顺利发展的"生命线"。主要有三种形式：一是合同（契约）联结；二是合作联结；三是产权联结。前两种联结形式，难以达到"风险共担，利益均沾"的目的，唯有产权联结，才能做到既连利又连心，是最紧密的利益联结形式。在这种形式下，农民既是劳动者，又是资产所有者，是企业的主人，农民可直接参与民主管理和民主决策。

为促进土地股份合作进一步健康发展，提出以下四点建议：

1. 明确土地股份合作的法律地位。将股份合作经济组织作为农村合作组织的一个重要类型，并在农村合作组织法中给予充分体现，以此明确股份合作组织的法人地位，依法登记。在农村合作组织法出台之前，先在有关文件中予以明确。

2. 完善土地股份合作的风险保障机制。尽快制定农村土地股份合作示范章程，规范经营管理，完善运行机制，确保农民的土地承包经营权和收益权。引导和帮助他们建立风险保障制度，使他们与农民结成利益共享、风险共担的经济共同体。对于粮棉等大宗农产品生产和加工的土地股份合作组织，要建立风险保障基金，国家财政和税收政策给予必要支持。

3. 制定扶持土地股份合作制发展的优惠政策。鼓励农产品加工和营销企业积极参与土地股份合作。对大宗农产品生产特别是优质粮食生产的加工和营销企业，参与土地股份合作的，在开展农田规划、土地整治、科技投入、质量标准建设、市场开拓等方面，国家应在财政、税收、信贷等方面给予重点扶持。

4. 积极开展试点，稳步推进。发展农村土地股份合作制是中国农民的一个创造，政策性强，利益关系复杂，涉及多方面的法律和政策，需要先行试点，不断总结经验，待条件成熟，再稳步推开。可先在城镇郊区、东部集体经济发展较快的地区进行试点。

五、创新农民专业合作社机制

《农民专业合作社法》实施以来，为农民专业合作社创造了前所未有的发展机遇，截至 2010 年 3 月底，全国依法登记的农民专业合作社达 27.25 万个，是 2009 年同期的 2 倍多，是 2008 年同期的 6 倍多，实有入社农户达2 300多万户。农民专业合作社的迅速发展，引起了社会各界的高度关注。农民专业合作社是亿万农民的伟大创造，具有旺盛的生命力，在新农村建设和发展现代农业中发挥着越来越重要的作用。当前很值得关注的有如下三个问题。

（一）深化农民专业合作社的认识

发展农民专业合作社，是农业生产关系的重大变革，它不仅是农村经济、政治、社会和文化建设的载体，而且也是我国现代农业发展的重要组织保障。

1. 建设现代农业的载体。现代农业实行规模化经营、标准化生产，都必须以农民的组织化为基础，归根结底都离不开农民专业合作社。农民专业合作社是推动农业经营体制机制创新、提高农业生产和农民进入市场组织化程度的重要载体。如重庆市某粮食合作社，采取"土地入股，统一服务"，实现粮食生产的规模化、标准化，统一配送优质水稻品种、统一垫支生产成本、统一技术服务、统一收购粮食，采取1 000元/亩的保底收购，不仅提高了粮农效益，而且使劳动强度降低 40％以上，打造了两个"绿色食品"品牌，基本实现了大米生产现代化。

2. 农民“共同致富”的载体。农民专业合作社是对农业产业化经营的完善和创新，推动着农业产业化从“龙头企业＋农户”向“龙头企业＋专业合作社＋农户”转变，不仅可以解决农产品卖难、农产品加工增值等问题，还可以进一步发挥农民的主体作用，促进农民就业增收。特别是“合作社办企业”，尽管目前还不多，但它却是农民专业合作社发展的方向，这种经营形式才真正是农民“共同致富”的载体，既可在生产经营中增加收入，也能够从加工、销售增值中获得利润，真正形成了“风险共担、利润共享”的机制。重庆市綦江县某花生合作社，在合作生产的基础上，为提高产品附加值，办起了花生加工厂，打出品牌，加工厂为社员增加收入 40 多万元。

3. 涉农项目投入的载体。调研中群众反映，农民专业合作社是农民自己组建的联合体，其发展壮大能直接惠及农民群众。把有条件的农民专业合作社作为承担涉农项目的主体，才能使广大农民受益。重庆市涪陵区某大米合作社 2009 年承担了全区水稻高产及病虫害统防统治项目，获得项目补助资金 40 万元，用于购置设备、技术培训和农民劳务补助，合作社水稻种植户每户增收 700 元左右。

4. 农村社会管理的载体。农民专业合作社既有经济功能，又有社会功能、文化功能和教育功能，既是农村经济组织，又是农民自我教育、自我管理、自我服务的民主管理平台。辽宁省瓦房店市某果业合作社，发展农民社员3 000多人，合作社每年都要举办多种形式的文娱活动，丰富社员的业余生活。实践表明，凡是合作社搞得好的地方，社员不仅在经济上受益，其民主意识、合作意识、文化意识、监督意识、守法意识都得到增强。

(二) 存在的主要问题

目前,虽然农民专业合作社发展迅猛,但总体来看,还处在发展的初级阶段,整体水平不高,规模普遍较小,带动能力不强,截至2010年3月,全国平均每个合作社成员84户,合作社的发展面临着许多问题。

1. 内部制度不健全、运行不规范。据有些省份估算,运行比较规范的占50%左右,运行不够规范的占40%~45%,登记后没有开展实质性的经营服务活动、处于"休眠"状态的占5%~10%,其他省市也大多如此。主要表现:一是产权制度不明晰,部分合作社的资产没有明确界定;二是民主管理制度不落实,合作社往往都制定了章程,但真正按章程办事的并不多,部分合作社没有建立规范的财务制度和会计账簿,只有内部收支流水账;三是盈余分配混杂,很多合作社没有进行盈余返还,有的虽然进行了盈余返还,但返还比例没有达到《农民专业合作社法》的要求。

2. 缺人才、缺资金、缺建设用地。一是农民专业合作社成员懂技术、善经营、会管理的人才不多;二是资金实力弱,缺乏可抵押资产,如辽宁省法库县某葡萄专业合作社想投资建温室大棚、发展禽肉深加工,受制于贷款难而无法实现;三是农民专业合作社配套设施用地难的问题已成为发展的瓶颈,如辽宁省法库县某食用菌专业合作社准备建设一座冷藏库,由于没有征地指标而无法开工;四是超市设定的门槛高,把千家万户的农民专业合作社拒之门外，如辽宁省法库县某蛋鸡专业合作社，生产的鸡蛋深受消费者欢迎，但当地超市提出的条件较高，交进店费1万多元、品种费200元、15%的返点费，即每60枚一箱的鸡蛋，超市赚取的差价达20多元，这样高的门槛农民专业合作社是难以承受的。

3. 合作社培训工作严重滞后。农民专业合作社运行不规范的一个重要原因，就是农民不知道怎样管理运营合作社，缺乏管理人员、财会人员、营销人员，农民专业合作社的培训工作严重滞后。据辽宁省统计，全省1万多家合作社及相关的指导服务部门，急需培训的人员约2万多人，还不包括大量的普通社员，由于培训工作跟不上，直接影响了合作社的发展。

4. 合作社尚未成为承担涉农项目的主体。近年来，支持农民专业合作社的项目有所增加。2010年，农业部联合财政部、国家发展和改革委员会等6部门，出台了《关于支持有条件的农民专业合作社承担国家有关涉农项目的意见》。但还没有很好地落实，据了解，目前许多农业项目，尚未将有条件的农民专业合作社纳入申报范围。

5. 合作社税务问题亟待解决。一是税务登记类型五花八门。有的登记为有限责任公司，有的登记为合伙公司，有的登记为集体企业，总之，基本都是往“公司”、“企业”类靠。二是税收政策要进一步梳理完善。据调查，发达地区的合作社基本都免税了。但在欠发达地区一般都要向合作社征税。主要税种包括企业所得税、营业税、房产税等。农民反映，不办合作社时不用交任何税，加入合作社后，生产的产品没变，反而要纳税。三是没有全国统一的合作社产品销售发票。有的合作社通过“农超对接”异地销售到大中城市的连锁超市，由于没有全国统一的合作社产品销售发票，超市企业所在地的税务部门不按规定减免超市企业的增值税，反过来影响了合作社的产品销售。四是报税频繁。合作社产品销售有很强的季节性，但税务部门一般都要求每月按时申报纳税，脱离农业生产实际。

（三）发展思路

扶持和发展农民专业合作社，应注意处理好以下五个关系：

1. 处理好发展与规范的关系。面对农民专业合作社存在的诸多问题，是先发展后规范，还是先规范后发展，还是边发展边规范，对这个问题，专家有着不同的看法。调研表明，根据目前实际情况，应坚持“顺势而为、循序渐进”的原则，对于运行不规范的合作社，由于农民积极性很高，也不能强制取消，只能通过经济政策、典型示范、惠农措施，诱导农民专业合作社规范建设。

2. 处理好扶持合作社与扶持龙头企业的关系。在继续给予龙头企业项目支持的同时，应加大对农民专业合作社的项目支持力度，鼓励和支持农民专业合作社特别是示范社承担支农建设项目。要针对农民专业合作社的特点设置一批支农项目，如农民科技培训、农业技术推广、设施农业、标准化畜牧小区、冷链系统与加工等。

3. 处理好合作社“扶强”与“扶弱”的关系。扶持合作社的政策取向，是坚持“扶强”的原则，选择实力较强的合作社“锦上添花”呢，还是坚持“扶弱”、“普惠制”的原则，重点扶持那些亟须帮助的弱小的合作社，进行“雪中送炭”，这也是专家们争论的一个重大问题。多数专家认为，应坚持“不同阶段的合作社，帮扶重点不同”的原则，要认真研究不同发展阶段的合作社的不同需求，有针对性地采取帮扶措施。

4. 处理好农民专业合作社与农村其他集体经济组织的关系。农村其他集体经济组织，如村集体经济、农业技术服务协会、农机服务合作组织等，都是根据农业生产、农村经济发展需要，通过合作的形式把生产要素组织起来，为社区提供公共服务。从实际情况看，农民专业合作社与农村其他集体经济组织都是现代农业建设不可缺少的主力军，两者都在不同的生产关系载体中发挥着重要作用，各地应根据农村经济、农业生产的实际需要，选择农民适宜的组织形式，“宜村择村、宜社择社”。国家在政策上都要给予扶持和支持，调动两个积极性。

5. 处理好多部门扶持指导关系。从各地情况看，财政、金融、农业、工商、税务、商业等部门和科协、供销社等系统在促进农民专业合作社发展中都做了大量工作。但相互之间的协调、沟通还相对欠缺。在这个方面，国外有许多成熟的做法，一些国家设立专门的指导机构，如泰国的农业合作部、美国农业部的农业合作社管理局、巴西农业部的合作社指导司等。目前国内一些省份也已设立了专门的指导部门，如江苏省农委的合作社指导处、湖北省农业厅的农村专业合作经济组织指导办公室，辽宁省等地则建立农民专业合作社发展联席会议制度。我国目前农民专业合作社已有 27 万多个，将来发展如果按照 50％农户入社，根据目前合作社规模，合作社将达 150 万个，这么多的合作社，必须有专门的指导机构进行指导。可以借鉴国外做法，在总结各地经验基础上，设立全国农民专业合作社指导和服务机构，如"农民专业合作社局"或"农民专业合作社指导中心"，加强领导，整合资金，统一步骤，共同促进合作社健康发展。

六、创新农业产业化经营机制

农业产业化经营是在家庭承包经营基础上实现农业规模经营和带动农民进入市场的有效途径，也是推进农业和农村经济结构调整的重要带动力量，要大力推进和扶持。我曾到河北、四川、重庆、山东和浙江等地进行了调研。通过调研，进一步感到农业产业化是事关农村改革和发展大局，事关新阶段农业和农村经济长远发展的一件大事，中央关于农业产业化问题的判断和决策是非常正确的，必须加大工作力度，加快推进和发展。

（一）充分认识发展农业产业化经营的重要意义

在中央的重视和各有关部门的支持下，各地在推进农业产业化健康发展方面进行了积极的探索和实践，取得了明显成效。一些地区把发展农业产业化经营作为农业和农村工作的主要抓手，作为解决农业发展问题的"牛鼻子"，农业产业化经营取得了突破性进展，进入了新的发展阶段。

1. 发展农业产业化经营是推进农业和农村经济结构战略性调整的重要带动力量。实践表明，发展农业产业化经营，充分发挥龙头企业的带动作用，对于促进农业向广度和深度进军，实现小规模经营农户同大市场的对接，促进结构优化和产业升级，全面推进农业运行机制、管理体制和技术创新，都具有重要意义。农业产业化对农业和农村经济结构战略性调整的带动作用体现在：第一，可以告诉农民种什么。通过“订单”、“第一车间”等形式，不仅可以有效地解决农民的卖难问题，规避市场风险，而且可以解决农民普遍不知道该种什么的问题，增强了他们调整结构的主动性，使他们能够比较放心地进行调整。第二，可以使农产品实现多次增值增效。发展农业产业化经营，对农产品进行加工特别是精深加工，可以延长农业产业链，增加附加值，提高农业的综合效益。第三，可以提高农产品的科技含量。龙头企业不断进行技术创新，不仅有利于农业科技的推广，而且有利于引进和吸收消化新品种、新技术和新工艺，促进提高农产品质量，把农业增长方式真正转到主要依靠科技进步和提高劳动者素质的轨道上来。四川省光友薯业有限公司自创建以来，在开发研制方便粉丝生产方面共获得19项国家专利、20多项国际国内大奖，不仅使甘薯增值23倍，而且培训了全国各地4 000多名薯农。第四，可以完善和创新农业经营机制。农业产业化经营是市场化行为，它能够促进市场机制和社会组织的发育，有利于形成适应市场经济和现代化要求的组织体系、运作机制和管理体制，对于完善和创新农业经营机制，促进农村经济转型和体制转轨必将产生深远的影响。

2. 发展农业产业化经营是在家庭承包经营基础上实现农业现代化的必由之路。在家庭承包经营基础上如何实现农业现代化，是我国农业和农村工作面临的重大课题。加快农业市场化进程，用先进的技术、装备和管理武装农业，大幅度提高农业的劳动生产率，是推进农业现代化的客观要求。而我国农业经营规模小的国情决定了实现这一目标，走以欧美为代表的扩大土地经营规模、发展大农场的路子不现实，走以日本为代表的高补贴、高投入的路子也行不通，而必须立足国情，在坚持实行家庭承包经营的基础上，通过发展农业产业化经营延长农业产业链，实行区域化种植和专业化生产，以扩大农业的外部规模，进而提高农业的现代化水平。显然，这是一条既符合世界农业发展规律和趋势，又具有中国特色的农业现代化发展道路。产业化这种组织形式和经营机制，突破了产业、社区和所有制的界限，改变了农业单纯从事原料生产的地位，改善了农业的投入机制，可以使资本和先进技术、农艺措施、现代装备有机地融入农业生产经营的各个环节，有效提高农业的劳动生产率和农民素质。这很可能是一项具有全新制度创新意义的探索，将成为我国推进农业现代化的基本模式。

3. 发展农业产业化经营是当前增加农民收入的现实途径。 近年来，农民收入增长困难，增幅逐年递减。在较低的平均增幅之下还存在着“三个掩盖”:一是大户增收掩盖了小农户减收；二是非农兼业户增收掩盖了纯农户减收；三是东部农民增收掩盖了中西部农民减收。这些情况是多年来没有的，说明农民增收形势已非常严峻。这已成为制约，国民经济发展乃至实现第三步战略目标的重大问题。发展农业产业化，既可以解决农产品的卖难，使农民的初级农产品卖个好价钱，又可以通过多次增值，提高农业的附加值和综合效益，还可以通过企业实行保护价收购和返还一部分利润等二次分配方式，给农民直接带来一些实惠。据统计，1998 年，全国农业产业化经营组织带动农户3 900多万户，占全国农户总数的 15%左右，参与农业产业化经营的农户户均增收 800 多元。此外，农业产业化经营组织除直接吸纳了 572 万农村劳动力外，还为城市下岗职工再就业提供了新的出路。

4. 发展农业产业化经营是提高我国农业国际竞争力的有效措施。我国加入世界贸易组织后，农业和农村经济面临更加开放的市场环境和更加激烈的市场竞争。如何趋利避害，应对挑战，根本出路在于提高我国农业的国际竞争力。首先，要培育出有竞争力的经营主体。农户是我国农村经济长期不可改变的微观基础，也是我国农业参与国际竞争的基本依靠力量。发展农业产业化经营，不仅不动摇农户的经营主体地位，而且还有利于增强他们的市场竞争能力。山东省潍坊市通过发展农业产业化实现了农业国际化，全市农业产业化经营程度已达到80%以上，70%以上的农户通过龙头企业和合作组织的带动进入了国际市场。同时，有了稳固的农户作基础，生产原料有保障，龙头企业自身也会不断扩大规模，提高素质、效益和竞争力。随着专业化程度不断提高，分工分业日益深化，龙头企业还势必进行重组，走向联合与合作，最终形成实力强大的“航空母舰”。这不仅有利于提高国内农业的竞争力，而且有利于国内农业企业“走出去”，主动参与国际竞争。不仅如此，有了龙头企业，还为我国大规模引进外资，提供了有效的组织载体。其次，要生产出高质量、低成本的优质农产品。在产业化经营方式下，农户按照龙头企业要求进行生产，其产品质量和成本效益远远高于传统分散条件下生产的农产品。如果产品以出口为导向，其质量标准和卫生要求也大多符合国际水准。

但从总体上看，目前我国农业产业化经营水平还不高。主要表现在，各地农业产业化经营发展很不平衡；龙头企业普遍规模偏小，抵御市场风险的能力较弱；组织形式和利益机制还不完善、不规范，大面积带动农户的能力不强；管理体制不适应，扶持政策不到位，人才、技术、资金缺乏仍然是制约农业产业化发展的“瓶颈”。这些问题，迫切需要在今后推进农业产业化经营中研究解决。

（二）认真总结各地发展农业产业化经营的实践经验

农业产业化经营是农村改革不断深化和农业生产力进一步发展的产物，是我国家庭承包经营制度的重大创新。及时总结各地农业产业化的经验，正确把握其特点和规律，对于进一步推动农业产业化经营健康发展具有重要意义。

1. 坚持以市场为导向，培育主导产业，搞好基地建设。形成有市场、有规模的主导产业，是农业产业化发展最重要的基础。产品没市场不能发展，有市场而没规模也不能形成气候。产业化发展比较成功的地方都十分注重以市场为导向，根据本地资源和区位优势，不断培育和开发拳头产品，逐步形成有竞争优势乃至核心竞争优势的主导产业。许多地方立足现有生产能力，把基地建设、优化区域布局与结构调整结合起来。东部沿海地区面向国际市场，发展外向型农业，建设一批创汇农业基地；中部地区依托资源优势，大力发展多种经营和农产品精深加工；西部地区围绕发展特色农业，加强专业生产和基地建设；大中城市郊区根据自身特点，以发展都市型农业为主攻目标，促进农业产业化发展。

2. 高度重视技术创新，大力提高农业产业化经营的科技含量。龙头企业的科技开发和创新能力，直接关系到企业在市场上的竞争力和带动农户能力的大小，也是农业产业化经营发展水平高低的主要标志。龙头企业要在激烈的市场竞争中立于不败之地，就必须成为技术创新的主体，不断增加技术开发投入，大力提高其产品的科技含量。在农业部等 8 部委筛选出的重点龙头企业中，绝大多数都把技术创新视为企业生存发展的“生命线”，在这方面下了很大的工夫，投入了很多的资金。一些有条件的龙头企业组建了科研和技术开发机构，还通过多种形式与农业科研单位、高等院校、技术推广部门等建立稳定的协作关系，共同开发和推广新产品、新技术。少数龙头企业还通过技术入股和股权转让等形式，组建了农工科贸综合集团，走上了“产学研”结合的道路。黑龙江省金玉集团公司应用高新技术搞玉米深加工，开发出 4 个系列 10 多个新产品，年销售收入 10.2 亿元，利税 1.5 亿元，带动农户8 000多户。

3. 实行因地制宜，分类指导，不搞单一模式。我国幅员辽阔，各地情况千差万别，发展农业产业化经营必须对市场进行细分，依据不同产业、不同地域和不同经营方式的情况，走各具特色的路子。据农业部调查，各地农业产业化经营的差异主要表现在四个方面：一是带动方式不同。加工、流通企业带动型占 66%；中介组织带动型占 26%；其他带动型占 8%。二是利益连接机制不同。合同契约和书面协议两种类型占 80%，股份合作制占 11%，合作制占 9%。这说明许多龙头企业与农民的利益连接还较为松散。三是产业分布不同。粮棉油等大宗农产品产业化经营发展较慢，但在粮食主产区近两年发展加快；畜牧、水产、蔬菜、水果等产业化经营发展较快；新兴产业和名特优新产品产业化经营发展很快。四是地区发展不平衡。东部农业产业化经营组织数量占48%，中部占45%，西部占7%。

4. 积极发挥政府的引导和服务功能。各地反映，扶持和推进农业产业化经营，需要多部门的配合与支持。按照国务院的要求，农业部等8部委组成协调会议，共同研究和解决农业产业化经营发展中存在的问题，制定扶持政策，这是一个很有效的工作机制，对于发挥各部门优势，推动农业产业化发展，具有重要意义。据农业部统计，目前全国绝大多数省、自治区、直辖市人民政府都成立了农业产业化工作领导小组，明确了主管部门。特别是在这次地方机构改革中，各省都强化了农业产业化工作组织机构。有绝大多数省的党委、政府制定了扶持农业产业化经营的政策措施，从财政、信贷、税收和科技进步等多方面对农业产业化经营给予具体支持。

（三）进一步推进农业产业化经营需要处理好几个关系

1. 处理好农业产业化经营与家庭承包经营的关系。实践证明，农业产业化经营与家庭承包经营并不矛盾，而是与家庭承包经营具有很强的互补性，是对家庭承包经营制度的发展、完善和创新。这种经营形式不改变农户的土地承包关系，不影响农户的生产经营自主权，通过合同契约等多种方式，使分散的农户成为龙头企业的原料基地、“生产车间”，成为整个产业链中的一个基础环节，以外延扩大再生产的方式，实现了专业化生产、区域化种植、集约化经营、企业化管理，大大推进了农业的现代化进程。因此，要努力通过农业产业化经营，把家庭承包经营与龙头企业的各自优势结合起来，并不断丰富和完善，使之成为新世纪推动我国农村经济进一步繁荣发展的重要动力。

2. 处理好龙头企业与农户的利益关系。农业产业化的实质是要建立一种有效的机制，使农户参与产业化经营能够得到比单纯搞初级产品生产更多的收益。否则，产业化就无异于一般的加工工业和工商企业。事实上，从长远看，龙头企业也只有让农户得到实实在在的利益，其自身才能不断发展壮大。泰国正大集团之所以历经 80 多年发展长盛不衰，最根本的“精髓”就在于这一点。对龙头企业与农户的利益连接关系，要根据所处的发展阶段、从事的产业以及当时的市场情况不同而区别对待。产业化经营处于起步阶段的地方，要重点发展订单农业，加强产销衔接，规范产销各自的权利和义务。产业化经营基础较好的地方，可以通过建立风险基金、实行最低收购保护价、返还一定利润，以及提供良种、设备，资助周转金，进行技术培训等形式，使企业与农户建立比较紧密的利益连接机制。此外，还要积极探索，实行农民用土地使用权、产品、技术和资金入股等多种形式，与企业结成利益共享、风险共担的利益共同体。

3. 处理好农业产业化经营与乡镇企业改造升级和小城镇建设的关系。乡镇企业能否适应新阶段农业和国民经济发展的新形势、新要求，完成战略性调整的任务，实现二次创业，关键在于必须尽快调整产品结构，推动产业升级。从当前和今后我国市场供求情况和工业发展现状看，乡镇企业今后重点发展以农产品为主要原料的加工业，包括贮藏、保鲜和运销业，最具有竞争优势，应作为结构调整的一个基本方向。在经营形式上，则应当大力推行产业化经营，通过带动农业，辐射农户，实现新的“以工补农”、“以工建农”、“以工带农”。发展小城镇，关键是培育小城镇的经济基础。农业产业化经营无疑是发展小城镇经济最重要的增长点，也是连接周边农户最有效的组织形式和联系纽带。

4. 处理好政府和龙头企业的关系。农业产业化经营的主体是企业和农户。在发展农业产业化经营过程中，政府的主要职责应是制订发展规划和扶持政策，为产业化经营创造宽松的外部环境，维护产业化经营主体的合法权益。因此，政府既不能包办代替，搞行政命令，也不能撒手不管，无所作为，而应当用市场经济的办法引导和调控产业化经营的发展，帮助企业解决在发展中遇到的自身难以解决的实际困难和问题。龙头企业要强调多样性，可以是加工企业，也可以是中介组织和流通企业，只要经济效益好，能够开拓市场，带动农户，增加农民收入，都应当鼓励和扶持。龙头企业自身要强化内部管理，加快技术进步，降低经营成本，不断提高市场竞争力和对农户的带动力。新上项目，一定要符合国家产业政策，注意保护生态环境，实现可持续发展。

5. 处理好农业产业化经营与提高社会化服务水平的关系。龙头企业要得到稳定和优质的加工原料，必须强化对农民的技术指导和服务，这已成为农业技术推广中一支富有活力的重要力量。国家农业技术推广部门也要适应市场经济和农业产业化经营的要求，加大改革力度，增强发展活力。要以农业产业化经营为契机，以农产品加工、销售企业为龙头，以国家农业技术部门为骨干，以农民的各种专业合作组织为基础，逐步建立起功能互补、网络完善的农业社会化服务新体系。

七、创新农村金融制度

在河南省焦作市就农村金融改革和农民贷款问题进行了专题调研中深深感到，"农民贷款难"、"农村信用社难贷款"问题是困扰农村金融发展的关键，"两头难"归根到底是担保难。河南焦作农民自发组成的农民贷款担保协会，有效地解决了担保难的问题，从根本上解决了"两头难"的问题，是农村金融体制改革的一个重大突破，是农民立足于现实需要的探索性制度创新，很值得总结和推广。

（一）农村信贷存在"两难"

长期以来，农村信贷存在着一个奇怪现象：一方面，农民要致富，贷款需求强烈，但很难贷到款；另一方面，农村信用社大量资金贷不出去。具体分析这种状况，农村信贷存在"两难"：

1. 农民贷款难。对农民贷款难很形象的说法是，"无钱经营、无物抵押、无人担保"。

（1）无钱经营。据有关部门调查，农民贷款满足率为50％左右，在贷款量上的满足率仅为20％～30％，而企业的这一比例为81.6%。据亚洲发展银行对农村信用社在贵州52个村的贷款情况的统计，覆盖率低的村为17.4%，高的村超过60%，平均覆盖率为41%。又如，截至2006年7月底，河南省焦作市有13.8万户农民向农村信用社提出贷款申请，有10.7万户符合贷款条件，其中7.7万户得到贷款，贷款满足率达到56%。随着社会主义新农村建设加快，农民贷款需求日益上升，农民面临着无钱扩大生产经营的资金困境。

（2）无物抵押。按照现行金融政策，农民到金融机构贷款需要提供担保或资产抵押，农民的物质财产主要包括三部分：房屋、宅基地、牲畜。但是，由于宅基地属集体所有，房屋、宅基地均无法进行贷款抵押，牲畜等活体动物也不能作为质押物。因此，一般意义上来讲，农民进行质押贷款是不可能的。

（3）无人担保。在“无物抵押”的情况下，农民贷款只能请人担保，农民靠个人力量在农村寻找且符合农村信用社要求的担保人比较少，即使找到了担保人，常常需要农民缴纳好处费，增加农民负担。

2. 农村信用社放贷难。

（1）放贷成本高。农民贷款多数是小额贷款，对每一笔贷款，农村信用社必须进行前期信用调查、市场调查，贷款期间监督，催促还款。这相对于较小的贷款而言，信贷成本较高。

（2）抵押物问题。农村信用社不愿接受农村客户提供的诸如没有房产证的房屋、小企业厂房设施、农产品、农业生产资料等抵押品。即使接受了这些抵押品，也难以找到一个拍卖市场去处理。

（3）风险大。农村信用社贷款面临“三重风险”：即农业生产经营面临的自然风险、市场风险和贷款户信用风险。过去个别农民恶意逃债，甚至有的村庄被定为投资高风险村，加之农村信用社对信贷员实行责任终身追究制度，对农户有很强的惜贷、惧贷心理。正像有人所说的，放贷风险是个人的事，不贷损失是国家的事。

“农民贷款难”、“农村信用社难贷款”归根结底是担保难。担保是沟通农民贷款需求和农村信用社放贷的桥梁；解决了担保问题，农民“无钱经营、无物抵押、无人担保”的问题，以及农村信用社惜贷、惧贷问题就迎刃而解了。

（二）农民贷款担保协会的主要做法

农村信贷面临的“两难”，催生了农民贷款担保协会。2002年10月，焦作市武陟县嘉应观乡东后庄村6位经济实力强、社会信誉好的农民，成立了第一个农民贷款担保协会。协会拟定了《信用担保协会章程》，和当地农村信用社签订担保协议，协会成员每人在当地农村信用社存入一定数量的担保金，给本村人贷款提供信用担保。

担保协会显示出旺盛的生命力。到2006年7月，焦作市已成立农民贷款担保协会170个，主要集中在焦作市武陟县的13个乡镇，协会成员977人，向农村信用社缴纳保证金463万元，累计为1 571名群众进行了担保，在农村信用社的贷款余额3 152万元，农村信用社的贷款回收率达100%。

农民贷款担保协会的主要做法是：

1. 协会会员要具备六个条件。焦作市的农民贷款担保协会，都是以自身的诚信为基础自发组建起来的。根据《信用担保协会章程》规定，协会的会员必须具备以下六个条件：

（1）必须是本村的村民，具有完全民事行为能力。

（2）个人信用程度较高，在信用社无不良贷款记录。

（3）遵纪守法，无赌博、偷盗、吸毒等不良行为。

（4）个人具有符合国家政策规定的生产经营项目，家庭较为富裕，有一定的经济实力。

（5）自愿向当地信用社缴纳3 000～5 000元的担保保证金。

（6）自愿履行担保协会与信用社之间签订的贷款担保协议。在这种条件下建立起来的农村贷款担保协会具有较高的诚信度，农村信用社相信他们，通过这些人担保，农村信用社愿意将贷款发放给其他村民。

2. 担保协会与农村信用社达成协议。农民贷款担保协会与当地农村信用社协商一致，对贷款担保行为做出具体的规定：

（1）协会成员每人拿出5 000元存入信用社作为担保金。

（2）担保协会所担保贷款最高限额为 15 万元，一般控制在 5 万元以下。

（3）农户需要贷款，向协会提出申请，协会 60％以上会员签字同意、信用社审查后，农户就能得到贷款。

（4）农户贷款逾期不还，信用社可直接扣除协会的担保金，保证金不足时，由担保人的私人资产作为担保。

（5）农村信用社承认农民贷款担保协会的主体资格。农村信用社和农民贷款担保协会签订诚信担保协议，认同农民贷款担保协会的担保。

3. 简化担保程序。在贷款的运作程序上，需要贷款的村民，只要向担保协会口头申请或文字申请，经协会审核同意后，即可到信用社办理贷款手续。截至目前，焦作市经农民担保协会担保的贷款及时还款率为100%。即使有部分农民因特殊原因不能及时还款的，均由贷款担保协会用担保金及时偿还，而那些贷款农民也很快将贷款还给贷款担保协会，至今没有出现一起纠纷事件。

（三）农民贷款担保协会有利于实现“三赢”

农民贷款担保协会经过近4年的实践运行，有效地解决了农村信贷“两难”问题，有力地推动农村经济的发展，促进了农民收入的增加，弘扬了诚实守信的社会风气，有效地化解了农村信用社的信贷风险，实现了农村信用社、担保协会和农民三方共赢。

1. 对农民有利。

（1）极大地促进了农民致富。农民贷款担保协会成立后，农民可以根据需要随时获得信用社的贷款，用于发展养殖业、农产品加工业等，不断扩大生产经营规模，提升产业、产品竞争力。如焦作市武陟县大刘庄村在农民贷款担保协会成立前，村里仅有7家养鸡户，鸡存栏只有7 000只。协会成立后，通过资金的不断注入，使该村的养鸡业得到了迅速发展，短短一年时间，养鸡户已达到50多户，鸡存栏达到9万只，全村养鸡每年可创收80余万元。该村农民通过组织起来，集体大批量购进饲料，增强了饲料市场价格的话语权，大大降低了生产成本。同时，又有组织地大批量向外销售鸡蛋，提高了产品的市场竞争力，增加了农民收入。目前，该村生产的鸡蛋已远销香港、北京。焦作市武陟县大许庄村农民贷款担保协会成立后，积极支持村民养鹅，该村鹅存栏量由协会成立前的3 000只发展到现在的10 000多只，每只鹅纯利润在12元左右，年收入达70余万元，仅此一项该村人均收入可增加700余元。目前，焦作市武陟县的嘉应观、小董、龙源、詹店等乡镇在金融部门的大力支持下，已初步形成"产供销"一条龙的产业化发展模式，有效地促进了农民致富，推动了农业结构调整。

（2）扩大了农民贷款规模。过去农民个人小额贷款最多只能贷5 000元，而现在通过农民贷款担保协会一般可贷到3万元，甚至更多，平均一个人的贷款规模比一个人的存款规模要大5～6倍，解决了农民规模发展所需资金问题。如焦作市武陟县大刘庄村农民贷款担保协会成立以来，累计为356户农民提供了担保，担保贷款金额累积达到730万元。目前担保贷款余额86万元，单笔贷款金额最多达到15万元。

（3）提高了贷款效率。以前办理农民个人贷款程序繁琐，需要花费很长时间，少的1个月，甚至2～3个月，最后也不一定能贷到款。而现在通过农民贷款担保协会的担保，程序简便，农民很快就能贷到款，快的半个工作日，慢一点的最多3～5个工作日即可办妥。

（4）降低了农民的贷款成本。①贷款利率低。农村信用社对农民贷款担保协会所担保的贷款，在政策允许范围内实行利率优惠。对经农民贷款担保协会担保的其他农民贷款，执行9.3‰的利率；对不通过担保协会而通过其他形式担保的农民贷款执行9.765‰的利率。②免去公证。经过农民贷款担保协会担保的贷款，不再进行公证，每万元贷款可节省 30 元的公证费。③缩短了贷款期限，节省了利息。过去，一般情况下，农民急需用钱时往往采用提前借款、延长贷款期限的办法，于是增加了利息。通过贷款担保协会的担保，农民可以随时贷款，随时还贷，大大减少了无效的贷款期，节省了贷款利息。

2. 对农村信用社有利。

（1）化解了贷款风险。农民贷款担保协会所担保的贷款户都是同村人，对贷款户情况非常熟悉，贷款户有没有能力还贷，贷多少为宜，担保协会能够帮助信用社把关，避免或减少以往贷款中因调查不清，甚至出现虚假担保的现象，在一定程度上消除了信贷人员对担保的疑虑。由于担保协会成员对贷款实行“谁介绍、谁负责、全程监督”的监管机制，促使协会成员千方百计、时刻掌握贷款户的经营状况，帮助信贷员催收贷款和利息。在某种程度上，农民贷款担保协会已经成为农村信用社的风险屏障。

（2）降低了信贷成本。农民贷款担保协会，对农民贷款都要进行严格的审查把关，缩短了信贷人员贷前调查所耗费的时间，原来由专业信贷人员要做的工作转移到农民贷款担保协会，使专业信贷人员能抽出更多的时间和精力来加强贷后的业务改革和管理。焦作市农村基层信用社，全部设立了统一模式的信贷服务大厅，改变了过去贷款需要每个环节逐个跑的运作模式，实行集中、公开的一站式办理，面对面服务，既达到了简化手续、快速办贷、公开透明的目标，又降低了信贷成本，受到了农民好评。

（3）促进了农村信用社自身的快速发展。通过农民贷款担保协会的风险屏障作用，极大地调动了农村信用社的放贷积极性，信贷质量明显好转，农村信用社呈现出了良好的发展势头。截至2006年7月底，焦作市农村信用社各项存款余额达到101.9亿元，较年初净增20.68亿元，完成全年存款任务的229.73%，增幅达25.46%，成为焦作市首家存款突破100亿元的金融企业；各项贷款余额达75.4亿元，较年初净增15.5亿元，增长25.87%，新增贷款占全市金融机构新增贷款的50%以上，其中发放5万元以下（含5万元）小额贷款达16.6亿元。同时，焦作市农村信用社盈利水平不断提高，2005年实现利润1.2亿元；2006年1～7月，就已实现利润1.5亿元。

3. 对担保协会有利。

（1）在同等条件下，担保协会成员享有优先获得贷款的权利，并且利率优惠。

（2）可赚取利息差。焦作市农村信用社对担保协会会员执行8.4‰的利率；对经担保协会担保的其他农民贷款，执行9.3‰的利率，担保协会可从中赚取利息差。

（3）农村信用社每年按担保贷款利息收入的10‰，向协会支付"按时还款奖励费"。

由于以上好处，担保协会获得了必要的经费，保证了协会的正常运行，担保协会不向农民收取任何服务费。

农民贷款担保协会对帮助农民致富、推动农村金融改革与发展、促进农村风气的好转发挥了重要作用，这种一举多赢的组织形式具有良好的发展前景。有关部门应当在认真总结经验的基础上进行规范、扶持，将其纳入法律范围。

八、创新大豆产业发展机制

为了提高国产大豆的竞争力，保障国家大豆产业安全，改善4 000万豆农的生计，在农业部、商务部的领导下，黑龙江省、内蒙古自治区农业部门的支持下，中国大豆产业协会分别在黑龙江省的克东县、林甸县、红星农场和内蒙古自治区的扎兰屯市（简称“三县一场”）开展了大豆产业发展机制创新试点工作。

（一）试点背景及内容

协会在配合政府部门开展大豆产业政策调查中，发现“农户一盘散沙，收购商混收混存，加工企业孤军奋战”是我国大豆产业竞争乏力的内在根源。同时也发现了农户自发组织芽豆生产合作社；企业搞大豆筛选、分类包装销售食品豆；农户向加工企业赊销大豆等新的产销模式。协会在总结这些新创造、借鉴国外产业一体化经验基础上，与当地政府、加工企业、豆农代表协商制定了《大豆产业发展机制创新试点方案》（简称《方案》）。试点工作内容主要有四个方面：

1. 从组建合作社入手，健全和完善大豆产业组织体系。通过培育大豆合作社把农户组织起来，形成由农户、合作社、加工贸易企业、物流企业组成的结构完整、功能齐全的大豆产业组织体系。

2. 从增产增收入手，探索高效的大豆产业服务机制。合作社以降低生产成本、提高大豆产量和品质、增加农户收入为目标，通过统一的批量采购生产资料、专业化生产的低成本高效率服务，使农户增产增收。

3. 从制定标准入手，建立大豆产品质量安全保障体系。合作社按照食品质量安全规定和加工企业对原料的要求，参照无公害、绿色、有机大豆的标准，指导农户规范化栽培，建立大豆生产、加工、流通等全程档案，形成可追溯的大豆生产体系。

4. 从衔接产销入手，促进合作社与加工企业形成利益共同体。以市场为基础，以优质、优价为原则，促进大豆合作社与加工企业建立互利互惠合作关系，使农民的大豆有稳定的销路，企业有稳定的优质原料来源，豆农和加工企业共创品牌，共享收益。

（二）试点进展情况

试点工作已取得了初步效果。

1. 农户从一盘散沙，走向合作。各试点单位都把引导培育大豆种植者合作社作为健全产业组织体系的重点。克东县委召开常委会议专门研究试点工作，县政府组织全县乡镇主要负责人、村党支部书记和村委会主任、大豆种植大户、加工企业负责人开展培训，由合作社专家讲课，合作社代表现身说法，加工企业谈市场走势。自 2008 年 10 月份以来，在 98 个村中豆农自愿组织了 124 个大豆合作社。红星农场在试点中，结合政企分设改革，按照作业区组建了 16 个家庭农场合作社。

农户组建合作社有四种形式：第一种以行政村或者原生产队为范围建立合作社；第二种以林网中的生产方为范围建立合

作社；第三种以大型农业机械作业的半径为范围建立合作社；第四种以农场作业区为范围建立合作社。

2. 合作社以规模化服务解决社员的共同困难，降低了农户的生产成本。合作社的服务主要体现在三个方面：

（1）按照加工企业对大豆品质的要求，帮助社员选择、购置大豆品种，组织社员与加工企业签订专用大豆销售合同。在农业技术人员的指导下，合作社选购良种，组织社员统一播种，合作社大豆生产质量和效益大大提高。社会上混装大豆一般油脂含量是18%、蛋白质含量是38%。合作社的高油大豆油脂含量为21%，高于混装大豆3个百分点；合作社的高蛋白大豆蛋白质含量为42%，高于混装大豆4个百分点。据企业介绍，油脂含量每高出1个百分点，加工1吨大豆企业净增利润120元，蛋白质含量每高出1个百分点，加工1吨大豆企业净增利润200元。采用合作社的专用大豆搞加工，每吨分别增加净利润360元、800元。按照试点合同规定，企业要把净增利润的50%返还给豆农。社员每千克大豆的价格将比市场混装大豆分别提高0.36元和0.80元。

（2）合作社组织社员批量购买生产资料，节约生产费用15%～20%。据内蒙古自治区扎兰屯6个大豆专业合作社统计，合作社批量购买尿素、二胺，比单家独户农民购买分别节省18.2%、11.1%的费用。黑龙江省克东县宝泉镇护路村36人组成的合作社，2009年统一为社员购买良种9 000千克、复合肥650袋、柴油5桶、乙草胺110千克、噻吩磺隆330袋，比单家独户购买总计少开支13 096元，平均每亩节约费用8元。

（3）合作社组织大型农机作业配套服务，机械作业费用明显降低。合作社大面积作业服务比农户独家作业，喷药每亩节省 1 元，趟地三遍共节省 9.9 元，播种节省 3.3 元，收获节省 5 元，喷药、趟地、播种、收获四项作业费合计每亩节约 19.2 元，比单家独户作业费降低 47%。

（4）有效地提高了大豆亩产。2009 年大豆主产区遇到了 60 年不遇的干旱、低温灾害，据克东县反映当年是六成年份，全县平均亩产 104 千克，124 个合作社的大豆亩产达到 124 千克，合作社每亩大豆产量比分散豆农产量增加 19%。

3. 油脂加工企业与合作社共创品牌，共享利润。红星农场与九三粮油工业集团签订协议，由九三粮油工业集团在红星农场新建有机大豆压榨车间，专门加工红星农场 7 万亩有机农田的大豆，以有机豆油占领国内外高端消费市场。

4. 试点引发了县政府工作新思路。县政府在领导试点工作的同时，进一步明确了政府产业发展思路，工作方法得到改进。克东县县长说：“过去大豆价格大起大落，政府束手无策，现在组织农民挖潜，看到了大豆产业的希望。我县有大豆 150 万亩，占全县耕地面积的 95%，抓发展机制创新，就是建设现代大豆产业”。

通过大豆试点使我们看到，中国大豆产业并非一筹莫展、没有出路。只要我们立足发挥我国非转基因、高蛋白大豆的优势，提高农业科技水平，建立专用、专种、专存、专加工的一条龙产业体系，就能克服“豆农一盘散沙、企业孤军奋战”的弊端，提高大豆产业自身的竞争力。当地干部认为，发展机制创新是振兴中国大豆产业的一条新路子，豆农认为发展机制创新是豆农增产增收的重要措施。

（三）存在问题

1. 对试点工作重视不够。党中央和国务院把创新体制和机制作为改革的重点工作，但在实际工作中，由于没有列入政府的目标责任，有的地方把发展机制创新看做是额外负担。

2. 大豆产业发展机制创新试点工作急需与目前国家建设项目相衔接。这些年来，国家对农业、农村建设补贴的力度不断增大，项目经费不断追加，对农业和农村经济发展发挥了重要作用。大豆产业发展机制创新试点，实现了产业组织体系与产业技术支持体系的有机结合，效果明显，深受广大干群欢迎，但是创新试点与国家现有的发展项目、政策不够衔接，得不到项目支持。例如，大豆专业合作社缺乏联合存储、分级包装专用大豆的手段；缺乏购买生产资料、收购销售产品的资金；对高蛋白、高异黄酮等专用大豆品种的培育、扩繁体系建设明显滞后等，都需要得到有关方面的支持及解决。

第三章　确保国家粮食安全

内容提要：国以民为本，民以食为天。粮食紧平衡，始终是国情。粮食是国民经济的战略物资。当今国内外粮食安全形势发生了新变化，必须重新认识粮食安全问题。首先要对“粮食”有明确的定位，对其特点加以新的诠释，粮食是基础性的公共产品，国家扶持粮食生产应像投资水、电、文化教育事业一样，纳入公共财政投入。强调粮食供需发生了新的变化，保证粮食安全应遵循六个原则及对粮食安全的基本要求；提出要始终不渝地坚持立足国内实现粮食基本自给方针，坚定不移地把粮食生产放在首位；论证了食物安全与营养改善是最大的民生，确保十几亿人口的食物安全供给和营养改善，是新时期我国经济社会稳定发展的头等大事。阐明了粮食主产区农民增收要稳定“一个基础”、做好“三篇文章”的新思路；总结提升农业（粮食）综合生产能力的六条基本经验；韩国和德国保障粮食安全的成功经验值得借鉴。

一、粮食安全新诠释

近年来，国内外粮食生产和消费正在发生重大变化，粮食供求关系偏紧，结构性矛盾突出，粮价总体持续上涨，已引起人们极大关注。国内外粮食安全形势发生了新的变化，重新认识我国粮食安全问题显得尤为重要。

（一）粮食的诠释

随着经济全球化和市场经济的发展，对粮食本质的认识也不断加深，粮食已不是传统的农业产品，它有以下突出特点：

1. 粮食是一种特殊商品。一般商品规律是受供求关系决定的，当商品供不应求时，价格就会上升，供过于求时，价格就会下降。而粮食供给的价格弹性大，需求的价格弹性小，就是说生产多了，就要出现“卖粮难”，谷贱伤农；生产少了，粮食价格过分上涨，消费者难以承受。另外，一般商品完全受市场经济规律支配，而粮食则不然，一方面既受商品价值规律的支配，一方面又受宏观调控和政府干预的影响，往往后者起着重要的平抑价格的作用。

2. 粮食是基础性的公共产品。所谓基础性的公共产品，是指为整个社会提供的，其受益对象是全体社会成员，常常是社会效益高，经济效益低，完全依靠市场机制调节，难以满足全体社会成员的需求。粮食是国民经济战略物资，是整个社会成员的必需商品，涉及千家万户，具有“放大”效应，每户多买一点，就会出现供应紧张，如果不正确引导，就可能引发大的波动，带来连锁反应。20 世纪 80 年代末和 90 年代初，两次出现通货膨胀，都与粮食供求出现问题有关。必须充分认识粮食是基础性的公共产品，因此，国家扶持粮食生产，应像投资公路、水、电、文化教育事业一样，用公共财政大力投入。仅靠市场调节，粮食供需矛盾是难以解决的。

3. 粮食是弱质产业产品。粮食是自然再生产和经济再生产相结合的产物，既受自然风险影响，又受市场风险影响。目前我国“靠天吃饭”的局面尚未改变，特别是我国加入 WTO 以后，粮食已成为国内与国际互动性较强的产品，当国内粮食减产时，国际粮食价格就会上升；同样，国际粮食产量变化时，也会波及国内粮食市场价格。又加上我国长期实行的经济社会“二元结构”，农业基础设施薄弱，农业生产经营规模小，广大农民素质不高等影响，粮食生产比较效益低。

4. 粮食是多功能产品。农业包括粮食具有食品保障、原料供给、生态保护、观光休闲、文化传承等功能。粮食与国家的安全紧密相连，粮食生产与国土整治、动植物保护、环境工程等息息相关，具有保护自然、稳定生态、促进人与自然和谐相处的功能，粮食的生态效益为国民经济和社会发展作出了巨大贡献。由于粮食所具有的多种社会、文化、生态功能，对待粮食产业不能简单地拿经济标准来衡量，它是经济、社会、文化和生态文明融为一体的综合性产品或者说是多功能的产品。

（二）粮食供需的变化

随着国民经济快速发展，工业和农业争夺农业资源日益突出，特别是科学技术的长足进步，使粮食加工业和深加工业已进入一个新的发展阶段，粮食供需发生了巨大变化。

1. 由供求平衡、丰年有余转向供求紧平衡，适当进口。改革开放以来，我国粮食供应有 6 个年头出现产大于需，分别为 1984 年、1990 年、1996—1999 年。从 2000 年起，国内粮食形势由产大于需迅速转变为产不足需。受人口增长、养殖业和加工业快速发展的影响，粮食需求总量一直呈稳定增长态势，据国家统计局数据，2005 年我国粮食国内消费总量为 9 954亿斤，2006 年为10 160亿斤，两年缺口分别是 275 亿斤和 211 亿斤。从品种来看，小麦基本达到供需平衡，稻谷产需还有 40 亿斤左右的缺口，玉米正加快向紧平衡转变，根据国内需要，大豆进口已达到 60%。粮食供求偏紧、适当进口，是相当长时期的总体格局。

2. 粮食调出省向调入省变化。自 20 世纪 80 年代以来，东南沿海省份播种面积大量减少，从粮食盈余或基本自给状态逐渐变为粮食大量调入，而且缺口进一步扩大。2006 年北京、天津、上海、浙江、福建、广东 6 个主销区粮食产量为 705 亿斤，而同期消费为1 140亿斤，供需缺口由 2003 年的 907 亿斤达到 2006 年的1 035亿斤。长江中下游地区虽然仍是我国粮食的主产区之一，但其盈余量也在逐年减少；黄、淮、海地区保持着商品小麦的主体供给地位；东北地区已成为重要的粳稻、玉米等商品粮源供应地；西部地区随着退耕还林、还草等工程实施，退耕户的细粮消费量明显上升。20 世纪 80 年代我国能调出粮食的省份曾达到 14 个，现在真正能调出的省份只有6～7 个。我国粮食流通格局正呈现出由“北粮南调”、“中粮西运”替代过去“南粮北运”的态势，粮食生产地域中心发生了由南向北、由东向中的逐渐转移。

3. 粮食供求关系从主要依靠国内市场转向依靠国内、国外两个市场。近年来，我国粮食呈净进口格局。2003 年粮食净进口 12 亿斤、2004 年粮食净进口 497 亿斤、2005 年粮食净进口 445 亿斤、2006 年粮食净进口 508 亿斤，3 年累计粮食净进口1 450亿斤，平均每年净进口约 500 亿斤，与 3 年增产的粮食接近，进口粮食的价格对我国粮价产生直接影响。我国粮食进口存在着明显的“大国效应”，我国粮食进口占国内需求量的 1%，就相当于国际粮食贸易量的 2%，我国进口粮食应控制适度规模。据专家测算，我国进口粮食总量不超过世界总进口量的 10%，对我国粮食安全不会产生冲击，对世界粮食市场价格也不会产生重大影响。

4. 粮食由主要食用、饲料需求转向食用、饲料和工业需求。随着人民生活水平的提高，口粮消费稳中有降，近 5 年来我国城乡居民人均口粮消费年均分别减少 1.1%和 3%。我国养殖业稳步发展，饲料用量稳步增长，年均增长 3%左右。受粮食加工业能力快速增长拉动，工业用粮快速增长，“九五”期间工业用粮年平均增长 3.5%，“十五”期间工业用粮平均增长 5%，特别是 2006 年工业用粮已达到1 240亿斤，比 2005 年增加 134 亿斤，增长 12.1%。

（三）粮食的潜伏隐患

1. 三大不可逆转因素制约粮食发展。

（1）耕地、播种面积。耕地是粮食生产的必须要素，播种面积是保障和提高粮食综合生产能力的重要前提。统计分析表明，粮食播种面积是影响粮食产量最重要的因素，粮食播种面积每增加1%，可增产粮食0.88%。也就是说，只有在单产增长的幅度大于播种面积减少的幅度时，才能确保粮食总产持续稳定上升，反之则下降。对我国这样一个人口众多的大国来说，相对稳定播种面积至关重要。

但是，我国耕地资源的数量和质量逐渐下降。1996年，我国耕地总面积为19.51亿亩，到2006年底，已降为18.27亿亩，10年间净减少1.24亿亩。从长远看，随着城市化、工业化进程的加快，耕地减少的趋势仍难以扭转。据中国农业科学院土壤肥料研究所调查，华北地区土壤有机质含量不足1.2%，低于高产稳产田有机质含量1.5%以上的标准。东北及南方地区50%以上耕地有机质含量低于标准下限，这三个地区土壤的速效磷和速效钾的含量分别低于标准水平的50%和25%。

（2）水资源。我国人均水资源仅是世界人均水平的1/4，同时分布不均，水土资源不匹配。目前，全国仅灌区每年就缺水300亿米^{3}左右。据预测，到2030年我国农业用水需求量还将增加，但灌溉用水供给仍保持在3 600亿米^{3}左右，供需缺口进一步拉大。

水资源的时空分布极不均衡，长江流域及以南地区耕地仅占全国35%，而水资源却高达81%；长江流域以北地区耕地虽占全国的65%，水资源却为全国的19%。东南沿海等水资源条件较好的地区粮食生产能力急速下降，而粮食需求却快速增长。2005年东部10省、直辖市的粮食总产量比1998年减少614亿斤，即减少了17.6%；其在全国粮食总产量中的比重由34%降至29%。因此，粮食作为基础的公共产品来说，粮食增产任务要通过宏观调控进行重新布局，无论是水资源短缺的北方区域，还是水资源丰富的地区，都应该承担粮食增产的任务。

（3）消费快速增长。受人口增长、养殖业发展和工业需求拉动，近10年我国粮食需求总量一直呈刚性增长，尤其是工业用粮增长更快。据国家统计局预计，工业用粮到2010年达到1 310亿斤，到2020年将达到1 760亿斤，而且，对粮食的质量提出了更新、更高的要求。

2. 气候条件不稳定性增加。农业是受气候变化影响最大的产业，近10年年均受灾面积达7.27亿亩，加大了农业防灾减灾、灾后恢复生产的难度和压力。据专家预测，未来气候将会出现大的变化，如果不采取适应性措施，对农作物产量、种植制度和作物品种都会产生重大影响，农业成本和投资需求将会大幅度增加。

3. 农业基础设施老化严重失修。2006年，全国耕地中有较完善灌溉设施的水浇地为8.25亿亩，仅占耕地总面积的45%，有40%的耕地处于不断退化的状态。近几年，农业成灾率一直居高不下，2004年我国因自然灾害损失粮食610亿斤，2005年达到690亿斤，2006年增加到894亿斤，2010年1～9月就达到890亿斤。目前，国内重要病虫害已有100多种，现有条件只能监测15～20种。

4. 农业经营规模小，劳动力素质差，边际成本高。我国人均占有耕地不足1.4亩，人均经营耕地只有2亩，种粮比较效益不高。以2005年为例，种粮亩收益为243元，按人均2亩计算，人均获得的粮食收入也只有486元。近年来，粮食主产区一半以上青壮劳动力外出打工，老人和妇女成了主要劳动力。农民受教育水平低、劳动力结构不合理，直接影响了对农业科技的接受能力，限制了新品种、新技术在粮食生产中的推广应用。

5. 粮食政策激励作用逐渐降低，农民种粮积极性不高。近几年国家通过加大农业补贴力度，以及通过农村税费改革，粮食效益较前几年明显提高，但由于化肥、农药、农机等农业生产资料价格不断上涨，活劳动成本不断提高，粮食的比较效益仍然属于最低的。据国家发展和改革委员会成本调查表明，2003—2006 年我国粮食每亩实际收益（含补贴）分别为 212 元、382 元、329 元和 320 元。2006 年中央财政对农民的种粮直补、良种补贴、农机具购置补贴等全年的人均转移收入为 181 元，对农民增收的贡献率只有 9.9%；每亩种粮政策补贴 50～80 元，只相当于一个人外出打工一天的收入。尽管扶持粮食生产的政策不断加强，但总体来看，政策对种粮农民的激励作用在逐年下降。

6. 国际粮源库存减少。近几年来，世界谷物年均增长幅度仅为 0.4%，消费年均增长率在 1%左右，世界粮食消费量一直大于生产量，世界粮食库存持续减少，造成粮食出口国出口减少，供求紧张，价格上涨。世界的粮食库存率 1999 年时为 31.6%，至 2006 年已降至 17.1%，粮食末期库存为7 500 亿斤，占年度消费量的比例为 16.5%，低于 17%～18%的粮食安全线。

（四）保证粮食安全应遵循六个原则

1. 坚持自给为主，进口为辅。根据我国国情和国际粮源情况，如果我国粮食安全出现问题，依靠大量进口是不现实的。研究表明，我国粮食自给率应保持在95%，年产量递增不低于1%，粮食播种面积不低于15.9亿亩，进口率不超过5%。按照国际惯例，储备粮安全系数为17%～18%，而我国由于市场体系不健全，地域差别较大，人多地少，自然灾害频繁，储备粮安全系数以20%～25%为宜。

2. 坚持宏观调控和市场调节相结合。一方面要遵循市场经济规律，尊重农民经营自主权，发挥市场在资源配置中的基础性作用，实现粮食购销市场化和市场主体多元化；同时，要进一步加强政府对粮食市场和粮食价格的宏观调控，通过有效的储备粮调节机制，调控“卖粮难”和粮源紧缺的矛盾；通过完善粮食保护价政策以及粮食直接补贴和间接补贴相结合措施，调动农民种粮积极性；通过加强宏观管理，维护粮食市场秩序，避免不正常的竞争。

3. 坚持依靠科技进步，转变粮食增长方式。随着我国经济建设发展，人口不断增加，我国农业资源利用与环境保护的压力增大，提高粮食产量主要途径要靠农业科技进步，2004—2007年连续4年的粮食增产中，播种面积扩大的贡献率为40%，依靠单产增加的贡献率为60%。据联合国粮农组织预测，未来世界粮食增产总量约20%来自播种面积增加，约80%来自单产的提高。所以，我们应把工作重点放到大力推进农业科技进步，提高单产，提高复种指数，提高品质，增加对农业科技发展投入，充分发挥广大科技人员和推广人员的积极性解决粮食生产中重大科技问题上。

4. 坚持面向两个市场和两种资源。随着经济全球化的发展和我国加入 WTO，我国的粮食安全问题与国际粮食市场联系更加紧密，国际市场粮食数量、价格变化对我国粮食市场都有较大影响。如 2006 年 9 月美国芝加哥商品交易所期货小麦比前一年 4 月上涨了 33%、玉米上涨了 16%、大豆上涨了 35%，同期中国市场小麦上涨了 13.8%、玉米上涨了 7.5%、大豆上涨了 18.4%。这说明，粮食安全问题不能只看国内市场，还要着眼于国际市场。应该明确我国粮食安全主要靠国内生产和储备来保证，同时也要明确，在现有条件下，还要充分利用国际市场和资源。根据我国实际，可以适当进口一些我国短缺的或生产成本高的粮食品种来弥补我国粮食的不足。另外，利用国外资源，增加粮食生产，也是保障粮食安全的重要措施。如我国一些企业在非洲、东南亚和俄罗斯东部等地区种植大豆、玉米等粮食作物，都取得较好效益。

5. 坚持保护粮食安全与增加农民收入的一致性。在当前科技水平条件下，粮食受自然风险和市场风险影响较大，粮食又是基础性的公共商品，社会效益高，经济效益比较低。因此，在保护粮食安全的同时，各级政府应把发展粮食看做发展基础性公共产品对待，采取多种惠农政策，不断增加农民收入，特别是增加粮食主产区的农民收入。只有这样才能调动农民种粮的积极性，才能真正保障粮食安全。

6. 坚持不断完善粮食生产惠农政策。增加和完善对种粮农民的直接补贴、良种补贴、农机具购置补贴和农业生产资料综合补贴的政策。继续实行粮食最低收购价政策。进一步加大对财政困难县、乡和产粮大县的支持力度。适当拉开品质差价，促进优质粮食生产，合理引导土地流转，提高粮食生产的规模效益。要对粮食主产区采取特殊政策，调动农民种粮积极性，对提高粮食综合生产能力至关重要。粮食主产区耕地面积占全国粮食耕地面积的60%，粮食产量占全国粮食总产量70%以上，粮食主产区集中了全国80%以上的商品粮。

（五）对粮食安全的基本要求

1. 粮食要立足于基本自给。联合国粮农组织最近一份报告指出，世界正经历前所未有的粮食危机，粮价已涨到历史最高水平。近几年年均消费增长量是粮食产量增长量的2.5倍，2006年末期，库存已低于粮食安全线。所以解决我国的粮食缺口，只能是自力更生为主，国际市场为辅。2003年以前，国家粮食库存增减变动不大，产需缺口主要由农户存粮弥补。2003年后，国家库存和农户存粮均大幅度下降，供需缺口逐年扩大，在一定程度上依靠进口，预计今后这一状况仍会持续下去。

2. 粮食播种面积不低于15.9亿亩，人均粮食不低于750斤。口粮小麦和水稻两大品种供需平衡是粮食安全的底线，必须首先确保，否则粮食安全要出问题。

3. 粮食生产比较效益低，将伴随着全面小康社会建设全过程，政府财政长期加大力度扶持是不可扭转的。近年来，在惠农政策强有力的推动下，种粮效益稳步提高，但与经济作物相比较，效益差距仍然较大。据统计，目前，粮食与棉花效益比为1∶5，粮食与蔬菜效益比为1∶4，农民的种粮积极性仍然不高，这一状况将长期存在。政府财政应该把发展粮食生产像发展教育一样对待，必须采取特殊政策进行长期扶持，这也是世界各国尤其是发达国家的做法。

4. 玉米资源产业链快速向工业延伸，对粮食安全将产生重大影响。短期内我国粮食国内供求有能力保持紧平衡，但粮食市场稳定性既有远虑，也有近忧，最大的变量来自于玉米。国际石油短缺，人们对生态环境要求越来越高，随着科技深入发展，从世界发展趋势来看，玉米利用主要已不是养殖业的饲料，而主要是工业生产原料，包括燃料乙醇和精细化工产品。农业玉米作为工业利用玉米将是严峻挑战。如美国，2006 年用于燃料乙醇的玉米占玉米消费总量的 22%，预计到 2010 年美国用于燃料乙醇的玉米将达到 60%，这对粮食安全和养殖业发展将会产生重大影响。我国要严格控制将玉米等粮食用于生产燃料乙醇和其他工业产品，不然由于玉米加工需求旺盛，玉米调出量占全国 80%的东北三省将会很快面临无玉米可调出的问题。

二、粮食安全的形势判断

针对我国农业发展的现状，走中国特色农业现代化道路，应该牢牢把握一个基本前提：要始终不渝地坚持立足国内实现粮食基本自给的方针，坚定不移地把发展粮食生产放在首位，确保国家粮食安全。

（一）粮食安全形势严峻

近年来，国内外粮食生产和消费发生重大变化，粮食供求关系偏紧，结构性矛盾突出，粮价总体持续上涨。国内外粮食安全形势发生了新的变化，重新认识我国粮食安全问题显得尤为重要。从国际上看：

1. 全球粮食价格将长期高位运行。受以美国为代表的发达国家大力发展生物质能源政策以及全球气候变暖等因素的影响，粮价涨到历史最高水平。根据世界银行数据，全球粮食价格在2006、2007两年中上涨幅度高达150%～160%。目前，各种国际权威机构普遍预测，尽管国际粮价的上涨会刺激粮食生产的增长，但由于以生物质能源为主的新需求拉动和由于原油价格上涨，国际粮食价格将继续维持在高位运行。最近联合国粮农组织一份报告指出，世界正经历前所未有的粮食危机，粮价已涨到历史最高水平。

2008年初，我就粮食安全问题专门访问了韩国和德国。韩国农业部副部长认为，过去农产品价格波动，主要是年度内供求波动，是暂时的，此次国际农产品价格的上涨，是一种长期的趋势；德国农业部官员认为，虽然今后农产品价格上涨速度有可能放慢，但农产品价格将会维持高位运行。在过去两年中，德国粮价上涨了100%～140%。

2. 世界各国高度控制粮源的趋势加剧。目前，粮食价格的快速提高已经引起各国的高度关注。为了保障国内粮食安全，许多国家都采取了自动取消粮食出口补贴和进口关税的办法，韩国和德国也采取了同样的做法。粮食贸易调控的重点逐步转向抑制出口和增加进口，这种趋势已成为近期国际贸易的一个突出特点。近几年，世界谷物生产年均增长幅度仅为0.4%左右，而消费平均增长率为1%左右，粮食库存1999年为31.6%、2006年下降到17.1%、2007年下降为15.8%，已低于联合国粮农组织确定的粮食安全警戒线。据专家预测，今后一个时期，粮食市场的保护会趋于弱化，各国贸易政策的重点将是通过各种手段，争取掌握更多的粮源。

从国内来看：由于国际市场的影响以及我国粮食加工业的发展，工业和农业争夺农业资源日益突出，我国粮食供需发生了巨大变化。

1. 我国粮食供求缺口将长期存在。目前，我国粮食总量紧平衡。小麦供求基本平衡；稻谷、大豆缺口较大，结构性矛盾突出，油料短缺较为突出；玉米供求基本平衡，随着畜牧业和工业用粮加快，预计3～5年后可能会出现产不足需的状况。

2. 饲料粮和工业用粮持续增长。在粮食产量持续增产的同时，受国民经济持续高速增长的影响，粮食需求也出现了快速上升的趋势。我国从2003年开始GDP年增长率连续5年超过10%，城乡居民收入大幅度增长，城乡居民口粮消费分别由2000年的80千克、222千克减少到2006年的76千克和206千克；而肉类消费继续保持上升势头，大体增幅每年增加3%左右。工业用粮，特别是粮食加工业出现了快速增长的势头，粮食生产大省吉林省的粮食加工率高达30%以上。

3. 粮食供求长期紧平衡，结构性矛盾突出。我国粮食总量处于紧平衡阶段，口粮小麦和稻谷供需平衡是粮食安全的底线，必须放在首位。2005年我国粮食消费总量为9 954亿斤，2007年为10 300亿斤，两年缺口分别是275亿斤和351亿斤。从品种来看，小麦基本达到供需平衡；稻谷产需有40亿斤左右的缺口，大豆国内需要60%以上依靠进口；玉米供求基本平衡，据海关统计，2007年1—7月累计玉米出口391.9万吨，同比增长 73.6%；累计进口6 952吨，同比增加 1.2 倍，但随着畜牧业和工业用粮量加大以及玉米资源产业链快速向工业延伸，玉米向紧平衡转变速度在加快。从需求结构看，传统的口粮和饲料粮消费平稳增长，而非食品加工用粮增长较快，整个粮食需求呈刚性增长，特别是 2007 年工业用粮已达到1 257亿斤，比上年增长 1.4%。粮食供求长期偏紧，结构性矛盾突出，是未来较长时期粮食安全的总体格局。

（二）粮食安全要未雨绸缪

粮食是国民经济战略物资，是基础性公共产品，是全体社会成员的必需商品，涉及千家万户，而且具有经济、社会、文化、生态等多种功能。粮食生产和消费的重大变化容易引发大的波动，带来连锁反应。

1. 明确国家粮食安全的责任主体。应明确，确保粮食安全主要是中央和地方各级政府的责任。我国现已具备相应的实力，2007 年财政收入达 5.1 万亿元，比全国人大通过的预算多增7 500亿元左右，完全有能力建立国家粮食安全保障体系。

2. 加强农业基础建设，稳定提高粮食综合生产能力。国际上，各国政府强化支持农业基础建设，对提高农业生产能力产生了长期性促进作用。因基础设施的投资具有累积效应，当年投入不仅对当年发挥作用，而且会在以后一个相当长的时期内持续发挥作用。有关专家估计表明，近 5 年全国粮食作物因生产性基础设施落后，抵御自然灾害能力差，年均造成粮食损失 750 亿斤左右。因此，要加大对农业生产性的基础设施投入，尤其是要加强农田水利建设，积极推广农业节水技术和节水灌溉方式。要加强高产田建设和中低产田改造，将我国的5.12亿亩高产田的40％（2亿亩）建设为高产、稳产的“吨粮田”，可以保障2亿吨粮食生产能力；将现有的7.31亿亩中产田的60％（4.4亿亩）改造成高产田，将5.85亿亩的低产田的30％（1.76亿亩）改造成中产田，可以保障3亿吨粮食的生产能力。就是说，通过对耕地质量提高，可用8.16亿亩耕地生产的粮食相当于目前整个粮食综合生产能力，即1万亿斤水平。只要政策正确，我国现有的农业资源的增产潜力还是很大的。

3. 协调粮食增产与农民增收的一致性。一是要提高粮食收购价，让种粮农民在提高产量的同时增加收入。党的十七大报告指出，“提高劳动报酬在初次分配中的比重”。结合实地调查认为应将活劳动投入记入成本并运用到价格形成机制之中（即提高农产品的保护价，体现活劳动的成本），这是马克思劳动价值论的具体要求，是体现社会初次分配公平的重要举措，具有十分重大的社会意义。二是要提高粮农补贴。虽然我国已开始实施了对种粮农民的生产和收入补贴，但目前的补贴水平很低，每亩只有50～80元，难以保障种粮农民的收入和调动农民种粮的积极性，而德国对每个农业企业（平均36公顷）补贴占农业总收入的2/3（即2万欧元）。今后，在继续加大现有补贴力度的同时，应加强研究制定粮食生产税收、信贷扶持政策，进一步提高粮食生产的比较效益，增加种粮农民收入，调动农民种粮积极性。

4. 开征粮食消费税，减少粮食浪费。考虑到目前我国居民户外消费越来越多且餐饮浪费较大的这一现实，国家应尽快对餐饮业开征粮食消费税，征税重点主要为大中型饭店和餐馆，对一般的便民小吃店则可免征。这样做，一方面可有效减少居民对粮食及与粮食有关食品的消费需求；另一方面也可大幅度减少粮食及有关食品的浪费。

5. 强化科教支撑。国际经验表明，用于公益事业特别是科研、教育、培训等方面的投资，也具有明显的长期效应和累积效应。各国政府为提高农业技术水平，使农业科研成果尽快转化为生产力，用于农业科研、教育和推广的财政投资力度一直在增强。我国农业科研投资强度2006年仅在0.5%左右，远低于欧盟15个老成员的2%、日本中央和地方两级政府的2.2%。中央已明确要"把农业科研投入放在公共财政支持的优先位置，提高农业科研投入中的比重"，关键在于具体地落实。应强化粮食增产的科技支撑体系，确保国家的粮食安全。

6. 大力实施农业"走出去"战略。党中央、国务院领导多次强调，农业"走出去"是个大战略，是一举多得的好事；既能够充分利用"两种资源、两个市场"，又能够为外交大局服务；既能够为国内农产品供给服务，又能够为农民扩大就业服务；既能帮助发展中国家发展经济，加强经贸和传统友谊，又能缓解我国耕地、水等资源约束，配置农业资源，稳定农产品供给等，对建设社会主义新农村，构建和谐社会具有重要意义。

我们必须明确，解决我国粮食安全问题，要把依靠自给为主、国际为辅，作为长期的方针。我国人口多，国民经济发展快，每年粮食消费量是世界粮食贸易量的2倍，一旦国内出现缺口，国际市场是满足不了的。因此，必须在立足国内保障粮食供给的基础上，充分利用国外丰富的土地、水等资源，建立大型的粮食和其他农产品基地，生产我国急需的、短缺的如大豆、棉花等战略物资。

7. 合理利用国际市场调节国内粮食需求，有效控制粮食进口规模。 随着经济全球化的发展和我国加入世贸组织，我国的粮食安全问题与国际粮食市场联系更加紧密，根据我国实际，可适当进口一些国内短缺的或生产成本高的粮食品种来弥补我国粮食产需缺口。2004—2006 年，我国平均每年净进口粮食 500 亿斤，与 3 年增产的粮食数量接近，进口粮食的价格对我国粮价产生直接影响。但我国粮食进口存在着明显的“大国效应”，粮食进口占国内需求量的 1%，即相当于国际粮食贸易量的 2%，对世界粮价影响很大，因而进口粮食应控制适度规模。

（三）要调动四个方面的积极性

1. 调动农民种粮积极性。 尽管扶持粮食生产的政策不断加强，但从长远来看，政策对种粮农民的激励作用在逐年下降。解决农民种粮比较效益低的问题，国际通用办法是“输血”和“造血”相结合，即：①把粮食列为基础性、公益性事业，由财政资金来支付；②扩大经营规模，提高规模效益；③通过农业科技成果的推广、普及来提高单产、质量和综合效益。

另外，农业补贴中相当部分补给土地承包者，而土地承包者往往把地转包出去，由被转包者种粮食，因此这部分种粮农民就没有积极性，认为国家政策鼓励粮农，实际上变成了普惠制。应当将政策的意图体现出来，将粮食直补实实在在落实到种粮者身上。

2. 调动地方政府抓农业的积极性。有些政策不配套，常常出现不平衡问题。

（1）母猪补贴要求地方配套，向外省调出生猪时，外省除了得到调出省的补贴好处外，同时外省还能得到屠宰、加工税的好处。

（2）出台的补贴政策，相当部分都是中央出政策、地方拿钱，如产业化龙头企业优惠政策，都是地方财政支出。因此这些政策虽然调动了农民的积极性，但地方政府却没有积极性。

（3）农产品加工企业是带动现代农业发展的重要力量。相对工业项目，农业企业与非农企业相比，大多数税收少、产值小，但在申请企业用地时却往往竞争不过非农企业。鉴于这类企业对新农村建设的社会效益较大，可在用地指标上划出一定比例优先考虑其用地需求。因此，出台政策时，既要调动农民生产积极性，还要调动地方政府积极性。

3. 调动农业金融企业为农户贷款的积极性。

（1）农业银行和农村信用社承担为农户贷款，由于农户数量多、贷款额度小、又分散，贷款成本高。农业银行作为一个商业银行，与其他国家银行相比，显然增加了负担，这在政策上是不平等的。

（2）农业银行人员相比其他商业银行待遇比较低。

（3）农产品保险风险大，经营成本高，农业保险公司积极性不高，这是体制问题。国家应参照国外的做法，如美国农业保险，由美国国会拨出一笔钱由农业部管理，分三部分：①农场主投保补贴；②保险公司中标后补贴；③对保险公司项目中风险大的项目进行补贴。有一套完整体系。

因此，农业银行和农村信用社应该享受其他银行平等待遇，对于风险大、成本高的项目，国家应给予补贴。

4. 调动综合部门加大农业投入的积极性 对于国家扶农政策，农业主管部门积极性很高，可是综合部门往往认识不一，比如发展现代农业，核心有三个方面：①农业基础设施；②农业社会化服务体系；③农业合作经济组织。中央有关文件明确规定这三方面都要加强完善，可总是落实不到位。如农业技术推广体系建设问题，按照国务院要求，2007 年底都要落实，但到 2008 年初，31 个省、自治区、直辖市仅有 20 个省、自治区、直辖市有方案，还有 11 个省、自治区、直辖市没有方案。没有落实的原因：涉及编制问题、投入问题；农民专业合作社法配套法规问题，也有投入问题。

为了调动上述四个方面积极性，迫切需要在农业投入体制上进行改革：

第一，中央财政对农业投入实行“一项改革、两个分开”。一项改革：《农业法》指出，农业每年增加投入不低于财政经常性收入增长的幅度，可是各地对“财政经常性收入”包括内容不一，难以执行。因此，必须明确“财政经常性收入”的内涵，将这一增量指标改为比例指标。两个分开：即将农业从现行中央财政对农林水气的投入中分开；将财政对农业的投入从财政对农村社会事业发展的投入中分开。

第二，要开辟新的农业投入资金来源。增加土地出让金用于农业的比例，其比例不低于 60%；发行新农村建设特别国债，重点用于农业和农村基础设施建设。

第三，整合农业投入资源，理顺管理体制。应改变各部门谁掌握资金谁就组织实施建设项目的现象，应明确职能部门的职责与财权一致起来。

第四，加快新型农村信用合作组织试点步伐；建立覆盖范围广泛的政策性农业保险制度。针对商业性银行农村贷款，应做出统一要求，凡是在农村吸纳的存款都要拿出一定比例用于农村贷款。

三、食物安全与营养改善是最大的民生

食物是人类最直接、最重要的赖以生存的基本生活资料。保障食物安全、促进居民营养改善，不仅是一个国家经济发展和社会稳定的物质基础，而且还是增强国民体质、提升人口素质的重要前提。这也是当今世界越来越多的国家，大力发展农业、保障食物安全、强化居民营养改善的主要原因。

（一）国际社会对食物安全与营养改善事业高度关注

据了解，目前全球有 60 多个国家政府设立有食物与营养工作机构，其主要职责是在稳定本国食物生产发展和市场供应的基础上，以居民营养健康为目标，通过制订并实施食物与营养发展规划及相关行动，开展食物与营养普及教育，向公众提供咨询，促进居民饮食的多样化、合理化。在发达国家，食物与营养工作的重点，是通过法律、政策、公共项目等措施，推动居民食物消费方式的转变，以扭转因营养过剩而导致的慢性

疾病的高发。在发展中国家，食物与营养工作的重心，是充分利用食物资源，尽可能地挖掘食物生产潜力，解决饥饿和贫困问题；通过提高食物生产能力和自给水平，调整膳食模式，以满足居民生活改善对营养的需要。

美国是食物与营养发展最具导向性的国家之一。美国农业统计数据表明，2004 年，该国居民人均每日食物热量（不是摄取量）、蛋白质和脂肪消费量，分别为3 900千卡①、112 克、179 克。由于营养过剩，目前该国有 1/3 的儿童超重或肥胖，这一比例是成年人的 3 倍，是 1980 年儿童的 2 倍。为指导居民调整膳食结构，早在 1941 年，该国就制订了世界上第一个推荐的膳食营养素供给量（RDAs）。通过实施“综合性国家营养监测系统计划”，于 1980 年发布首份膳食指南（此后每 5 年更新一个版本）。1995 年，营养政策与促进中心开展膳食调查，着手编制年度健康饮食指数。为应对儿童肥胖问题，2010 年 2 月，奥巴马政府组成了以总统国内政策助理为主席，包括农业部、卫生部、教育部等机构负责人组成的应对儿童肥胖症工作组，制订跨部门行动计划，以期在一代人之内解决该国儿童肥胖症的问题。

日本是营养改善工作成效较为显著的国家之一。日本统计数据表明，2006 年该国居民人均每日摄取的食物热量、蛋白质和脂肪，分别为1 891千卡、69.8 克、54.1 克，比 1995 年分别减少 151 千卡、11.7 克、5.8 克；同年，日本 14 岁中学生（男性），身高平均为 165.3 厘米，平均体重 55.1 千克，比

---

① 千卡为非法定计量单位，1 卡=4.186 8焦耳。

1995年平均增高0.2厘米、平均体重降低1.6千克。2006年，该国人口平均预期寿命83岁，是世界上人口预期寿命最长的国家。为增进国民健康，1952年该国颁布实施了《营养改善法》。2005年6月，该国制定《食育基本法》，随后成立的由内阁总理大臣任会长的食育推进会议，专门实施食育推进基本计划，全面普及食物与营养教育，促进居民健康饮食。

菲律宾是食物与营养体制相对健全的国家之一。联合国粮农组织统计数据表明，2004—2006年，该国营养不足人口年均达1270万人，占其总人口比例的15%。为降低居民营养不良患病率、改善居民生活质量，成立了由农业部长牵头的国家营养委员会，成员有农业部、卫生部、社会福利与发展部、地方政府部、教育文化与体育部等相关部门负责人，并下设地方分支机构，从上而下推动营养改善工作。国家营养委员会负责制定全国食物与营养规划，由国家、地区直至乡村社区等各级营养委员会在不同层面组织实施。

当前，食物与营养已成为国际社会关注人类健康发展的主题。1992年，在罗马召开的国际营养大会上形成的《世界营养宣言》中，联合国粮农组织和世界卫生组织提出：“维持人的营养状况良好是其精神和体格全面发展的前提条件，是人类社会发展的一个关键目标，也是制定发展战略和计划时优先考虑的议题”。2004年，第57届世界卫生大会通过了世界卫生组织饮食、身体活动与健康全球战略。2006年，世界银行发表题为“重新将营养定位于发展中中心”的研究报告，客观评价了食物营养在未来社会经济发展中的重要地位。2009年，联合国粮农组织在《世界粮食不安全状况》报告中提出“投资于农业并辅以确保人们获得所生产的食物的计划，是推动增长、进而是减少贫困和饥饿的最大动力”。

（二）食物安全与营养改善是新时期我国经济社会发展的迫切任务

新中国成立60多年来，我国始终高度重视农业和食物问题，始终把解决十几亿人的吃饭问题作为治国安邦的头等大事，始终坚持立足国内实现粮食等农产品基本自给的方针，不断巩固和加强农业的基础地位，农业农村发展取得了举世瞩目的成就。我国用占世界9%左右的耕地、6.5%左右的淡水资源，解决了世界20%左右人口的温饱问题，实现了人民生活从温饱不足向总体小康的历史性跨越。

据测算，1979—2009年，我国总人口年均增长1.1%，粮食总产量年均增长1.8%，粮食增长速度快于人口增长。据预测，到2020年，我国人口总量将达到14.5亿左右。未来10年，是我国新型工业化、城镇化和农业现代化加快发展的重要阶段，通过实施扩大国内需求、增加居民消费拉动经济增长的战略方针，加快实现全面小康社会建设的预期目标。这一重大战略任务，对确保国家食物安全与营养改善工作，提出了新的更高要求。

1. 食物安全与营养改善是建设全面小康社会的重要民生工程。全面小康生活的一个重要标志，是食物供求基本平衡和膳食营养水平持续提升。改革开放以来，我国粮食总产量在3亿吨基础上，先后跨上4个台阶，目前粮食生产能力基本稳定在5亿吨水平。据有关部门预测，到2020年，全国粮食生产能力将提高到5.5亿吨以上，肉、蛋、奶、水产品、蔬菜、水果等食物生产将稳定增长；居民人均每日摄入能量预计为2 200—2 300千卡，其中谷类食物供能比不低于50%，人均每日蛋白质摄入量达80克左右。在耕地减少、人口资源环境约束增强、气候影响加剧、国际食物供求矛盾突出的情况下，未来保障食物安全和主要农产品供求平衡压力增大。

2. 食物安全与营养改善是促进城乡一体化发展的重要方针。近10多年来，我国城镇化率年均增加1个百分点，每年有近千万人口由农村转入城市，这既改变了城乡结构，又扩大了国内需求。城镇居民数量的快速递增，对食物的商品化生产、市场化供给明显加大，对优质安全的加工食品、方便食品的需求日益增多。同时，社会主义新农村建设和小城镇发展，使越来越多的农村居民离土离乡进城安居，加快了农村耕地的流转和集中，致使食物生产方式发生新的变化，进一步转向规模化、专业化、市场化。

3. 食物安全与营养改善是转变农业发展方式的重要导向。全面小康生活，要求食物与营养发展必须改变传统的"生产什么、就吃什么"的食物增长方式，要以"吃好、吃饱、吃得科学"为要求，指导食物生产发展，发挥市场在食物生产与消费结构中的基础性资源配置作用，逐步建成以营养需求为导向的现代食物产业体系。为此，需要调整农业发展导向，进一步探索营养需求和农业资源、生产要素、市场信息的优化配置方式，加快改造传统农业，创新农业经营体制机制，转变我国农业发展方式的战略目标。

4. 食物安全与营养改善是增强人民体质的重要物质保障。 在温饱基本解决后，我国居民食物与营养的城乡差距逐渐缩小，但膳食不平衡问题却日益突出。在现有人口中，除大多数健康外，相当部分处于亚健康状态，因营养过剩而引发的肥胖、高血压、糖尿病等慢性病患病人数不断增多，并向低龄化人群蔓延。在未能解决温饱的近3 600万农村贫困人群中，由于营养素摄入不足，贫血、营养不良发病率仍然较高。必须针对不同人群、地区的共性需求和个性需求问题，采取有效措施，方能取得明显成效。

为稳步推进食物安全和营养改善工作，自 20 世纪 90 年代初，我国连续制订了《九十年代中国食物结构改革与发展纲要》、《中国食物与营养发展纲要（2001—2010 年）》。这两部纲要的颁布、实施，对促进我国食物生产、保障国家食物安全和推动居民营养改善，起到了重要的指导作用。在新时期建设全面小康社会的进程中，我国食物与营养发展面临诸多亟待解决的问题：

（1）思想认识和观念问题。主要表现在三个方面：一是膳食过量。在收入增加的情况下，相当部分的人认为，获取食物营养就是要多吃多喝，忽视了食物搭配与营养比例。古人就有“膏粱厚味，易伤脾胃”的说法，其结果势必是营养性疾病丛生。二是追求精细。部分加工食品过度追求精细，不仅使矿物质、维生素等微量营养素丢失，还造成食物资源浪费。三是越贵越好。有人认为价格昂贵的食物必然营养价值高，殊不知，有些食物通过加工、包装等措施，增加了食物的成本，其价格增加几倍甚至几十倍，其实营养成分并没有变化。

（2）食物发展不适应问题。主要是我国食物生产跟不上居民小康生活消费需要，通过营养需求引导消费和生产的发展方式尚未建立起来。部分食物的品种及品质结构与消费结构不协调，特别是安全有保障、质量有标准、产品有标识的优质食物比重较低。一些食用农产品存在农药、兽药超标现象，以及加工食品滥用添加剂等问题。少数地方食物生产环境污染严重，农村地区对食物质量安全监管能力薄弱，重大食品安全事件屡有发生。

（3）居民营养不平衡问题。在区域发展上，目前我国部分农村地区由于经济落后，致使食物消费水平较低；新兴城镇地区，居民生活方式变化较大，由于食物消费缺乏科学性，已成为肥胖、高血压、糖尿病等营养性疾病高发地区。在重点人群中，孕产妇与婴幼儿、儿童青少年、老年人依然是食物与营养发展的重点和难点，这部分的群体对食物与营养的需求较为特殊，需要特别加以关注。

（4）食物与营养知识缺乏问题。实践证明，居民预防和控制营养缺乏、营养过剩和营养相关疾病，关键要掌握必要的营养知识和科学的营养理念。近些年来，由于营养与健康知识普及滞后，居民营养知识的知晓率和健康行为的形成率都较低，使不同年龄段人群存在膳食结构不合理问题。社会上各种名目的请吃应酬等不良习俗普遍存在。营养专业技术人员严重不足。一些媒体对营养健康宣传不够全面，食品、保健品虚假广告误导较为普遍。

上述食物与营养问题，归根到底是发展问题，应从人的全面发展、国家现代化的高度来看待和处理食物与营养问题，扎实推进食物数量保障体系、质量安全保障体系和膳食营养改善体系的建设，建立长效机制，统筹兼顾，实现全面均衡发展。

（三）采取切实措施加快食物与营养健康发展

民以食为天。确保十几亿人口的食物安全供给和营养改善，是新时期我国经济社会稳定发展的头等大事。按照更加关注民生与建设和谐社会的要求，把握城乡经济社会发展一体化的新格局，贯彻科学发展观，以人为本，以提高人民群众生活质量为根本出发点，以营养健康为主导，以安全卫生为前提，以质量效益为取向，调整未来发展的战略思路，开创食物与营养发展新局面。

1. 把食物安全与营养改善提上各级政府的重要议事日程。持续提高食物与营养保障水平，是实现人民共享改革发展成果的重要体现，是促进社会和谐的关键举措，是党和政府义不容辞的责任。各级党委和政府要把食物与营养工作作为关心群众、改善民生的大事，摆上重要议事日程，不断加强领导。要坚持食物数量安全与质量安全并重的发展方针，加大政策支持力度，稳定提高食物数量供给和质量安全保障能力。要抓住人民消费升级和生活改善的有利时机，及时制订实施新时期国家食物与营养发展纲要，促进食物消费与生产均衡协调发展，保障国民经济持续稳定增长。要加快对食物安全与营养改善的立法，加强对食物与营养发展的支持和引导，进一步发挥国家食物与营养咨询委员会的决策支持和指导服务的重要作用。

2. 依靠科技提升农业和食品加工业综合发展能力。农业和食品加工业是食用初级农产品和加工食品生产发展的两大产业，是安全优质食物供给的源头。在工业化、城镇化占用土地的进程中，必须依靠先进的科技手段，通过高标准农田建设和农业生产要素的合理配置，加快提升耕地单位面积的产出水平、资源综合利用水平；通过加工装备的改造，源源不断地开发新工艺、新设备，逐步提升食品加工业的综合生产能力；通过构建食物供应链管理、物流配送、市场营销、金融保险、安全监管等服务体系，提高食物加工配送能力和质量安全保障水平。

3. 加快构建膳食营养改善体系提高居民健康水平。营养改善关系每一个人的身体健康和生活幸福，它是食物与营养发展的根本出发点。应加快构建定期监测、营养干预、分类指导、引导消费的膳食营养改善体系，切实贯彻科学宣传、专业指导、个人自愿、社会参与的原则，把膳食营养改善工作纳入公共卫生范围，通过加快无公害农产品、绿色食品、有机食品和地理标志食品的生产以及方便加工食品、营养强化食品的发展，大力实施食物营养与健康监测、膳食营养干预、营养餐等制度，努力做好重点优质食物产品的发展和重点地区食物安全供给、重点人群膳食营养改善工作。

4. 在全社会加快普及食物与营养的科学知识。通过政府主导和倡导，广泛动员社会力量，积极开展多种形式的科学普及活动，引导居民平衡膳食、合理营养、适量运动，大力提高全民健康饮食意识和健康生活方式的行为能力。国家应设立公众“营养日”，发布适宜不同人群特点的膳食指南、营养手册，倡导科学营养理念和膳食模式，推动健康饮食文化发展。有关部门应组织相关领域专家、行业协会、学会和社会团体，开展食物与营养知识进村（社区）入户的宣教活动。要发挥权威媒体宣传食物与营养知识的主渠道作用。加强对各类媒体的监督管理，对有关营养健康的出版物和宣传品，实行专家审核制，确保营养知识传播的科学性和真实性。

四、粮食主产区农民增收新思路

2004 年，在多种有利因素作用下，农民收入实现较快增长，达到 6.8%，成为 1997 年以来增长幅度最高的一年。但是，农业投入不足、基础薄弱、“靠天吃饭”的局面，仍未根本改变，制约农业和农村发展的深层次矛盾尚未根本解决，粮食增产、农民增收的长效机制尚未建立起来，农民增收的形势依然严峻。按照国家统计局公布的全面小康社会指标，2020 年农民人均纯收入要达到8 000元水平，年均需增长 6.8%。但是，近 20 年（1985—2004 年）来，农民人均纯收入年均递增仅 4%，粮食主产区增幅更低。2005 年我们对辽宁、吉林、四川三省的调研表明，粮食主产区农民增收要达到小康社会目标的要求，难度很大，必须研究新思路、新办法、新举措。

（一）粮食主产区农民增收步履维艰

2004 年农民收入实现较快增长，这是多方面有利因素综合作用的结果。从长远来看，农民靠政策增收是限的，最根本的是要靠提高农业素质、效益和竞争力。

1. 靠政策补贴拉动增收难。2004 年，中央财政对“三农”的支持是历年来力度最大的，“两减免、三补贴”使农民直接受益之多，是改革开放以来从未有过的，对调动农民种粮积极性产生了重大影响。2005 年由于受中央和地方财政限制，在 2004 年较高基数的基础上，财政支持农民收入继续保持大幅度增长，难度很大。

2. 靠价格上涨拉动增收难。2004 年，由于粮食等农产品价格上涨，农民纯收入人均增加了 165 元，对农民增收的贡献率达到 52.5%。2005 年以来，主产区粮价跌势明显，6 月份山东、河南、安徽三省小麦收购价格每百斤同比分别下降 14%、9.9%和 14.9%。从国际上看，2004 年世界谷物产量增产 8.4%，联合国粮农组织预计国际市场粮食价格将下跌，这必将对我国农产品贸易和国内市场价格产生影响。从国际、国内两方面来看，2005 年农产品价格上涨拉动农民增收作用明显下降，有的地方、有些粮食品种甚至可能出现增产减收的现象。

3. 靠粮食增产拉动增收难。2004 年粮食增产，播种面积增加因素的作用占 25%，单产提高因素的作用占 75%，其中，适宜的气候是单产提高的重要因素。从调查的情况看，2005 年再现 2004 年的气候条件可能性不大；受耕地面积的限制，播种面积继续大幅度增加的空间很小。2005 年粮食产量在 2004 年的水平上继续大幅度增产难度很大。

4. 靠降低成本拉动增收难。从 2004 年情况看，农业生产资料的价格平均上涨 10.6%，其中，化肥上涨 12.8%，使种粮农民人均减收 54 元，把"两减免、三补贴"带给农民的好处（约 50 元）完全抵消了。2005 年上半年化肥、种子价格持续上涨，上涨幅度全国平均达到 10%以上，明显影响了农民特别是粮食主产区农民增收。

（二）粮食主产区农民增收基本思路

在调研中我们感到，粮食主产区农民增收是一项复杂的系统工程，当前根本出路在于稳定“一个基础”，做好“三篇文章”。

1. 稳定“一个基础”。 粮食是人类生存和发展的物质基础，世界上任何国家都无一例外地非常重视粮食安全。确保粮食安全不仅是我国的一项长期战略任务，也是一项事关全局的重要基础工作，任何时候都不能放松，在我国实现全面小康社会过程中应把握好以下几点。

（1）坚持立足国内为主、进口为辅解决粮食供给。根据我国国情和国际粮食贸易情况，我国粮食播种面积应保持 16 亿亩左右，口粮供应要立足全部自给，饲料和工业用粮以自给为主、进口为辅。根据国际惯例，储备粮安全系数为 17%～18%，而我国由于市场体系不健全、地域差别大，加上自然灾害频繁，储备粮安全系数应适当高一些，以 20%为宜。

（2）坚持不断提高农业综合生产能力。当前和今后应对国内外市场激烈竞争和人民食物消费结构升级的挑战，对提高农业综合生产能力提出了更高的要求，只有农业综合生产能力增强了，农业增长和粮食安全的目标才能实现。为此，一方面要保护好基本农田，增加农业投入，加强农业基础设施建设，提高农业机械化水平，实施“沃土工程”，提高土地产出率，增强抗灾能力；另一方面要靠科技进步，提高单产，提高复种指数，提高粮食品质；关键是调动广大科技人员积极性，努力在粮食新品种培育、动植物病虫害防治、资源高效利用等方面取得积极进展和突破。

（3）坚持宏观调控和市场调节相结合。粮食具有一般商品的属性，其价格由市场供求关系决定，主要由市场调节粮食购销，但粮食又是特殊商品，具有公共产品的属性，需要国家进行必要的宏观调控。因此既需要遵循市场经济规律，尊重农民经营自主权，实现粮食购销市场化和市场主体多元化，又要加强政府对粮食市场和价格的宏观调控，通过储备粮吞吐、进出口等调节机制，解决“卖粮难”和粮源紧缺的矛盾，通过政府采取支持粮食生产的政策措施，调动农民种粮积极性。

（4）坚持农业“走出去”发展战略。随着经济全球化的发展和我国加入WTO，我国粮食安全问题与国际粮食市场紧密相关，不仅要看国内市场，还要着眼于国际市场。我国粮食安全一定要立足国内生产和储备来保证，同时在有条件的情况下，要充分利用国际市场和国外资源，进口和开发我国短缺的或生产成本高的农产品来弥补我国粮食的不足。适当的进口粮食就等于进口我国稀缺的耕地和水等资源。要培育“走出去”的农业大型企业，通过兴办、承包、租赁农场和合资合作办农场等形式到境外土地资源丰富的国家进行农业开发，如南美、北美的大豆和谷物，中亚、西亚的棉花和非洲的粮食等。农业部直属垦区在俄罗斯种植大豆已取得较好效果，应当总结和推广。

（5）坚持节本增效“两条腿”走路。发展粮食生产一方面要提高产出率、提高产出效益，同时要努力降低成本，实现节本增效。为此，既要引导农户自主节约使用生产要素，又要借鉴国外经验，对粮食生产影响较大的投入品给予财政补贴，稳定种粮农民的收益。

2. 做好“三篇文章”。

（1）大力发展设施农业。设施农业包括设施蔬菜、水果、水产品、特色农产品，还包括畜禽养殖小区和设施种养业等生产方式。实践表明，设施农业是高效农业，是解决“靠天吃饭”、避免自然风险的根本途径，是农民增收新亮点，既适合分散经营又适合规模经营，有利于提高农业综合素质。

目前，全国有各类畜牧小区 4 万多个，在规模养殖场和养殖小区，蛋鸡产蛋量提高 18%，奶牛产奶量提高 12%。蛋鸡养殖小区年存栏 2 万只，纯收入可达 10 万元；肉猪养殖小区年出栏3 000头，纯收入可达 30 万元；肉羊小区年出栏4 000只，纯收入可达 20 万元。据调查，约有 64%各类养殖小区对粪便和废弃物进行了无害化处理，有 76%能够规范使用饲料、兽药等投入品。

全国以工厂化养殖、网箱养殖为主的设施渔业，养殖水体近5 000万米^3，年产优质鱼 40 万吨，单位水体产量和效益大大高于池塘等传统养殖方式。

我们对辽宁省调研表明，设施农业已经成为农民致富的重要渠道。例如，标准化日光温室亩均收益相当于大田作物的 18 倍，比大水漫灌的水浇地节水 38%，还能避免水、旱、虫、雹、风等自然灾害。辽宁省凌源市过去是个贫困市，仅通过发展设施蔬菜，大部分农户年纯收入超过万元。

（2）统筹城乡劳动就业。国内外经验表明，9 亿农民搞农业是农民贫困的重要原因，只有把农村富余劳动力转移出去，农民才能富裕，农村才能繁荣。统筹城乡劳动就业是落实科学发展观的重要内容，也是农民增收新的增长点。吉林省采取统筹城乡就业和非正规就业等多种形式，转移农村富余劳动力，在增加农民收入方面取得了显著效果。2004 年全省农村劳动力 656 万人，转移就业人数为 209.5 万人，占农村劳动力总数的 31.9%；外出务工收入对全年农民增收的贡献率为 18.7%，进城务工使农民人均增收 560 元。吉林省的具体做法：

第一，建立管理体系，完善优惠政策。从省到县层层建立健全统筹城乡就业的领导机构和工作机制，把农民进城就业和城镇居民就业都纳入国民经济和社会发展规划；出台一系列鼓励农民就业的政策措施，建立城乡统一劳动市场，形成劳动者平等就业制度，为农民就业创造宽松环境和均等机会。

第二，强化基地建设，健全信息网络。2004 年吉林省组织实施了劳动输出"双百"工程（即在两年时间内建立 100 个具有地域特点和专业特色的劳务输出基地，培养树立 100 名劳务输出带头人），要求市、县不仅要建立劳务输出基地和劳务输出带头人，而且在省外还要建立劳务输出联络机构，由市、县领导亲自组织有关人员联系劳务输出项目。各市、县建立了劳务输出横向服务网络，已形成了包括就业信息、咨询、职业介绍和社会保障等社会化劳务输出体系。同时，系统建立农村劳动力档案，以此作为发展农村劳务经济的重要基础。

第三，实施"阳光工程"，提高就业能力。构建农村劳动力转移培训、就业、服务、管理"四位一体"新格局。目前吉林省认定培训基地 206 个，重点对餐饮、建筑、家政和机械制造等行业进行培训。

第四，发展市场就业，拓展转移渠道。依靠市场发展多种形式的非正规就业是转型期符合我国实际的就业模式。由于我国农村有相当多素质低的富余劳动力，通过有限的正规部门来吸纳是有困难的。而非正规部门是具有经营方式灵活、对劳动技能要求相对不高、资金投入相对较少的特点，这已逐渐成为新增就业岗位的主要形式。

第五，加快城镇建设，带动第三产业发展。要把发展小城镇作为加快农村城市化的战略重点，统一规划，积极引导乡镇企业向工业小区、商贸小区集中，通过“集聚效应”带动农村第三产业发展，创造更多的非农产业就业，增加农民收入。

（3）全面推进农业产业化经营方式。农民增收缓慢，特别是粮食主产区农民收入水平低，一个重要原因是城乡分割，工农分离，一、二、三产业脱节，农业产业链短，附加值低。实践证明，农业产业化经营是农民加快增收的有效途径。辽宁、吉林、四川三省通过全面推进农业产业化经营，提高了农民组织化程度，增强了农业抵御自然风险和市场风险的能力。实行产加销一体化，延长了农业产业链，增加了农民收入，提高了农业综合效益。吉林省 2004 年农业产业化经营直接带动农户 238.8 万户，带动农民增收 28 亿元，户均增收1 173元，比 2000 年增加近 1 倍。辽宁省 2005 年龙头企业带动农户达到 320 户，比上年 285 万户增长 12.3%；农民从农业产业链中获得纯收入人均达 737 元，比上年 696 元增长 6%。

辽宁、吉林、四川三省农业产业化发展已进入一个新阶段，呈现出以下特点：

第一，龙头企业数量多、规模大、带动能力强。如吉林省

2004 年大规模的农业产业化组织已达2 406个，比 2000 年增加 2 倍多，固定资产达到 422.8 亿元，比 2000 年增加 3.6 倍，并形成了五大农业产业化龙头企业群，包括玉米加工型、大豆加工型、牧业加工型、特色产品加工型和绿色食品加工型企业群，2004 年直接带动农户 238.8 万户。辽宁省重点围绕专用玉米、优质水稻等建立 10 条产业链发展优势经济，2005 年省级以上龙头企业增长了 22%。四川省有 60 多家龙头企业对我国特别行政区香港和澳门、俄罗斯、新加坡、欧盟等出口各类畜产品及其加工品，有效地带动了畜牧业外向型经济的发展。

第二，组织方式不断创新，利益联结机制日益完善。近几年吉林、辽宁、四川三省围绕企业对农户的带动功能，对组织模式不断创新，在"公司＋农户"的基础上，又进一步探索了"公司＋合作社＋农户"，"公司＋协会＋农户"等模式，培育农民经纪人队伍和农民专业运销大户，通过产销订单、股份合作、委托、协议等，使公司与农户的利益连接更加体现自愿、平等和互惠原则。

第三，注重科技联合攻关，龙头企业产品科技含量较高。目前，依托高等院校、科研单位联合开发，合作攻关是龙头企业普遍采取的手段，"产加研一体化"已成为新阶段农业产业化的新特点。一些龙头企业如吉林省大成集团，辽源金昌、皓月，四川省新希望集团等，把科技创新作为企业发展的根本动力，不断加大科研投入，提高科技创新水平。2004 年吉林省重点加工型龙头企业的技术创新投入占销售收入的比重为 0.93%，是全省规模以上工业企业平均水平的 2.38 倍。

第四，实施名牌战略，推进农业产业化快速发展。实施农产品及其加工品名牌战略，是农业产业化经营进入新阶段的又一新特点。品牌是企业的形象，是一个企业整体发展水平的象征。辽宁、吉林、四川三省通过培育品牌、宣传品牌、联合重组整合品牌，有力地推动了农业产业化经营发展，龙头企业在带动农户和增加农民收入等方面收到了较好的效果。

（三）促进粮食主产区农民增收要处理好四个关系

1. 处理好产业结构调整与粮食安全的关系。促进农民增收，必须大力调整产业结构，这必然带来经济作物种植面积增加和粮食种植面积减少。要解决这一矛盾，国家可以按照粮食安全储备水平（总消费量的20%）确定储备量（约1亿吨），划定国家专用商品粮基地，国家加大对专用商品粮基地农民的直补，全面实行最低收购价政策，使农民种粮纯收入不低于当地种植经济作物纯收入。这样既确保了国家粮食安全，又可以推进产业结构调整。

2. 处理好实施惠农政策与调动农民和地方政府两个积极性的关系。国家在实行“两减免、三补贴”等惠农政策时，对因减免税收造成的地方财政短缺，本应全部由国家转移支付弥补，但有的地方国家只支付90%，其余10%由地方财政负担。有的干部说，实行“两减免、三补贴”，农民得到了实惠，可是地方政府财政支出却增加了。我们看到，粮食主产区二、三产业普遍不发达，财政困难，地方政府感到负担较重。对粮食主产区，国家应当提高农产品加工增值税地方留成比例，可由目前的25%左右提高到50%；对财政困难的产粮大县，应当实行100%的转移支付，调动地方政府和农民两方面的积极性。

3. 处理好建立畜禽养殖小区与保护耕地的关系。大力发展集中连片、规模化、标准化的畜禽养殖小区，是农民加快增收，全面实现小康社会的重要途径。在调研中我们看到，辽宁、吉林、四川3个省都不同程度地存在畜禽养殖小区用地与保护耕地的矛盾。畜牧业也属农业，畜禽养殖小区用地并未改变用地方向，国家在实行耕地保护政策，稳定和提高农业综合生产能力的同时，应当将畜禽养殖小区用地按农业用地管理，并列入乡（镇）土地利用总体规划。

4. 处理好发展基础设施与减轻农民负担的关系。在一些财政比较困难的农业大县，地方财力不足，国家转移支付资金有限，如果没有义务工的投入，难以完成农村道路维护、植树造林、抗旱防汛等公益性事业。基层反映，要解决这一矛盾，农村基础设施建设费用应全部由国家财政承担，否则，在财政困难的地区应适当减缓取消义务工。

（四）几项政策措施

1. 建立设施农业专项资金，加强信贷扶持。目前发展设施农业亟待解决的问题是：生产资金不足，农民贷款困难；信用社贷款利息高，农民还贷压力大；设施农业综合配套资金缺口大。因此，国家需要建立设施农业专项资金，加强信贷扶持，用于设施农业小区水电配套建设，重点解决农户建棚（舍）和畜禽养殖小区粪污处理的基础设施投入；扶持农民设施农业贷款贴息资金；安排龙头企业和市场建设补贴资金。

2. 进一步调整国民收入分配结构和财政支出结构。用于支持农业发展的投入，要与农业占国民经济比重相适应，与国民经济增长相适应，与国家财力增长相适应。一是加强“七大体系”建设，增加“六小工程”投入，为提高农业综合生产能力奠定基础；二是实行农业投入品补贴政策，抵减农业生产资料涨价增加的生产成本支出；三是扩大主要粮食品种最低收购价政策实施范围。

3. 建立科技增收机制。当代农业发展对科学技术的依赖程度越来越大，科学技术已全面进入农业的产前、产中、产后各个领域。因此，整合科技资源，优化科技布局，提高科技支撑能力，创新科技增收机制，具有十分重要的意义。要通过加快科技成果推广转化，努力实现四个增收：一是加强重大增产技术的研发，实现增产增收；二是加强农业节本技术的研发，实现节本增收；三是加强农业精深加工技术的研发，实现增值增收；四是加强农业资源保护利用技术的研发，实现持续增收。

4. 提高农民素质。要围绕“当好农民”和“不当农民”，重点对新增劳动力进行培训；要将农村义务教育的主要责任从农民转移到政府，加大对农村基础教育的支持力度；要统筹兼顾农村的基础教育、职业教育和技能培训教育；要扩大农村劳动力转移培训的“阳光工程”规模，建立劳动保障、农业和教育部门为主的公共职业技能培训体系。

五、提升农业（粮食）综合生产能力的基本经验

20 世纪 90 年代中期（1995—1998 年），我国农业实现了

一次跨越式发展，粮、棉、油、林、牧、渔、乡镇企业、村级经济和农民收入得以全面发展。据统计，在此期间，我国粮、棉、油产量实现了历史性的突破，分别由 1994 年的8 902亿斤、86.8 亿斤、398 亿斤，增加到 1998 年的10 246亿斤、90 亿斤、463 亿斤；农民人均纯收入由1 221元提高到2 162元。尤其是粮食，连上了三个台阶，于 1996 年提前 4 年实现了中央确定的到2000年粮食总产量达到 1 万亿斤的目标。农业的跨越式发展，对于抑制通胀、稳定经济、支持工业快速持续增长，作出了重大贡献，并为 20 世纪末开始的退耕还林还草、修复生态、改善环境以及西部大开发奠定了良好基础。

这一阶段我国农业的快速发展，归功于党中央、国务院的正确决策，归功于广大农村工作者和亿万农民的创造性劳动，其根本就是不断探索、创新提高农业综合生产能力的途径和路子，并付诸于实践。这主要体现在以下六条基本经验和做法。

1. 在市场经济条件下更加强调农业的基础地位，真正把农业放到经济工作的首位。针对 20 世纪 90 年代初期发展市场经济出现的某些"重工轻农"，以致农业弱化、停滞不前、出现萎缩的苗头和倾向，经过调查研究，党中央明确提出并实施强化农业的战略举措，包括进一步确立"农业是国民经济的基础"，强调"把农业放在经济工作首位"、"优先发展农业"、"一把手负责"，实行粮、棉、肥地区平衡和省长负责制等。并以此战略、方针、原则，统一各级党政领导的思想和行动，把思想认识、领导力量、农业投入、科技兴农和扶持措施等落到实处，促使农业很快扭转了连续 4 年的徘徊局面。自 1995 年以来，全国粮、棉、油等大宗农产品连年大幅度增长，实现了供求平衡，丰年有余。把农业放在经济工作首位，绝不是主观随意的决定，而是由农业的基础地位和其弱质产业特点决定的。历史和现实都表明，解决好十几亿人的吃饭问题，始终是治国安邦的头等大事。只有坚持农业基础地位不动摇，不断发展农业生产力，实现农产品持续稳定增长，才能适应国家工业化和城乡人民生活改善的需求，为经济又好又快发展和社会稳定提供可靠保障。这是一条必须长期坚持的战略方针。

2. 解决“一高、一低、一重”问题，有效调动、保护、发挥农民的积极性。1991—1994年，我国粮食生产进入徘徊期，粮食供给短缺，粮价上涨幅度较大，推动1992—1995年4年物价总水平分别上涨6.4%、14.7%、24.1%和17.1%。造成这种局面的主要原因是“农业生产资料价格高、定购粮价格低、农民负担重（一高、一低、一重）”，导致农业比较效益低，农民种地的积极性受挫。通过调查研究，中央果断采取措施：①调控降低化肥等农业生产资料价格。农业生产资料价格水平总体下降，使全国农村集体经济组织和农民个体的生产费用支出，由1995年占37.6%回落到1996年的16.8%。②适当提高粮食定购价格。从1996年新粮上市起，小麦、稻谷、玉米、大豆定购平均价格每斤提高0.15元，并允许地方在此基础上上浮10%，大体上每斤提价0.22元。③狠抓了减轻农民负担的工作。各项惠农政策措施的落实，有效调动、激发了亿万农民的生产积极性，从而使全国粮棉油等大宗农产品生产连年大丰收。实践证明，深化改革、保护农民切身利益、解决农民关注的焦点问题，充分调动农民的积极性，是提高农业综合生产能力、实现农业持续发展的根本保证。

3. 坚持把科学技术作为第一生产力，融入农业生产全过程。据测算，20 世纪 90 年代中期，我国农业科技贡献率每年都以 1 个百分点的速度递增，到 1998 年，科技对农业增长的贡献率达到 42%。这一时期提高农业增长科技含量的主要对策：①种子工程实施有大的突破，基本形成了上下联结、横向贯通的良种繁育、供应和推广体系。1998 年，全国玉米、小麦、水稻、棉花四大作物种子统供面积达到 10.35 亿亩，占种植面积的 75.1%。②农业科技成果推广应用有大的突破。以“丰收计划”实施为例，这一时期全国共推广以农业部“九五”重点推广的十大技术为主的适用农业技术 257 类，新增农业产值 700 多亿元；培训各级各类科技人员 100 万次、农民 4 亿人次。③农业科研攻关有大的突破。到 1998 年 9 月，“九五”主要农作物良种选育及产业化技术研究开发项目，通过鉴定成果 176 项，其中利用生物技术培育主要农作物新品种 22 个，示范推广面积累计达4 300万亩。尤其是杂交水稻、杂交玉米、优质油菜的育种技术和产量，达到国际先进水平。④农科教结合有大的突破。1998 年，全国约 90%的乡镇和 54%的行政村举办了农民技术培训学校，初步形成了县、乡、村农村成人教育培训网络。以农业技术推广为主体的社会化服务体系得到恢复和发展。1998 年全国共有农技推广机构 5.9 万个、农技推广人员 39 万人。农技站、兽医站、农机站等基层专业技术服务组织，为农业连年增产增收发挥了很重要的作用。

4. 推进农业产业化经营，加快传统农业向现代农业转变。面对小生产与大市场的矛盾，在实践中，农村基层干部群众创造了农工商、贸工农一体化的经营模式，坚持以市场为导向、以效益为中心，在稳定家庭承包经营的前提下，由龙头企业联结带动千家万户，形成各具特色的生产专业化、经营规模化、管理规范化、服务社会化、产加销一体化的产业链和产业群，显示了强大的生命力和增产增值增效的优越性，有效地解放和发展了农业生产力。这种经营模式，起始于20世纪80年代中期，由山东省诸城县试验成功后，逐步扩展至全国各地。90年代中期加大了推行力度，加快了发展进程。据有关部门对全国28个省、自治区、直辖市的统计，至1998年底，有各种利益连接机制的农业产业化经营组织为30 344个，连接农民3 900多万户，实现总产值4 902亿元，利税476亿元，户均收入增加800多元；同时龙头企业还带动全国1/4的农户实现了不同程度增产增收。实践证明，推行农业产业化经营，是加快传统农业向现代农业转变的必由之路，也是推进城乡一体化、缩小工农差别的现实途径。

5. 大搞农业综合开发，积极挖掘中低产田的增产增效潜力。我国有20亿亩耕地，2/3是中低产田。1988年，国务院决定在全国范围内实施大规模的农业综合开发。农业综合开发以改造中低产田为重点，适当开垦宜农荒地，以增加粮棉油肉糖等主要农产品的综合生产能力为目标，同时积极发展多种经营及龙头项目。20世纪90年代中期，全国加大了农业综合开发力度，大幅度增加投入，扩大开发范围。到1998年，农业综合开发扩展到全国1 336个县（区、市）和205个国有农（牧）场（不包括已经中止开发项目的农牧场），共改造中低产田2.52亿亩。项目区基本建成了“田成方、林成网、渠相连、路相通、旱能灌、涝能排”的高产稳产农田。11年间，通过农业综合开发累计新增粮食生产能力 954.4 亿斤。项目区农民人均年纯收入也比非项目区高 260 元。这为实现我国农业跨越式发展，作出了重大贡献。

6. 大搞农田水利基本建设，为提升农业综合生产能力和可持续发展奠定基础。为了有效地改变农业生产条件，20 世纪 90 年代中期国家和农民加大了农田水利基本建设的投入力度。到 1998 年，国家对农业基本建设投资增加到 620.64 亿元，是 1995 年的 2.8 倍。同时，广大农民积极投工投劳，每年冬春农闲季节都有上亿劳动力在各自的所在地兴修水利、植树造林、改良土壤、建设高产稳产田。这几年的农田水利基本建设，坚持大中小并举、防涝抗旱并举、工程措施与生物措施并举，在抓大江大河大湖治理的同时，大搞、多搞小微型农田水利工程，包括小流域治理、坡地改梯田、平整土地、种树种草，修建小水库、小塘坝、小水池、小栏闸、小水电，成效一年比一年好。到 1998 年，全国共新建各类水库 200 多座，堤防 8.6 万公里，万亩以上灌区 330 处，新增有效灌溉面积 6 000多万亩，新增除涝面积4 800万亩，治理盐碱地2 220万亩，治理水土流失 31.8 万平方公里，解决了 1.6 亿农村人口的饮水困难。农业生产生态条件的改善，显著提高了农业综合生产能力，既保障了农业连年丰收，又为农业乃至整个国民经济的持续发展提供了坚实的支撑。

我国农业的跨越式发展，有许多经验值得总结，而最根本的是紧紧抓住了提升农业综合生产能力这个要害，从上述六个方面做了扎实有效的工作。这些在实践中得到验证并取得功效的举措，不仅对当时农业和农村经济的发展起到决定性作用，对当前和今后农业、农村的发展也有借鉴意义。

六、国外保障粮食安全的经验

2008年初，我们先后赴韩国和德国就两国粮食安全进行了考察。代表团先后访问了韩国农林部，德国食品、农业与消费者保护部，联邦议会食品、农业与消费者保护委员会，以及巴伐利亚州农林部，与两国政府有关官员、议员、农业协会、粮食加工流通企业和农民代表等进行了广泛的座谈和实地考察。

（一）两国粮食生产与贸易情况

2006年，韩国总耕地面积为181万公顷，户均耕地规模只有1.5公顷，农村人口占总人口的比重为8%，农业GDP占全国GDP的比重为3%。长期以来，随着工业化的推进，韩国粮食生产不断下降。粮食播种面积从1970年的270万公顷下降到2006年的118万公顷，同期粮食产量由690万吨下降到530万吨。粮食生产主要是大米生产，2006年大米产量占粮食总产量的88%以上。为了满足国内消费者需要和养殖业发展，每年要进口大量粮食弥补供需缺口。目前，韩国粮食自给率已经下降到27%，除大米完全自给并有少量出口外，其他粮食品种，特别是饲料用粮基本依靠进口，是一个典型的粮食净进口国。

德国农业发达，是欧盟三大农产品主产国之一。目前德国共有耕地1 190万公顷，农场平均规模36公顷，德国农业从业人口占社会从业人口的2.1%，农业GDP占全国GDP的0.77%。从20世纪60年代起，德国依靠科技进步和机械化发展，粮食单产不断增长，粮食生产总量持续上升，从60年代初的1 726万吨提高到2006年的4 347万吨。从1990年开始，该国从一个粮食进口国转变为欧洲重要的粮食出口国，主要出口品种是小麦、大麦和黑麦，2005年粮食净出口562万吨。

两国在发展国内粮食生产，综合运用储备、国际贸易等手段实现国家粮食安全的经验和做法值得借鉴。

（二）两国保障粮食安全的做法和经验

韩国和德国高度重视粮食安全，在粮食生产、储备、销售和进出口方面采取了各种措施，保障本国的粮食安全。

1. 确保粮食安全一直是农业政策的重要目标。德国粮食政策的基础是欧共体共同农业政策。德国首先必须遵循欧盟的政策和法律，在此前提下，联邦及各州可以根据实际情况，制定一些具体的政策措施。欧盟农业政策的重要目标之一是保证粮食安全，即保证任何人在任何时候都能买得到和买得起所需要的食品。

韩国粮食政策旨在提高粮食生产效率，保证粮食稳定安全供应，努力夯实粮食生产基础、增加农民收入、促进粮食结构调整。韩国传统上以大米消费为主，大米占粮谷总产量的85%，占据绝对主导地位。因此，韩国粮食政策一定程度上为大米政策。韩国大米的自给率为100%。

2. 政府高额补贴是实现粮食安全的重要手段。实现粮食安全目标，韩国和德国采取的最重要的手段都是政府的高额补贴，依靠补贴促进粮食生产，既有产量补贴，又有农民收入补贴。同时，粮食安全由单纯依靠国内市场转为依靠国内和国际两个市场。

德国对粮食生产补贴由对产量进行补贴转为对农民收入进行补贴。大致经历了三个阶段：第一阶段，在 20 世纪 50～60 年代。欧共体主要通过价格政策，即设立较高的政府收购价，农民收入与产量挂钩，从而促进农产品供给。第二阶段，从 1992—1999 年。经过几十年的发展，生产过剩，财政负担沉重，1992 年开始改革，大幅度降低目标价格，对面积进行补贴与对所种植的农作物品种进行补贴并存。第三阶段，从 1999 年开始，经过 1999 年和 2003 年两次改革，补贴完全与产量脱钩，按照土地面积进行补贴，不论种植什么作物，甚至不种植作物也可以获得补贴。同时，进一步降低目标价格，使其成为最低收购价。通过收入支持保证农民收入。

韩国对大米的补贴由双重价格制度转为收入补偿制度和公共储备制度。具体分为以下几个阶段：第一阶段，20 世纪 70 年代。70 年代开始新农村运动，1972 年开始第三个五年计划，引入以粮食增产为主的政策。1970 年开始实行大米双重价格制，高价买入，低价卖出，目的是促进粮食增产增收。第二阶段，80～90 年代。80 年代，由政府集中供应向市场销售转变，政府收购减少。90 年代，开始根据关贸总协定乌拉圭回合谈判韩国政府承诺的最低大米进口量进口，减少农业补贴。允许大米价格变动，由市场决定价格。1997 年废除收购制，实行约定收购制，即事先约定价格，按约定价格提前向签订合同的农户支付收购款。第三阶段，2000 年以来，引入大米价格补贴制度和公共储备制。2005 年 7 月制定《大米收入保全保障法》，即设定目标价格，如市场价格低于目标价格，政府将向农户补贴差额的 85%。同年，引入公共储备制度。如果释放储备仍不能稳定价格，可采取增加市场最低准入量和关税配额的方式稳定价格。

3. 农业科技和规模经营是发展粮食生产的重要途径。韩国实现以增产为主的大米政策向优质化、品牌化政策转变，打造优质畅销品牌大米。①培育消费者认可的优质品种。研发肥料使用少、质量高的品种；开发功能性、加工用特殊大米，满足消费者多样化的消费需求；大力发展生命科学，培育大米新品种。②扩大优良种子供给。政府大力推广普及高产品种，并为具有竞争力的品牌大米生产企业优先供给优良种子；提高精选过滤能力，将种子更新率提高到 50%。③提高栽培技术，促进优质品牌大米生产。推广六大优质栽培技术：适时移秧、保持适当的株数、合理的水源供给、减少氮素肥料使用等；编制优质大米生产核心技术指导书，向农户普及。④夯实优质品牌大米生产条件。扩大绿肥作物种植面积，以增加土壤有机物含量；推行稻秆还田，增加土壤有机物含量并增加青大麦、胡麦等饲料作物的种植面积等。⑤改革大米处理场管理体系，推广农户与大米处理场开展合同栽培，统一大米品种，实现大米质量均一化和栽培技术标准化。以优秀大米处理场为基础，合并大米处理场，形成 1 市（县）1 个大米处理场的格局，实现规模化、高效化。随着对农业科技投入增加，韩国粮食单产不断提高。以大米和麦类为例，1970 年大米每千平方米产量为 330 千克，2006 年为 493 千克；同期麦类每千平方米产量由

195 千克提高到 259 千克。

德国鼓励农地合并经营。在 1955 年，德国政府制定《农业法》，允许土地自由买卖和出租，使土地规模很小的小农场转变为“富有生命力的农场”。50 年代中期，政府又开始实施《土地整治法》，调整零星小块土地，使之连片成方。其结果是农场规模不断扩大。德国政府还利用信贷、补贴等经济手段来调整土地结构，1965 年规定，凡出售土地的农民可获得奖金或贷款，以帮助转向非农产业，凡土地出租超过 12 年的，每公顷租地可获奖金 500 马克。这些措施促进了土地的自由流动，扩大了农场规模。在过去的 50 年间农场数量减少了 90%，目前有 18 万个农场，农场平均规模 36 公顷，估计再过 50 年，农场数再减少一半，剩下 10 万个农场，达到均衡状态。

韩国自 1997 年起开始推行直接支付政策，首先是经营移交直接支付制，对 63～69 周岁的农民出售或出租土地达 5 年以上的政府给予支持，目的是扩大经营规模、保障老龄农民收入。

4. 建立粮食储备制度确保粮食安全。德国储备粮有两种：一种是国家储备粮，为发生自然灾害、战争等时用；另一种是欧盟干预粮，农民以干预价格出售给农业部储备局。德国没有大量的储备粮，这是因为曾经存在大量的生产过剩，所以对粮食的供给满足需求有信心。2006 年，德国粮食总供给量为 6 400万吨，总消费量为4 200万吨。

德国对储备粮采取招标形式进行。对于国家储备粮，供应者和储备者都是通过招标进行确定的；对于欧盟干预粮，农业部对储备者进行公开招标，粮食所有权属于欧盟，联邦政府执行欧盟的政策。按最低收购价收购的粮食由私营仓储企业承担保管责任。具体程序是，首先，每年由私营企业提出申请，政府对申请企业的财务状况、设施条件、管理能力以及仓储商对其设施的控制能力等进行审核并进行现场核查。其次，政府与获得批准的私人企业签订仓储合同，确定储存费用补贴。第三，运用高科技手段对仓储进行监控。德国制定了一系列的管理规则，促进管理手段现代化，基本实现粮食出入库、质量检验检疫、装卸等业务环节的全过程机械化、自动化和电子化，降低了监督的成本。

韩国公共储备制是为应对灾荒、战争而储存一定量粮食的制度。在符合 WTO 规定前提下通过买入和释放来调节市场。根据联合国粮农组织的建议，韩国粮食储备量为 86 万吨（2 个月消费量或年消费量的 17%～18%）。每年储备买入量原则上是 43.2 万吨。所有的储备都是由农协来进行的。政府决定收购量和价格，约定农协先支付给农民 95%的货款。储备粮由农协保管，政府支付保管费并监管。政府决定销售时间和价格，由农协负责销售。

5. 合理调控发挥国际贸易补充作用。欧盟采用进口限制。高质量的小麦、玉米和高粱等，采用的进口关税是干预价格的 155%与进口价之间的差价。低质量的小麦、大麦和玉米等，采用的是配额管理，其中，小麦配额 290 万吨，税率每吨12 欧元；大麦 30 万吨，每吨 16 欧元；玉米，242 万吨，零关税。

韩国的粮食进口战略是对国营品种的大米和大豆通过国际招标进口。大米根据 2004 年大米谈判结果，分为国别配额和总量配额，通过招标选定进口国。大豆是国营品种，由农水产品流通公社招标进口。大麦、玉米、小麦等国内需求量大的品种由实际需求商根据自律原则自行进口，政府鼓励企业共同购买，与出口国开展长期合同贸易。

在WTO多哈回合谈判中，韩国和欧盟都坚决要求保护自己的农产品市场，维持现行的约束关税，尽量少做减让，以防止未来价格波动对国内粮食生产的影响；而另一方面，针对目前世界粮价高涨的形势，两国都暂时调低粮食进口实施关税，以缓解国内粮价上涨的压力。2007年11月欧盟委员会负责农业和农村发展的委员已提议在2008年6月30日前暂时中止对燕麦之外的粮食产品征收关税。韩国在主动取消了饲料玉米进口关税基础上，从2008年1月1日起，又将制粉小麦的进口关税由1％调低到0.5％，将食用玉米进口关税从1.5％调低到0.5％，并取消大豆0.5％的关税。

（三）关于粮食安全形势和趋势的判断

近几年，全球范围出现了一些重要的变化，对当前和今后一个时期全球粮食安全将产生深远的影响。正确地把握这些趋势性的变化，对科学地预测今后全球粮食安全状况的变化，并采取有效的应对策略，具有重要的意义。

1. 全球粮食价格将长期高位运行。受以美国为代表的发达国家大力发展生物质能源政策以及全球气候变暖等因素的影响，世界玉米等粮食价格快速上扬。根据世界银行数据，国际玉米价格在2006年1月突破100美元/吨，此后一路攀升，到2007年12月达到206.9美元/吨。由于玉米价格和大豆、小麦等粮食产品存在很大关联性，其他粮食产品的价格也出现了快速的增长。总体看，全球粮食价格在过去的2年中上涨幅度高达150%～160%。各种国际权威机构普遍预测，虽然今后由于国际粮价的上涨会刺激粮食生产的增长，但由于以生物质能源为主的新需求的拉动和由于原油价格上涨所带来的生产成本的上升，国际粮食价格将继续维持在高位运行。

韩国农业部副部长介绍，根据韩国有关研究机构的分析，以往农产品价格的波动，主要是年度供求波动造成的，是短期的；而此次国际农产品价格的上涨，则是一种长期的趋势。德国农业部官员认为，虽然今后农产品价格上涨速度有可能放缓，但农产品价格将维持在高位运行。

2. 世界各国高度控制粮源的趋势加剧。目前粮食价格的快速提高已经引起各国的高度关注。为了掌握充足的粮源，保障国内粮食安全，许多国家都采取了自动取消粮食出口补贴和进口关税的办法。粮食贸易调控的重点逐步转向抑制出口和增加进口扩大粮源，已成为近期国际贸易的一个突出特点。如韩国目前主要是通过实行公共储备制度，粮食储备量为86万吨，相当于2个月的消费量，对产量严重不足的产品如大豆、红豆等，长期保存3个月用量的储备。这些储备主要用于国内价格上升时投放市场，稳定粮价。如果投放储备仍不能稳定物价，政府就会增加市场最低准入量和关税配额。在粮食进口上，政府还鼓励企业与出口国签订长期贸易合同，并实施进口市场多元化战略。

根据目前的发展趋势，今后一个时期，粮食市场的保护会趋于弱化，而各国贸易政策的重点将是通过各种手段，争取掌握更多的粮源。这对发展中的粮食净进口国将是一个严峻的挑战。

3. 生物质能源将进一步挤占粮食生产资源。从今后的趋势看，随着全球经济的发展，特别是广大发展中国家快速发展，能源需求将持续增长。但是，全球石油等不可再生能源储量不断减少，以农产品为原料的清洁、可再生能源则有着广阔的发展前景，自然成为对非可再生能源的替代。

近年来，以美国为代表的主要发达国家正在积极推动生物质能源的开发和利用。美国《2007能源法案》设定了可再生能源强制使用量：2008年为85亿加仑①，2009年为105亿加仑，2010年为120亿加仑，此后5年每年递增0.5亿加仑，到2015年达到150亿加仑。2016年以后，开始增加新型生物燃料（如纤维素乙醇等）使用量，每年递增30亿加仑，到2022年达到360亿加仑。欧盟确定的目标是到2020年可再生能源的比例达到20%，生物燃料的比例达到10%。德国确定的目标是到2050年可再生能源的比例达到50%，生物燃料的比例到2015年达到8%，2020年达到17%。为了实现以上的目标，各国都制定了相关的法律、政策和行动计划。许多发展中国家也在积极跟进。

生物质能源的发展将产生两个后果：一是美国等传统农产品出口大国将由于自身农产品需求量的扩大而减少出口，美国实现其2010年120亿加仑玉米乙醇产量，将消耗1.13亿吨玉米，占其玉米产量的1/3，势必要减少玉米出口；二是那些资源不富裕的国家的农产品需求量将持续增加。目前，德国大约

① 加仑为非法定计量单位，1加仑（美）≈3.285升。

66%的生物燃料是通过进口的农业可再生原材料满足的。

受生物质能源发展的推动，国际粮食需求增长迅速，导致世界粮食库存已经下降到多年来的最低水平。

（四）保障我国粮食安全的措施

我国是一个发展中的农业大国和人口大国，粮食安全事关国家经济社会发展大局，必须始终给予高度重视。结合我国实际，借鉴国外的经验和做法，特别是考虑到全球今后一个时期粮食安全发展的趋势，现就加强我国粮食安全提出以下措施。

1. 粮食安全必须坚持立足国内生产实现基本自给的原则。 根据目前我国的粮食消费水平和世界粮食贸易规模，我国粮食自给率每降低1个百分点，就相当于多占世界粮食贸易的2个百分点。在全球粮食需求扩大，粮食贸易趋于缩小的情况下，如果中国更多地依靠粮食进口，将不可避免地加剧全球粮食“恐慌”，给所谓的“中国威胁论”提供借口，损害中国的国际形象，不利于我国国际环境的改善。此外，由于国际粮食市场价格的上涨，大量进口粮食不仅国内运输难以保证，而且还会大大增加我国实现粮食安全的成本，对国家的发展带来沉重的负担。因此，立足国内，大力发展粮食生产，实现粮食基本自给，不仅在经济上是合理的，在政治上也是需要的；今后相当一个时期，我国的粮食自给率应保持在95%左右。

为了保证粮食自给率，当前要切实保护耕地，把住18亿亩这个红线，这是保证粮食生产的基础。

在立足国内生产实现粮食基本自给的前提下，为了缓解资源与环境的压力，降低粮食安全的成本，应大力实施农业“走出去”战略，通过农业合作，实施优势互补，增加和补充我国的粮食供应。

2. 既要保障粮食产量，又要保障种粮农民收入。韩国、德国粮食生产政策的共同之处是“双保障”：既保障粮食产量，又保障种粮农民的收入。韩国和欧盟在粮食政策上都是采取政府直接干预的方式，提高粮食价格和产量，保证实现种粮农民的收入增长和粮食增产的双目标。韩国采取的是政府定价的粮食收购政策，高价买入，低价卖出；欧盟采取对粮食生产者实行与粮食生产直接挂钩的补贴。种粮比较效益低一直是我国农民种粮积极性不高的重要原因。在提高种粮农民生产积极性方面，我们应当借鉴两国的成功经验：

第一，对种粮农民普遍采取在市场作用基础上的收入支持政策。如韩国目前采取大米收入保障制度，由政府设定目标价格，近几年都是按以前3年的市场平均价确定的，当市场价格低于目标价格时，政府向农民补贴差额的85%。欧盟目前虽保留着干预价格（即最低保护价）但由于国际粮食价格的上涨，干预价格已基本失去作用。目前粮食的市场干预价格是101.3欧元/吨，市场价格是220欧元/吨。除了干预价格之外，真正起作用的是与产量不挂钩的收入补贴，即“蓝箱”政策。目前韩国和德国农民收入约2/3是来自政府的直接补贴。

第二，对粮食生产采取优惠政策。以德国为例，农民交纳的增值税率仅为全国水平的一半，农民生产用柴油价格仅为市场价格的77%，农民从“农民信贷银行”可以得到贴息贷款，利率一般在4%～5%，比商业银行低1个百分点。

3. 把粮食作为基础性公共产品。近几年，韩、德等各

WTO成员继续加大对农业的扶持力度，农业政策调整的重点是转变支持方式，即减少对农业"黄箱"政策支持，而大幅度提高"绿箱"政策投入，包括政府提供的涉及科研、病虫害控制、检测、技术推广和咨询、营销与促销、农业基础设施等方面的一般公共投资和服务，是把粮食作为基础性公共产品来对待的。所谓基础性的公共产品，是指为整个社会提供的，其受益对象是全体社会成员，常常是社会效益高，经济效益低。完全依靠市场机制调节，难以满足全体社会成员的需求。粮食是国民经济战略物资，是整个社会成员的必需商品，涉及千家万户，具有"放大"效应，每户多买一点，就会出现供应紧张，如果不正确引导，就可能引发大的波动，带来连锁反应，20世纪80年代末和90年代初，我国两次出现通货膨胀，都与粮食供求出现问题有关。必须充分认识粮食是基础性的公共产品，因此，国家扶持粮食生产，应像投资公路、水、电、文化教育事业一样，用公共财；政大力投入。仅靠市场调节，粮食供需矛盾是难以解决的。

4. 注重科技进步和规模经营。与其他种植业经营项目相比，粮食生产比较效益明显偏低这是一个普遍的现象。发展粮食生产、保障粮食安全，关键是要提高粮食生产的比较效益，增加种粮农民收入。

第一，世界各国都是把加大农业科研和推广投入，提高农业科技水平作为发展粮食生产的重点。中国受土地和水资源的约束，未来实现粮食持续增产的根本出路也是在提高单产。因此，必须进一步加大对农业科技的投入，改革和完善农业科技创新和技术推广体系，切实提高粮食增产的科技贡献率，这是今后我国粮食增产的主要源泉。农业科技方面，在目前尚不能证明转基因产品对人体有害的情况下，应高度重视转基因技术对农业和粮食增产的巨大潜力，加大科研投入，做好充分的科技储备。

第二，要积极创造条件，推进土地适度规模经营，提高粮食生产效益。其途径：一是要深化农村土地产权制度改革，确保出让土地农民的合法权益；二是要加快农村社会保障事业的发展，使退出土地经营的农民，特别是老龄农民生活得到基本保障；三是要推进农业用地的整治，减少承包土地地块过于分散的现象。德国巴伐利亚州与山东省合作开展的土地整治合作的经验值得总结。

第三，要继续加大对种粮农民的直接收入补贴和其他政策扶持。虽然我国已开始实施了对种粮农民的生产和收入补贴，但目前的补贴水平很低，每亩只有 50～80 元，难以保障种粮农民的收入和调动农民种粮的积极性。今后，在继续加大现有补贴力度的同时，要研究制定针对粮食生产税收、信贷扶持政策，进一步提高粮食生产的比较效益，增加种粮农民收入，调动农民种粮积极性。

5. 尽快研究制定《国家粮食安全法》。德国早在 1965 年就制定了《国家粮食安全法》，对粮食生产、储备、流通环节等作出相应规定，对保障国家粮食安全起到了重要作用，对我国很有借鉴意义。全国人大应尽快研究和制定《国家粮食安全法》，从法律上规范国家粮食安全的目标、原则、制度，明确各级政府和不同社会主体在粮食安全方面的责任和义务，切实加强国家粮食安全保障。

第四章　重视农业产业安全

内容提要：入世新局面，产业迎挑战。安全要重视，种业是关键。加入世贸组织，标志着我国对外开放进入了一个新的阶段。我国农业面临重大机遇和严峻挑战，必须重视农业产业安全。通过对“加入世贸组织对我国农业影响与对策”研究，表明了入世对我国种植业、畜牧业、渔业和农民收入都有较大影响，选择农业趋利避害对策势在必行。入世以来，我国大豆产业受到“洋大豆”的冲击，国外转基因大豆潮水般涌入，跨国粮商大范围兼并大豆加工骨干企业，使我国大豆产业面临严重危机。针对我国大豆产业的严峻形势，提出了振兴我国大豆产业的根本途径，要创新“四化”（组织化、特色化、产业化和科技化）建设。针对面临的严峻挑战，强调了种业发展是关键。近年来外资企业连续并购我国大型养猪场和特大型肉类加工企业，严重影响我国农业产业安全，对此有针对性地提出了政策措施，以及建立稳定生猪生产发展机制的建议。

一、加入世贸组织对我国农业的影响

世界贸易组织（WTO）是当今世界唯一处理国与国之间贸易问题的重要国际组织。我国于2001年12月11日正式成为世贸组织成员。我国加入世界贸易组织，标志着我国对外开放进入了一个新阶段。我国农业面临着重大机遇和严峻挑战。我们根据世贸组织有关规则和我国入世的承诺，2001—2002年开展“加入世贸组织对我国农业影响与对策”课题的研究，重点研究了两方面问题：一是入世对我国农业不同产业和农民收入的影响；二是入世后我国农业趋利避害的对策。

Ⅰ　影响分析

加入世贸组织后，我国农业发展既面临前所未有的机遇，也面临巨大的挑战。从总体上看：（2004年）挑战大于机遇。从分类型看，入世后粮食安全不会受到严重威胁，但对粮食主产区（尤其是东北玉米产区）冲击较大；对油料作物特别是大豆、棉花、糖料的冲击也较大；水果、蔬菜、花卉、茶叶有一定的竞争优势；畜产品、水产品入世后不会受到冲击，其部门在中长期将是受益的；粮棉油糖主产区农民收入将受到较大影响。

（一）对种植业的影响

根据我国不同作物的生产现状及入世的承诺，影响情况可分为三类：

1. 受冲击敏感性产品。包括糖料、棉花、玉米和油料作物（主要是大豆）。这些产品共同特点是：①国内价格明显高于国际价格；②市场准入量占国内消费量10%以上；③商品率较高，占60%以上，产区比较集中，结构调整的难度较大。前两个因素决定了国外进口的数量较大，后一个因素决定了对主产区冲击明显。

（1）对糖料的影响：①加剧供大于求，对国内生产和市场冲击较大；②对甜菜的影响大于对甘蔗的影响；③影响主产区农民收入和就业。首先是黑龙江省、新疆维吾尔自治区和内蒙古自治区的甜菜产区；其次是广西、云南、海南和广东的甘蔗产区，2003—2004年将有38万公顷糖料种植面积需要改种其他作物，约135万户农民生计受到影响，农民减收约35亿元。

（2）对棉花的影响：①加剧供大于求；②棉田调减压力加大；③主产区农民收入减少，受冲击最大的是新疆棉区；④将有更多的国外棉种公司进入中国，对我国棉种产业形成强大的冲击。

（3）对玉米的影响：①增加玉米出口难度。从生产成本看，我国玉米出口没有价格优势，取消农产品出口补贴，势必导致出口困难；②北方玉米出口受阻，南方地区因国外玉米价格较低有可能大量进口，导致近期玉米积压；③东北、内蒙古主产区受冲击较大；④对我国非转基因玉米和专用玉米出口有利。

（4）对油料作物的影响：①大豆、油菜价格可能降低；②主产区农民收入减少。特别是黑龙江、内蒙古大豆产区因替代作物少，受到的影响最为明显；其次是长江流域油菜产区农民发展油菜的空间变小，增收的潜力受到影响；③可能导致植物油市场供大于求，花生、向日葵、胡麻等油料作物也将受到类似影响；④有利于非转基因和“绿色”油料作物及加工产品的出口。

应对措施：①优化区域布局，近期在南方最适宜区集中发展水田甘蔗，在北方最适宜区集中发展水浇地甜菜；尽快制定出棉花品质区划。每个生态区推广1～2个同品质类型的品种；东北、内蒙古、山西发展高油大豆，黄淮海发展高蛋白大豆和优质花生，长江流域和西北发展“双低”油菜；②建立优质产业带。近期在云南、广西、海南、广东建立若干个甘蔗生产基地；在新疆、内蒙古、黑龙江建立若干个甜菜生产基地；在新疆建立优质棉花产业带；在东北、内蒙古主产区建立优质、专用玉米产业带；在东北、内蒙古主产区建立高油大豆带和长江流域“双低”油菜产业带。在产业带内建立一批良种繁育和高产示范基地，组织统一供种，实行扶持政策；③依托“种子工程”建设引种、育种中心和分中心，强化品质育种，选育和推广优质、专用、高产品种；④推广先进适用技术。如甜菜节水栽培技术；甘蔗节本增效栽培技术；棉花矮、密、早和宽膜覆盖等简化栽培技术；玉米地膜覆盖、耕种、收获和秸秆还田的机械化；大豆窄行密植高产栽培技术；油菜直播、化学除草、机械收获等简化栽培技术；⑤严格植物检疫等措施。如严格限制玉米中夹杂假高粱种子、染疫大豆进口，实行转基因标记等；⑥提供流通支持，搞好产销衔接，糖料、玉米、棉花试行期货贸易，新疆棉花、东北玉米实行调运补贴等。

2. 受冲击次敏感性产品。主要包括小麦、水稻。其共同特点是国内价格低于国际价格或相当，承诺准入量占国内消费量的8%以下，商品率在30%以下，产区广，调整余地大。入世后，这类产品将会受到一些不利影响，但影响程度低于敏感性产品。只要提高科技含量和抓住关键措施，仍有相当的竞争力。

（1）对小麦的影响：①对小麦安全生产的影响将大于直接贸易的影响。由于对美国TCK（矮腥黑穗病）疫麦进口标准放宽，将对我国小麦主产区生产安全带来严重威胁；②受影响较大的是黄淮海小麦产区。

（2）对水稻的影响：①不会对国内大米市场产生较大影响。国外稻米不具备价格优势，只有少量长粒型优质米将进入国内市场；②对南方籼稻米出口有较大影响。入世承诺取消补贴后，出口竞争力将大大下降；③北方优质粳米出口有一定优势。

应对措施：①小麦方面着重提高竞争力和严防TCK的危害。实行严格的品质区划，黄淮海重点发展中强筋小麦，南方发展中弱筋小麦，东北发展超强筋专用小麦；近期重点建设黄淮海优质小麦产业带，建立一批良种繁育和生产基地，对基地实行扶持政策；建立引种、育种中心和新品种示范展示中心，开展抗TCK小麦育种；进行TCK小麦进入后的风险评估和防治技术研究，建立进口TCK小麦专用储备库，严格控制TCK小麦下乡、作种和麦麸到麦区，并建立相应的赔偿、保险机制；②水稻方面建立高标准、无公害的优质稻米出口基地，近期以东北粳稻、南方优质籼稻为重点，实行扶持政策；

扶持龙头企业，发展稻米精深加工，创立一批国产优质稻米品牌；建立引种、育种中心和分中心，根据目标市场需求组织品质育种（如长粒型优质稻米）；建立无疫病稻种出口基地；北方推广节水种稻技术，南方推广无公害稻米生产技术。

3. 有竞争优势性产品。主要指园艺作物的蔬菜、水果、茶叶、花卉。这些产品的共同特点是：具有较强的价格竞争优势，但必须按照国际标准提高产品的质量特别是卫生安全标准，尽量缩小运输、加工、保鲜、营销等方面的差距。

（1）对水果的影响：①短期内水果具有竞争优势，尤其是苹果和宽皮柑橘的竞争力较强；从长期来看，如果不采取重大措施提升果业总体水平，价格优势有可能逐渐丧失；②水果进口关税从40%降到12%，可抑制鲜果走私（入世前走私为进口的3～4倍）；③各成员相应降低关税，有利于我国优势水果及加工品的出口，特别是对独联体和东盟国家的出口会有所增加。

（2）对蔬菜的影响：①蔬菜种子、种苗业受冲击较大；②将促进我国蔬菜产前、产中、产后全过程质量控制水平的提高，初级产品比例不断减少；③增加农民就业和收入。集中产区直接参加蔬菜生产的劳动力可达到8 000万人，产前、产后的劳动力可达1亿人，主产区农民人均纯收入年均增加100元以上。

（3）对茶叶的影响：①乌龙茶、绿茶有竞争优势，出口会有所增加，红茶优势不明显；②进口茶叶对国内市场影响不大。关税降低后，红茶的进口量会有所增加，但由于消费习惯的差异，进口量不会大；③有利于外资进入我国茶叶生产和流通领域，促进竞争和合作。

（4）对花卉的影响：①国外高档花卉的进口会增加，中国传统花卉出口也会增加，形成“错位竞争”的基本格局；②外资进入中国发展花卉产业，对花卉种子、种苗产业冲击较大；③将促进中国花卉的产业化水平和科技水平的提高。

应对措施：①水果方面以柑橘、苹果、梨、荔枝、酿酒葡萄等为重点，尽快制定出水果品质区划；近期重点建设陕西和渤海湾苹果、长江中下游柑橘和南方热带特色水果产业带，建立一批高标准出口水果基地；针对目标市场的需求，强化品质育种，推广无公害水果套袋技术和产后分级、包装技术；实行优质水果认证制度以及商品条码化和分级、包装标准化；在有条件的地方建立水果拍卖市场；严格植物检疫，加强无规定疫病区建设，促进水果的出口；②蔬菜方面建立高标准优质安全生产基地，南方以小白菜等叶菜类为重点，北方以韭菜等叶菜类为重点，加强质量监控，推进生产经营体制改革；针对目标市场的需求，强化品质育种，以降低农药和亚硝酸盐残留为重点，推广生物防治技术、增施有机复合肥和分级、包装等采后处理技术；实行优质蔬菜认证制度，商品条码化和分级、包装标准化，在有条件的地方进行蔬菜拍卖市场试点；建立蔬菜出口协调机制，支持鼓励建立行业协会、产业协会，推进蔬菜行业自律；③建立一批乌龙茶、绿茶、红茶和特种茶的高标准出口茶和无公害茶基地，推行无公害茶叶生产技术规程，加快茶叶初制、精制加工厂的技术改造步伐；针对目标市场的需求，以降低农药残留为重点，推广生物防治和生态控制技术、增施有机肥，以及机械修剪、机械采茶技术和无性系茶叶种植；实行优质茶叶认证制度，严格检疫，促进无公害茶叶出口；降低茶叶初制、精制加工增值税，对出口茶实行全额退税政策；④花卉方面建立一批高标准的生产和出口基地。近期重点建设云南、广东鲜切花生产中心，广东、江苏、四川和上海盆花生产中心，上海、江苏、浙江、四川和云南花卉种苗生产中心；针对目标市场的需求，加强高新技术花卉育种，合理开发利用野生资源；加强市场建设和管理，实行商品条码化和分级、包装标准化，在沿海大城市进行花卉拍卖市场试点，降低花卉、盆景的航空运费；严格检疫措施，开展进口花卉种苗有害生物风险分析，科学地限制高风险种苗进口，建立无疫病观赏植物及鲜切花卉出口基地。

（二）对畜牧业的影响

入世后，我国粮食进口预期将增加，饲料粮价格可能有所下降，会进一步增强畜产品的价格竞争力。虽然承诺的畜产品关税减让幅度较大，同时还将取消各种非关税措施，但进口产品在国内市场上不会占据较大的份额，冲击不会很大。随着周边国家市场逐步扩大开放，我国只要加快改善产品质量和加强经营管理，会有扩大出口的机会。因此，畜产品将是入世后的主要受益产品，特别是中长期将更为突出。

1. 肉类。

（1）对猪肉的影响：①农户散养和专业户饲养体系目前仍具有一定的成本优势和价格优势，不会造成不利影响；②饲料价格可能呈现降低趋势，预测可以使生猪物质成本降低5%～10%，从而提高我国产品的竞争力；③猪肉进口关税降低幅度较小，国内对猪肉的消费以鲜肉为主，进口不可能大幅度增加；④近期我国扩大生猪和猪肉出口受到卫生检疫的限制，但扩大猪肉加工产品出口有一定潜力。

（2）对牛肉的影响：①我国牛肉的价格优势已经不明显，降低关税后我国市场可能会受到一定冲击；②入世后饲料价格下降对牛肉生产成本的影响较小，有利于发展面向出口或替代进口的集约生产体系；③进口关税下调后，预期牛杂碎等副产品的进口将增长，沿海地区和旅游城市高档牛肉进口也将增长；④近期我国扩大牛肉出口受到卫生检疫的限制；⑤国际牛肉贸易中，疯牛病已经成为困扰牛肉贸易的重要因素，我国经风险评估确定为没有疯牛病的区域，应加强这些有利因素的宣传，争取更多的出口机会。

（3）对羊肉的影响：①我国在羊肉上的关税削减幅度较小，对进口影响不大；②进口产品的价格竞争优势不突出，短期内羊肉市场不会受到冲击，但由于国内需求旺盛，中长期进口有可能明显增长；③我国羊肉出口集中在中东国家市场，对今后扩大出口有一定潜力。

（4）对禽肉的影响：①我国在冻鸡块和鸡杂承诺的关税削减幅度较大，进口将增加，生产企业将受到较大的冲击；②我国鸭、鹅等特殊品种和分割的禽肉等深加工产品有竞争优势，市场潜力较大；③我国地方鸡种，在我国港澳及东南亚地区有很大的市场。当前应加快优质地方鸡种的选育，开拓周边国家、地区市场；④入世后鸡翅、杂碎等一些特殊部位的禽肉将大量进口，要制订进口产品质量标准和卫生标准，同时要加大检疫力度和检疫范围，特别要加强对某些致病菌（毒），如O-

157、李氏沙门氏菌的检疫；⑤出口鸡胸肉等特殊部位禽肉面临的主要阻力是卫生检疫问题。

2. 对蛋类的影响：①禽蛋的进口关税减让幅度小，不会造成直接的不利影响；②入世后饲料价格可能有所下降，有助于降低生产成本，提高我国蛋品的竞争力；③我国传统的港澳市场需求接近饱和，扩大出口需要开发新市场。

3. 对奶类的影响：①部分奶类产品关税大幅度削减，预期进口将增长；②进口仍将以奶粉、奶清等深加工产品为主，短期内对我国鲜奶生产和市场不会造成直接冲击；③国外乳品企业可能会扩大在中国的投资，形成自主控制的从原料到最终产品的经营体系，我国加工企业将面临更大的竞争压力，部分技术落后的企业可能被淘汰；④从长期看，我国对乳品的消费需求将稳定增长，扩大鲜奶生产有巨大的市场空间。由于国内需求旺盛及加工技术水平限制，我国不可能大量出口乳品。

4. 对羊毛的影响：①国内流通体系发展滞后使羊毛收购长期未能做到优质优价，造成产品质量难以达到加工企业的要求，在与进口产品的竞争中处于劣势；②入世后我国对羊毛和毛条进口实施关税配额管理，进口品成本明显下降，将导致国内加工企业更多地选用进口原料，使我国产品受到较大冲击；③内蒙古、新疆、吉林、黑龙江和甘肃等牧区影响较大。

应对措施：①肉类方面，要优化产业结构和布局，猪肉生产要巩固中西部养猪产区，积极开发东北玉米带猪肉生产，加强产区和销区的衔接，尽快实行标识制度，确保肉品质量和安全，提高猪肉竞争力；肉牛生产向小麦、玉米产区和牧草资源丰富的区域集中，加大鲁西黄牛、秦川牛、南阳牛、晋南牛和延边黄牛等地方良种牛的开发选育，生产高档牛肉，逐步替代进口，积极开拓中东牛肉市场；禽肉生产要加快沿海发达地区出口基地建设，加快优质黄鸡品种的培育，提高产业化水平，扩大出口；要加强畜禽卫生防疫，控制疫病的流行，抓好无规定疫病区建设；鼓励提高生产、流通和加工环节的组织化程度，促进现代化肉类加工业和营销业的发展，提高畜牧产品经营体系的综合效率；制定出完整配套的主、副产品卫生安全标准体系，依法对进口产品有效地实施卫生检疫管理；②蛋类方面，在发展集约化禽蛋生产的同时，注意在天然环境下发展优质禽蛋生产，积极占领国际上开发程度不高的“天然蛋品”市场；努力稳定港澳市场，积极在周边地区开拓新市场；大力发展蛋品深加工，扩展海外市场；③奶类方面，完善生产的区域布局，奶牛生产以大中城市远郊区县、黑龙江三江平原与松嫩平原和西北牧区为重点，在这些地区大力发展青贮作物和优质牧草种植；加大奶牛人工授精和胚胎移植，加快品种改良，扩大良种数量，同时积极开发水牛、奶山羊和牦牛等奶畜资源；加大财政支持，加快奶类生产基地建设，形成有效的奶畜疫病防治和奶品质量控制体系；加快发展奶品加工业，提高国内奶品加工能力和水平；鼓励奶品消费，加强宣传，加大对学生奶计划的资助力度；尽快建立起统一和高效率的乳品行业管理体系；④羊毛方面，在细羊毛集中产区，要加强细毛羊的培育工作，努力提高我国优质羊毛的生产能力，重点是提高绵羊个体产毛量和羊毛品质，实现优质细毛羊的规模化生产；全面推行机械剪毛、羊毛除杂、分级整理、机械打包、客观检验等规范化管理，确保羊毛质量达到毛纺工业的要求；做好羊毛流通组织培育和市场建设，推行羊毛拍卖和工牧直交，实现优毛优价；在农区应注意培育优良的肉、毛兼用品种，积极扶持羊毛、羊绒加工企业，提高产品质量，增强出口竞争能力。

（三）对渔业的影响

我国已同韩国、日本、越南签订了双边渔业协定，对我国近海捕捞渔业影响是主要的，入世后关税减让的影响相对很小。相反，税率的降低有利于国内海水产品市场供给，有利于我国近海渔业资源的保护和恢复。同时，入世后我国水产品出口会享受较低的进口关税，对扩大出口会产生积极的作用。近期可能受东南亚地区对虾，挪威、丹麦的北极甜虾的冲击，欧洲的三文鱼进口也有可能冲击国内虹鳟鱼的养殖。从事同类产品生产的渔区就业和渔民收入可能受到一定的影响。

应对措施：①加快渔产品质量监测体系的建设；建立健全渔业质量监督管理保障体系；加大水产品质量监督检查的力度和水产品质量认证工作；②进一步加大养殖业产品结构调整，发挥资源与水产品优势，发展特色渔业；③增加对渔业基础设施、科研、鱼病防治、技术推广等方面的投资，加大对渔业水域条件改善的投入，增强出口产品的价格竞争力；④加快现行渔业管理体制改革。形成从生产、加工、流通到对外贸易一体化的渔业宏观调控管理体制，并建立一支统一、综合执法队伍，切实加强对渔业资源的管理；⑤努力争取与海洋渔业资源丰富的国家签署双边渔业协定；积极改进远洋捕捞渔业设备，提高生产率；积极参与国际渔业规范的制定工作。

（四）对农民收入的影响

入世之后，农民种植业的收入将受到四方面因素的制约：①农产品价格的变化；②农产品生产和商品数量的变化；③非农业就业机会的变化；④国家对农民补贴政策的变化。根据我国入世的承诺和对国内外价格走势、生产数量和商品率等有关情况的统计调查和预测资料，按照高、中、低三个方案，对种植业收入进行了计算，同时对畜牧业和非农产业收入进行了测算，对林业和渔业收入进行了推算。将这些推算和预测的结果综合起来，得到的总体预测结果是2002年农民人均纯收入为2 410.97～2 450.8元，其中生产性纯收入2 320.4元（未考虑财产性和转移性收入），比上年同口径增加45～84元，增长1.9%～3.6%（未考虑物价因素，种植业和畜牧业有些收入未计算在内，此数偏低）。

我们还建立测算模型，按不同省份，对入世后对农民收入影响较大的几种农产品，包括大豆、棉花、玉米、糖料、大米、小麦、油菜和园艺类产品对不同地区农民收入影响进行了研究。其测算结果，按照最有可能出现的中方案，人均农民种植业收入减少最突出的省份是新疆，人均减少收入约在250元；其次是黑龙江，人均减少收入接近150元；吉林、内蒙古、湖北、湖南，人均减少收入在47～95元；江西、江苏、安徽、河南、辽宁、山东和海南，人均收入减少在26～43元。宁夏、广西、浙江、河北、天津人均收入减少11.9～19.3元。贵州、重庆、陕西、广东、云南、甘肃、山西、四川人均收入减少最少不到10元。北京、福建、上海人均收入有所增加。

如果按收入变化占农民纯收入的比重测算，减少收入最多的是新疆，按中方案为9.76%，按高方案达16.66%；其次是黑龙江，按中方案为5.21%左右，按高方案为8.28%；其余影响较大的省份，按中、高方案分别为：吉林2%～6%，内蒙古1.7%～4.6%，湖北、湖南、江西、江苏、安徽、河南为1.1%～3.4%，辽宁、山东、海南、宁夏、广西等为0.3%～1.27%。东南沿海省份、4个直辖市和西部商品量低的几个省份受到的不利影响不够明显，均在1%以下。

从地理分布上看，主要是新疆、内蒙古、东北和中部地区的一些大宗农产品主产区影响较大一些，其他地区的影响相对不是特别显著。

Ⅱ　政策措施

为了积极应对入世挑战，要建立有效的农产品预警系统，制定农产品出口促进政策，履行《SPS协定》，提高农产品卫生安全质量，重视农产品市场体系建设，调整国内农业支持政策和改革农业管理体制。

（一）建立有效的农产品预警系统

入世之后，为了防止我国农产品受到过于严重的冲击，在进口数量急剧增加时，避免对农业和农民利益造成严重损害，需要建立起一套灵敏的预警系统和有效的防御机制。

建立预警系统必须考虑生产成本、价格、生产、库存、进口、需求6个方面的情况和变化；获得完整、准确、及时的信息；政府的财力支持。注意的重点应是土地密集性的大宗农产品，首先应以棉花、玉米、大豆、小麦、大米为目标产品。

预警系统应当从进口数量和价格变化确定临界标准。在数量标准方面，对于玉米、小麦和大米，可将进口数量达到5%确定为"黄线"，10%确定为"红线"。棉花"黄线"可确定为10%，"红线"确定为20%。

价格标准：以农产品进入国内市场后的价格（即国内价格）在1年之内的变化（降低）情况作为标准，确定临界值。对于玉米、小麦、大豆、大米和棉花等大宗产品来说，如果进口产品国内价格与上年度的同期比值降低20%，即可视为进入"黄线"区，如果降低40%，则可视为进入"红线"区。

农业管理部门应建立专门的预警指标监测体系；建立专门的预警系统和防御机制基金。当预警因素指标超过"黄线"时，可以采取国家收购、储藏、深加工等，减少市场短期供给，并给予相应的补贴；当达到或超过"红线"时，可鼓励不具备竞争力的产业和就业者转产、转业，以避免更大的损失。同时，对进口有可能激增的产品，有针对性地利用好卫生、检疫、技术标准、反倾销和保障措施。

（二）制定农产品出口促进政策

促进我国农产品出口，关键是提高农产品的出口竞争力。农产品的出口竞争力表现在三个方面：一是价格竞争力；二是品质竞争力；三是信誉竞争力。农产品的国际贸易竞争是全方位的竞争，要促进我国农产品出口贸易的发展，必须从这三方面入手全面提高竞争力。

1. 改革现行农产品贸易体制。①取消对大豆、大米、玉米、棉花的出口限制。具有外贸经营权的企业均可经营，出口价格可由行业商会统一协调；②支持建立行业联合会，鼓励生产企业的行业协会与出口商会之间建立行业联合会，共同协调出口中的各种问题；③理顺农产品进出口管理体制。当前要建立国务院部际协调机构，组织有关职能部门共同参与研究扩大农产品出口事宜。

2. 建议实行农产品出口优惠政策。①对农产品实行全额退税，同时调整农产品增值税结构，重新鉴定农产品分类；②金融机构对龙头企业促进农产品出口的建设项目和技术改造项目，要优先安排贷款，提供收购资金；③建立农产品出口专项信贷制度，对农产品出口生产者和企业给予优惠贷款；当前应重点扶持果汁生产、口岸大型冷库建设和产品分级包装；④当前优先对出口产品实行免费检验制度；降低农产品航空运输费用标准。

3. 建立农产品出口示范基地。建议国家每年拿出一定资金用于农产品出口示范基地建设，并将农产品生产基地建设资金转向出口基地建设：①按不同的优势农产品划定若干区域，在区域内建设专门面向国际市场的出口基地，按照国际标准组织生产加工，定向出口；②重点建立无公害出口示范基地、无规定疫病区出口基地。

4. 加强农产品贸易服务。①建立专门研究机构，及时、无偿地向农业企业和生产者提供国际农产品数据分析结果；向农产品贸易大国派遣农业官员，负责收集所在国的农业信息及相关政策法规；②对农产品生产和加工企业参加多种国际展览、展销会，为优质农产品做公益广告，在新市场举办产品说明会等活动，国家应给予补贴；③建立出口保障机制。设立企业遇到不公平待遇向本国政府的报告机制，帮助出口企业解决问题；政府要认真组织企业进行反倾销应诉工作，并设立农产品应诉专项资金，保护国内生产者利益。

5. 全面提高农产品质量。①抓紧健全农产品质量和安全标准体系。用5～8年完成2 500项农业行业标准的制定和修订工作；建设一批农业标准化综合示范区，解决标准实施问题；②加强质量安全检测检验体系建设。建立健全检测检验机构，力争用5年的时间，使30%的部级质检中心达到全部功能国际互认水平，60%的部级质检中心基本接近国际水平，实现部分功能的互认；③抓好产品和体系认证工作。做好绿色食品的认证；从产地环境、生产投入品、生产加工过程和包装标识等方面，开展对无公害农产品的认证和管理；加强体系认证，使更多的农产品生产经营企业，通过ISO9000认证或ISO14000认证。

（三）履行《SPS协定》提高农产品卫生安全质量

充分利用SPS措施对农产品进出口的调节作用，防止外来动植物疫病、害虫传入，确保我国农业生产安全和产业经济利益。

1. 为应对入世对我国畜牧、渔业带来的冲击，当务之急是根据《SPS协定》有关原则，及时调整SPS政策措施，切实强化动物疫病防治、动物检验检疫、兽药残留监控、饲料安全

以及动物源性食品安全各项工作。

（1）对动物疫病实行区域化管理。加快无规定动物疫病区建设，推行“良好的疫情管理规范”（GEMP），进一步做好动物疫情通报工作，充分利用《SPS 协定》稳定和扩大我国畜产品的国际市场。为确保动物疫病防治所需强制免疫、病畜捕杀、疫区封锁、免疫标识管理等各项工作的经费投入，每年需要 12 亿～15 亿元的财政支持。

（2）加强动物疫情测报、流行病学研究、风险评估等动物疫情管理基础工作。①充分发挥国家、省、地、县四级动物疫情测报网络，特别是 300 个县级测报站对全国动物疫情的监控作用；②加强对全国动物疫情资料管理和利用，为促进出口、解决贸易纠纷提供科学依据和技术支持。

（3）加强动物检验检疫工作。①建立和完善动物及动物产品卫生、安全质量等技术性要求；②加强对国内畜禽、渔产品市场的检疫监管工作，在全国建立和实施严格的产品准入、企业准入和区域（以省为单位）准入管理制度；③加强进出境动物检验检疫工作，严格口岸查验把关力度，防止从国外进口带病畜禽、渔产品。

（4）加强兽药残留监控和饲料安全工作。①完善管理制度，严格市场准入；②加强对兽药残留监控基础工作的支持力度，尽快制定兽药残留限量标准，完善兽药残留检测体系，继续实施全国兽药残留监控计划。

2. 植物方面，必须尽快构建与国际接轨的国内植物检疫法规和检疫标准体系，采用国际惯例和通行做法，调整植物检疫的功能。

（1）改革现行植物检疫管理体制。近期是加强农业系统的植物检疫力量。外挂“农业部植物检疫站（局）”的牌子，代表农业部开展植物检疫工作和办理涉外事宜。同时，统一地方农业植物检疫机构名称，确立执法主体资格，更有效地发挥农业植物检疫对生产的保护和对贸易的调控作用。

（2）加快国内植物检疫能力建设。①近期要加快全国农业植物有害生物风险分析中心、国家植物检疫隔离场、区域性植物检疫隔离场、省级植物检疫隔离园和重点地（市）、县（市）植物检疫实验室建设，提高检验检疫整体水平；②健全植物疫情监测预警网络体系，为农产品进出口服务；③建立中国农业植物有害生物疫情信息系统，实行动态管理；④培养检疫专门人才，提高检疫人员的专门技术、法律知识和外语的水平。

（3）发挥检疫的调节作用。制定和草拟风险分析报告、检疫保护水平、检疫措施标准、对外检疫条款国内法律程序等。

（4）加大植物检疫资金支持力度。①将国内植物检疫事业经费列入国家财政预算；②稳定、固定国内新发和突发疫情封锁、控制、扑灭专项经费；③建立植物检疫专项基金，用于有害生物疫情普查、有害生物风险分析和检疫性有害生物基础研究；④加大检疫基础设施建设资金投入。

（四）加强农产品市场体系建设

对农业冲击最大、最直接的是农产品市场。如果农产品市场建设不适应要求，就会给国外的农产品让出市场空间；国外农产品一旦占领了我国的市场，我国农产品就会受到很大冲击。因此，必须高度重视农产品市场建设。

第一，在销售环节上把农民组织起来，成立合作组织或销售小组，开展分级包装和共同运销，使“小农”在进入市场时变成规模优势的“大农”。

第二，加强农产品批发市场建设，引入国家非经营性基础实施投资计划。

第三，在全国有条件的地区试行农产品拍卖制度试点。

第四，建立市场信息系统，及时把当天交易情况反馈给农民。

第五，制定农产品市场建设方面的法律法规，规范农产品市场交易行为，维护农产品正常贸易秩序，保护农民利益。

（五）调整国内农业支持政策和改革农业管理体制

有效的国内农业支持政策和农业管理体制是提升农业竞争力的关键，也是应对 WTO 挑战的重要保障。

1. 建立符合 WTO 规则的农业支持法规体系。①根据 WTO 规则和我方承诺，继续修改有关农业法规、规章。主要包括：修改农业服务贸易领域市场准入条件；建立农业生产资料知识产权保护制度；根据国际惯例修改和完善兽药生产经营管理制度；完善农产品质量安全技术法规措施；增加农业技术法规措施的透明度；②制定符合 WTO 要求的支持农业发展的新法律法规。主要包括：农产品质量安全法、农产品地理标志管理办法、农产品批发市场管理法、农业投资法、农业保险法、农业灾害救助条例、农业补贴条例、兽医法、兽药管理法、植物检疫法、肥料管理条例、贫困地区援助条例、农业环境保护法、农产品行业协会管理办法、农民专业合作组织法；

③加强执法队伍建设，确保农业法律政策措施得到贯彻落实。

2. 调整“黄箱”政策支出方向，由主要对农产品流通领域的补贴转向对农业生产者的直接补贴，并重新确定“黄箱”政策支出的重点。①对农用水、农用电、化肥、农药、农膜、农机等实行优惠政策；②对农民专业合作经济组织购置农机具、农产品加工设备、兴建仓库等给予补贴；对符合国家支持方向的农业投资给予补贴，以及对农业生产、农产品加工和流通贷款给予利率优惠。

3. 加大“绿箱”政策支持力度。应明确重点，改变支持方式，调整补贴环节。①逐步实行对农民收入的直接补贴。对农民收入直接补贴的思路有两个：一个是在税费改革的基础上减税。国家的补贴不是发放给农民，而是转移支付给地方政府，弥补地方政府由于农业税费减少而发生的财政收入减少（对少数发达省份可以不补）。另一个是直接减免农村税费。在没有实行税费改革的情况下，按项目直接削减农业税费，国家对地方政府实行转移支付；②加大农业科研教育和技术推广的支持力度。建议提高农业科研费用占农业总产值的比重（一般发达国家为3%左右），继续实施“绿色证书工程”、“青年农民科技培训工程”，提高农民素质；③加强农业基础设施建设。大幅度增加农村小型基础设施和基地建设投入；加强退耕还草、围栏草场、人工种草、治虫灭鼠的草原保护工程；加强以发展无公害农产品为重点的生态农业示范县建设；④建立农民转产创业保障机制。建立农民转产创业基金，制定相应的政策法规，开展农民转产、转业技术培训。

4. 坚持家庭承包经营制度。按照农民自愿、政府资助、农民受益的原则，积极发展多种形式的农民合作经济组织；培育和建立各种民间行业协会，发挥其在应对国外歧视性反倾销、反补贴等方面的重要作用；鼓励发展运销大户、农民经纪人等中介组织，为其提供更加宽松的政策环境；加大对农业产业化龙头企业的扶植力度，大力发展订单农业，稳定企业和农民的利益联结机制。

5. 改革农业管理体制。为保证国内农业支持政策调整及时到位，必须建立“从田头到餐桌”的农业管理机构。

建立新的农业管理机构，其主要职能：一是制定农业发展战略和有关政策法规；二是提供公共物品，为农业发展提供良好的基础设施；三是培育和调控市场，保持农产品市场供求的基本平衡；四是保护农民利益，增加农民收入；五是保护农业自然资源和生态环境，实现农业的可持续发展；六是促进农村经济全面发展等。当前应采取以下应对措施：

（1）适当归并与农业相关的职能。把农业生产资料、产品检验、进出境动植物检疫、加工与运销、农产品储备、农产品市场建设、农产品关税配额管理、农产品内外贸易、对外援助等职能归由一个部门统一管理，最终形成一体化的农业管理体制。

（2）明确综合部门与行业主管部门的责任。综合部门负责总体规划，制定政策，检查政策落实情况，对行业部门提供指导性意见；行业主管部门应落实各项政策，执行行业管理职能。

（3）明确 WTO 农业谈判工作外贸部门和农业部门的关系。对外贸易部门负责总体谈判设计，涉及农业的具体技术性谈判工作由农业部门负责。

二、我国大豆产业形势

为摸清大豆产业的发展情况，2007 年 5 月我们深入到主产区对大豆生产、加工、流通状况及加工企业、豆农的愿望和要求等进行了调研，并多次召开有关企业负责人和专家的座谈会，与会人员普遍对目前大豆产业的前景担忧，一致认为振兴我国大豆产业势在必行。

（一）大豆产业形势严峻

大豆富含植物蛋白和植物油，是重要的农作物。随着人民生活水平的提高，对大豆的需求量越来越大。我国大豆产业的兴衰，关系着亿万豆农的生计，关系到以大豆为原料的相关产业的发展，也关系到粮食安全和人民的身体健康。

加入 WTO 以后，我国农产品市场受到“洋大豆”的冲击，国外转基因大豆潮水般涌入，跨国粮商大范围兼并国内骨干加工企业，使我国大豆产业遇到了前所未有的新问题。

1. 生产连续滑坡。2005 年以前，我国大豆种植面积虽有波动，仍呈增长趋势。近年来发生了变化。2006 年大豆种植面积 1.36 亿亩，比 2005 年减少 760 万亩。2007 年种植面积继续减少已成定局，预计将再减少 780 万亩（国家统计局抽样调查减少 640 万亩）。黑龙江省滑坡最为严重，2006 年大豆种植面积5 905.4万亩，比 2005 年减少 417 万亩，减少了 7%。2007 年初步预测将减少 700 万亩左右，种植面积将退到 2000

年以前的水平。近两年播种面积的急剧下滑，引起了豆农和大豆主产区加工企业的恐慌。

2. 加工企业经营困难。国内大豆加工企业的危机在2004年最为典型。据加工企业反映，国际粮商得知当年3月份中国大豆采购代表团要到美国的消息后，即刻哄抬价格，芝加哥期货交易所大豆价格从220美元/吨暴涨到391美元/吨。中国大豆采购企业在此背景下签署了一批购买合同，随后大豆价格又跌至266美元/吨，参加采购的企业损失惨重。据业内人士估计，仅此次集中采购，全行业估计整体亏损就达40亿元。

另外，国际粮商还采取参股、兼并中国大豆加工骨干企业的办法，控制大豆的进口权。2004年以后，ADM、Wilmar、嘉吉、托福、来宝、路易·达夫等国际粮商趁机展开了对中国大豆加工业的全面参股、兼并。截至2006年4月，全国日加工能力1 000吨以上的97家企业中，已有64家被跨国粮商参股或兼并。有的粮商对中国的大豆榨油企业仅参股30％，却要求掌握70％的大豆采购权。

据黑龙江省九三油脂有限责任公司反映，国内大豆的收购、运输、融资环境艰苦，他们下属的大连分厂每加工1吨国内大豆要多承担50元的资金成本、50元的收储成本、70元的铁路运输成本，共计增加成本170元。加工进口大豆运输费用少，又使用信用证结算，资金成本低。与加工进口大豆相比，年加工200万吨国产大豆的企业要多承担3.4亿元的损失。

据有关网站的跟踪调查资料，2006年全国大豆榨油厂612家，比2005年增加14％，其中常年停产的405家，比2005年增加16.5％。常年生产的厂家只有105个，比2005年减少26％。

3. 大豆主产区豆农收入难以为继。据国家统计局资料，2005年全国大豆亩均纯收益194元，比2004年下降15.3%。据典型调查，2006年农户每亩的纯收益为186.6元。又比2005年下降9.6%。2006年8月黑龙江大豆主产区大豆价格下降到2.1元/千克，在北部边远地区的价格甚至低于2元，每亩大豆的销售收入已接近生产费用。近期国际市场大豆价格虽有上扬，但是大豆绝大多数早已卖给了粮商，豆农分享不到涨价的利益。

农业部贸易促进中心和中国农业科学院有关单位的研究表明，国内大豆市场开放之后，大豆价格受到了国外价格的显著影响，国内大豆生产并未因为内需的扩大而受益。1996年国内生产大豆实现净利润134.8亿元，到2005年仅为97.2亿元，减少28%，如扣除物价因素实际减少幅度达34%。

在黑龙江省北部和内蒙古东部地区，无霜期短，只能种植大豆，没有合适的替代作物。这些地区涉及3 000多万亩大豆，500万农村劳动力，1 500多万农村人口，大豆面积的萎缩和价格下跌直接影响当地农民收入，危及其生计。

4. 造成食品安全新隐患。进口大豆已经形成对我国市场的控制态势。2004年我国进口大豆2 023万吨，到2006年进口量已增加到2 827万吨，是当年国产大豆的1.8倍。据统计，我国84%的豆油和80%的豆粕来自国外。如果这种垄断趋势继续发展，跨国粮商不仅会利用垄断获取暴利，一旦遇到自然灾害或社会动荡，将会直接威胁我国的食品安全，危及我国畜牧业发展和社会安定。

在进口大豆中，霉变、检疫性病虫害发生率较高。根据青岛市政府反映，2007 年一季度，青岛口岸进口 5 批次大豆、小麦植物产品，检疫部门从中检出大豆疫霉病菌（一类）2 批次，大豆茎溃疡病 2 批次，大豆拟茎点种腐病 2 批次，豚草等三类杂草 5 批次。品质检验不合格率达 100%。近 3 年产来，进口大宗粮食的检疫性杂草种子携带率达 100%。进口作物携带的疫情复杂，潜在危险性有害生物有大豆茎溃疡病和大豆拟茎点种腐病等，这些对我国农业生产和动植物生态系统构成了严重威胁。根据贸易专家反映，我国进口大豆有 80%不合格，进口豆油有 40%不合格。2005 年从美国进口的大豆中查获的疫情率高达 89%，从阿根廷、巴西进口的大豆中查获的疫情率分别高达 80%和 86%。

在进口大豆中转基因大豆占 80%左右，榨油后的豆粕绝大部分用作饲料。据转基因管理的有关人士介绍，目前贸易企业开始经营转基因大豆，不能排除转基因大豆流散于社会，用于种植的可能。从科学研究结果看，目前还没有充分根据证明转基因产品对人类健康和生态环境无害。在这种不确定的条件下，我国目前大量使用转基因大豆的状况令人担忧。

（二）深层次的原因

目前大豆产业面临的严峻形势，绝不只是简单的供求关系问题。比如，在国内大豆需求急剧增长时，我国大豆生产却出现了滑坡；在国内大豆加工能力严重过剩、利润微薄时，国外资本却蜂拥而入；在进口大豆质量问题严重的情况下，却难以做到退货或索赔；在国际市场豆油价格不断攀升时，国内大豆价格却一直低迷；在多数国家对转基因农产品严格管制时，我国却成了世界最大的转基因大豆进口国。这些问题都值得我们深思与研究。据大豆协会常务理事单位反映，上述情况除了反映出我国大豆产业制度和机制不适应国际竞争外，更重要的反映了我国大豆贸易战略和政策等方面问题。

1. 对国内大豆产业的认识不一致。我国大豆生产的徘徊波动和政策支持力度的强弱，都与人们对国内大豆产业发展的认识不一致有关。有的认为中国大豆生产规模小，成本高，主张放弃中国大豆产业；有的认为进口大豆就是进口土地和水资源，多多益善；有的认为转基因大豆产量高、含油率高。持这些观点的人没有看到我国大豆品质资源的比较优势，没有想到全面放弃大豆生产后对主产区豆农利益造成的严重影响，没有想到超量进口大豆的结果不是土地和水资源的弥补，而是对我国现有农业生产能力的破坏，没有搞清楚国外的转基因大豆只是转移了除草剂基因，转基因与产量、含油量无关。前些年这些模糊认识影响到国家对大豆产业发展战略和政策的制定与贯彻。这几年大豆产业的严峻形势已经使人们逐步清醒过来，但是在全社会统一明确的认识还远远没有形成。

在与豆农、农场场长、加工企业经理和大豆专家的座谈讨论中，他们普遍认为我国的非转基因大豆在食品中的地位越来越重要，大豆产业在我国仍然具有优势。只要我们重新整合大豆产业的组织队伍，挖掘我国非转基因、高蛋白的质量、安全优势，提高单位面积产量，有组织地开发大豆加工，同时加强贸易的宏观控制保持适量进口，严格转基因农产品的管理，我国大豆产业是有希望的。

2. 大豆的国际贸易战略不完善。在大豆进口政策上我国一度失之于过宽，放弃配额管理，进口关税只有3%，只是其他农产品进口税的1/5，是世界农产品平均关税的1/20。另外，跨国粮商兼并了我国的产业化重点龙头企业后，一方面享受国家的政策优惠；另一方面大量进口转基因大豆，越来越背离农户的利益。

据有关企业反映，截至2006年，跨国粮商已控制了我国70%以上的大豆油脂加工能力，目前正在着手参股、兼并一些大豆加工企业的航运码头，对我国的大豆产业的围剿之势已经形成。同时，国际粮商又在用对待大豆的办法，向油菜、棉花等产业渗透。按照这种发展趋势，如果我们不采取果断有效的措施，我国农业将会接连受到更严重的冲击。

3. 科研和推广力量薄弱。首先是科研投入不足。据有关方面统计，“十五”期间，我国平均每年投入大豆研究的科研经费不足1 000万元。而美国除了政府的巨额投资外，农场主还把大豆销售额的0.5%（每年约8 000万美元）用于支持大豆研究和市场开发。其次是我国大豆科研队伍薄弱。目前全国仅有360多人从事大豆遗传、育种研究，而巴西现有大豆研发人员达5 400人，是我国的15倍。同时，我国的科研机制也缺乏活力，基础研究、技术推广、技术培训等方面的工作，与生产经营单位、农民的需求脱节，一方面是科研成果的积压；另一方面是农民对新品种、新技术的盼望不能满足。

4. 国家扶持政策不到位。近年来国家不断加大对粮食生产的扶持力度，这是完全应该的。但在粮食种类的划分上存在缺陷。大豆富含高蛋白和油脂，在食品安全中的地位不亚于水稻、小麦和玉米，但是却享受不到国家的粮食扶持政策，如黑龙江省同一地区的农民，种植大豆的得不到粮食直补。大豆加工、贸易企业也享受不到运输、抵扣税的优惠；豆农和粮农实际上处于两种政策环境中，特别是大豆主产区的豆农不可能随意转产，他们的利益难以保证。

同时，贷款难和贷款政策不合理的问题也影响大豆产业发展和豆农利益。各大商业银行撤出农村后，农村信用社对豆农的贷款规模小、利率高，制约大豆生产经营。如黑龙江省北安、海伦地区豆农的贷款利率都在 9 厘 5 以上，尤其是贷款期限利率是按照日历年度办理，与农业生产、加工、销售的季节性相矛盾，直接影响了贷款农户的利益。年终大豆收获、晾晒季节往往是大豆价格最低的时候，这个时候正是信用社催还贷款的时候，12 月底不能还贷，贷款者就要接受严厉的惩罚，农民不得不贱卖大豆还贷款。北安农场分局职工崔斌，2006 年种植大豆 40 公顷，产大豆 84 吨，贷款利息是 9 厘 7。为了按时还贷款，避免缴纳高额滞纳金，他 12 月以 2.4 元/千克的价格抛售了全部产品。1 月中旬大豆价格涨到 2.58 元/千克，因还贷款低价出售，共损失了15 120元。

大豆的仓储不同于其他粮食，主要在加工企业，尤其是在大型加工企业。加工进口大豆是边进货、边加工，仓储量少，储存时间短，仓储成本低。但是加工国产大豆的企业，必须存储大豆。国家仓储补贴只给国有粮库，存储大量大豆的加工企业却得不到国家补贴。这就增加了加工国产大豆企业的成本。

5. 大豆产业组织松散。豆农单家独户购买生产资料、销售农产品，在市场中处于不利地位。购买生产资料掏的是零售价，出售农产品得到的是最低价。一户豆农的大豆产量一般只有5吨左右，专业大户也不到10吨。在期货市场，每手交易以10吨计算，单个农户无法利用期货实现套期保值。农户生产的大豆，即使是良种大豆，经过个体粮商的收购，全部变成混装、混运、混储的大豆，商品价值降低。这种孤立、无组织的产业组织机制与现代产业的发展极不适应。

国内大豆加工企业之间也是各自为战，恶性竞争，没有形成集团合力，屡次失去开展资本运作、开拓国内外市场的机遇。即使实力强大的中粮集团，也免不了被国际粮商蚕食。

（三）振兴大豆产业的思路

我国作为大豆生产大国、出口大国的地位已经改变，目前只保留了消费大国的地位。在国际大豆市场，我国的进口份额占44%。在买方市场情况下，我国却没有定价的话语权。这种局面发人深省，我们必须从国际竞争的大背景出发，理清思路，制订发展规划。

经过认真研究，我们认为振兴中国大豆产业的思路应该是：以科学发展观为指导，立足发挥中国大豆非转基因、高蛋白的优势，维护大豆种植者、加工者的合法权益，创新产业机制，提高产品的竞争力，充分利用WTO的“绿箱”、“黄箱”政策，构建国内市场供求平衡、中国与其他大豆出口国合作共赢的贸易格局。

我们认为制订我国大豆产业的发展战略应该把握以下原则：

1. 要坚持立足于发挥我国非转基因、高蛋白大豆产业的优势，实现进出口互补的原则。从1998年起，我国大豆出口直线上升，2005 年比 1998 年增加了 1.4 倍。美国一个企业从我国黑龙江省进口了1 000吨大豆，要求我国的出口商为此保密。日本的豆制品因为在包装盒上注明了“原料来自中国黑龙江”而畅销。这说明我国的非转基因、高蛋白大豆市场看好。我国不仅有进口需求，还有出口潜力。

2. 要坚持保护国内大豆生产、加工者的经济利益，维护消费者食品安全的原则。维护权益的关键在于打破垄断，要给生产者、加工者参与定价的机会。充分运用“绿箱”、“黄箱”政策，是 WTO 交给各国维护贸易公平的权利，我国要理直气壮地行使这些权利。

3. 要坚持贸易带动加工、加工带动生产的产业一体化原则。生产的一体化要通过一定的体制和机制实现，当前主要是解决豆农经营分散、无组织问题。可以通过引导豆农组建自己的合作社，引导合作社与公司、科研机构等相关单位之间组织行业协会，加工企业之间可以组建集团等，形成大豆产业的队伍，从而把大豆产业引向社会化、集群化。

4. 要坚持依靠科技支撑，集中财力、人力攻克关键技术的原则。大豆产业伴随科技进步而发展，要改变各自为政、分散孤立搞科研的做法，建立大豆育种协作攻关网络，集中财力、技术力量研究培育优质高产新品种，满足豆农的迫切需要。同时要着力于豆制品的开发，不断提高大豆加工技术。

5. 要坚持为国家食品安全、为维护市场秩序而严格执法的原则。要兑现我国对国际《生物多样性公约》、《卡塔赫纳生物安全议定书》的承诺，严格执行我国的《农业转基因生物安全管理条例》和《基因工程安全管理办法》。

（四）政策措施

1. 加大对大豆生产的支持力度。充分利用WTO所赋予的政策空间和中央加大惠农政策的有利时机，加大对大豆生产的政策扶持。根据WTO的规则，按照政府支持不超过特定农产品产值8.5%的微量许可，按此计算，我国政府可用于支持大豆的政策资金为28亿元。为此建议：一是把大豆良种补贴由目前的1 000万亩扩大到1亿亩，补贴区域为东北高油大豆主产区和黄淮海高蛋白大豆主产区；二是增加大豆栽培技术补贴，解决良种良法配套问题；三是增加主产区农田水利基础设施建设投入，提高大豆生产抗御自然灾害的能力。

2. 改善大豆及制品的贸易环境。在新一轮世贸组织谈判中，要努力促成建立一个针对发展中国家的农业特殊保障机制(SSM)。这个机制，允许某一农产品国内价格下跌超过一定水平或年度进口量超过一定增长率时自动启动，通过附加关税或数量限制的方式对进口进行调控，而且不需要对利益受到影响的国家进行对应补偿。有了这个机制，就可根据国内市场变化和需要，适当调控我国大豆进口数量及价格，避免过度冲击国内市场。

3. 积极宣传和推广国内非转基因大豆。加强对转基因大豆进口、检验、使用的全程跟踪监管，确保转基因大豆不进入食品加工领域，尤其要警惕进口的转基因大豆用于国内种植生产。加快建立进口大豆报告制度，及时掌握大豆进口情况，了解进口大豆在对国内市场的影响，便于及时采取调控措施。国家在2007年末开展一次对《农业转基因生物安全管理条例》

和《基因工程安全管理办法》的执法检查。对违规企业依法予以处罚，对工作不力或丧失监督管理立场的工作人员从严教育或调离。另外，可以通过民间组织，对我国传统非转基因大豆进行大力宣传，提高国内消费者的认同感，为国产大豆争取更多的发展空间。

4. 建立大豆产业风险防范机制。为了及时指导主产区农民做好大豆生产和销售，国家应加强信息发布工作，在按照月度向社会发布国内大豆生产、市场、贸易信息的同时，在播种和收获季节，提前向农民发布引导性信息，帮助农民防范市场风险。扶持建立大豆产业基金，开展大豆生产保险，建立国家、农民、加工企业共担风险的发展机制。在大豆主产区建设期货交割库，鼓励和引导豆农通过合作社参与期货交易，实现套期保值。

5. 加强对大豆贸易的宏观调控。从国家食品安全、消费安全、生态保护出发，充分运用技术性贸易措施（TBT），规范进口企业行为。建立进口商信誉评估机制，定期开展信用评估，提高其安全、社会、环境责任；借鉴美国、欧盟、日本等国家的成功经验，建立进出口商黑名单机制，对列入名单的企业予以曝光；严格执行产品质量安全标准，禁止、限制有疫情产品进口。采取有效措施，弥补大豆进口税率过低、审批标准过松的问题。建议把需要国家发展和改革委员会审批的外商对大豆加工企业的投资门槛降到最低3 000万美元。同时要根据国内豆农受损的情况，及时启动开展贸易损害调查。另外，应提高进口大豆检验检疫技术标准，严格程序，坚决把不合格的大豆拒之国门之外。

6. 做好大豆产业协会工作。大豆协会要重点做好以下五个方面工作：

（1）健全大豆产业队伍，提高整个大豆产业的竞争力。结合贯彻《农民专业合作社法》，在大豆主产区引导和鼓励豆农成立大豆合作社，由合作社培训社员，协调生产，团体购买良种等生产资料，联合批量销售优质大豆，以优质原料保证加工业发展。引导有条件的合作社把农民组织起来进入现货和期货市场，通过订单农业和套期保值等形式保护农民利益。制定有关大豆行业业务规约，包括大豆的质量、规格、交货付款的时间、地点等，以规范交易方式，维护大豆市场交易秩序。

（2）设立全国大豆产业基金，提高大豆产业协会的服务能力。组织大豆加工企业筹建中国大豆发展基金会，基金来源：一是国内大豆企业、合作社、农场及相关单位的投放资金；二是政府对大豆产业的启动资金；三是社会捐助。基金主要用于扶持大豆产业共同性需求的事项。例如，建立大豆产业信息交流共享平台，开发中国非转基因、高蛋白大豆及加工品的国际市场等。

（3）建立中国大豆产业信息收集、分析、发布体系。利用大豆产业协会的优势，办好中国大豆产业网，及时收集生产、加工、贸易、科技信息，服务于政府宏观决策，服务于豆农、加工企业、贸易企业。

（4）引导大豆产业实行品牌、标识自律。组织引导协会会员单位带头对大豆及加工产品实行全面的产地、生物性能标识管理。强化生产者的质量、安全意识，尊重消费者的知情权、选择权，防范不法经营者的欺诈行为。

（5）加强对振兴中国大豆产业的重大课题研究。组织大豆育种、加工以及食品营养专家开展不同领域的协作研究，宣传中国大豆，鼓励大豆消费，开展技术交流，组织产品创优。

三、大豆产业与粮油食品安全

大豆不仅是重要的食用油脂和蛋白食品原料，而且是饲养业重要的蛋白饲料来源，在国家粮油食品安全中占有重要地位。

（一）大豆产业发展情况

2009 年我国夏收作物生产继续保持发展的好势头，夏粮再获丰收，实现新中国成立以来首次连续六年增产；夏收油菜也喜获丰收，总产和单产创历史新高。大豆 2008 年播种面积 1.37 亿亩，比上年增加 560 万亩，总产1 554万吨，比上年增加 280 万吨。在遭受国际金融危机的影响、国际大豆价格下跌的形势下，为保护豆农的利益，国家采取临时收储政策，在东北地区敞开收购农民手中的大豆，稳定了市场，给农民吃了定心丸。2009 年受国际市场大豆价格下跌影响，大量进口大豆打压了国内大豆市场价格，农民种豆收益出现下降，大豆播种面积略低于 2008 年。尽管 2009 年大豆种植面积有所减少，但各地加大新品种、新技术的推广力度，努力提高大豆单产水平。同时，在华南大力发展甘蔗（木薯）间套种大豆，在西南地区大力发展间套种大豆，增加高产蛋白大豆的供给。从目前的情况看，如果后期气候正常，2009 年大豆生产仍将是稳定发展的趋势，能够保持稳定的自给率。

（二）大豆产业发生的新变化

我国是大豆原产地，既是生产大国，又是消费大国。近年来，我国大豆产业呈现出了新的特点：

1. 大豆消费需求快速增长。我国改革开放推动了城乡经济社会的全面发展，人民生活水平日益提高，从温饱到小康最明显的变化是食品消费从追求数量到追求质量，最突出的是对肉蛋奶等蛋白质食品、植物油消费的快速增长。2001 年全国农民人均消费粮食 238 千克，比 1989 年减少 4.6%；人均消费豆类食品 5.7 千克，比 1989 年增长 66.7%；人均消费奶类制品 1.2 千克，比 1989 年增长 26.3%；人均消费水产品 4.1 千克，比 1989 年增长 95.2%。消费总量 2/3 以上的大豆豆粕都用于饲料，随着畜牧业的发展，豆粕需求还会继续增长。一般来说，大豆中油脂含量在 20%左右、蛋白质含量高达 40%以上，其蛋白质含量是谷物和薯类的 2.5～8 倍，且大豆蛋白富含 18 种氨基酸。大豆的营养价值决定了它在人类食品营养和畜牧业中的特殊地位。

2. 进口大豆迅猛增加。1985—1995 年，我国平均年进口量为 8.04 万吨、出口量为 119 万吨，出口量是进口量的 15 倍。

1998 年以后，我国大豆进出口呈现持续双增长态势。从进口量看，2000 年进口1 024万吨，2003 年达到2 074万吨，2007 年达到3 082万吨，2008 年达到3 744万吨。据海关统计，2009 年 1—4 月我国进口大豆1 386万吨，同比增长 36.2%。目前，我国大豆进口量占全球贸易量的 45%左右，已成为世界第一大进口国。出口量的增长比较缓慢，2000年恢复到21万吨，2004年恢复到33.4万吨，2005年恢复到39.6万吨，2008年恢复到46.6万吨，估计2009年不会超过50万吨。进口量将是出口量的80倍。

3. 大豆加工布局发生重大改变。一方面，由于进口转基因大豆数量的急剧增加，在我国东南沿海形成了以进口转基因大豆加工为主的企业群。这些企业规模较大，设备比较先进，其中的70%是由跨国粮商兼并或入股的大型企业，跨国粮商控制了这些企业的原料进口。这种从原料、物流到加工的一体化联合经营，满足了我国市场对豆油、豆粕的需求，形成、拉动了出口国转基因大豆生产的产业化格局。

另一方面，国产大豆食品和豆油需求旺盛，我国的大豆油脂加工，大豆食品加工和蛋白加工企业发展迅速，在东北大豆主产区形成了产地豆制品加工企业群。这些企业以加工国产非转基因大豆为主，企业数量多，分布广，带动就业面大，产品多样化，为满足国内外市场对国产豆油、豆制品、大豆蛋白的广泛需求，对拉动国产大豆发展，确保豆农生计起到了重要作用。这些企业具有接近原料产地、运输成本低、产销对接容易、产品运输便捷等优势，正在形成带动国产非转基因大豆发展的产业化格局。

上述两种格局并存的客观发展，有利于我们重新定位我国大豆产业的发展，有利于我们全面认识我国大豆产业发展的未来走向。

4. 食用专用大豆成为新的发展潮流。高蛋白大豆、毛豆、芽豆等专用大豆发展迅速。例如，日本、欧洲等食品加工企业直接到黑龙江省大豆主产区建立大豆原料生产基地；浙江、广州、北京、山东的豆制品加工企业到东北直接签订非转基因大豆购买合同；自2008年起在广东开展两岸三地有机农业创建活动，一些公益社团组织在粤北建立非转基因高蛋白大豆生产基地。国产大豆在食品营养、食品安全中的作用越来越成为国内外社会各界关注的热点。

（三）振兴我国大豆产业大有希望

我国大豆是受国际市场冲击最大的农产品，大豆价格大起大落使大豆主产区的加工企业和豆农遭受很大损失。但是决不能因此轻言放弃我国大豆产业！我国大豆产业历史悠久，大豆生产伴随中华民族走过了5 000年历程，我国人民积累了丰富的大豆种植经验，我们还拥有全世界最齐全的大豆品种资源库，我国大豆食品文化是世界大豆文明的瑰宝。

近些年来美国、巴西、阿根廷等国家大豆生产发展比较快，这有利于满足全世界快速增长的大豆市场需求。但是，我国大豆产业关系到13亿中国人民的食品安全，关系自主大豆品种资源的开发、利用和保护，关系到全国各地大豆加工企业的生存及其职工就业，关系到全国4 000多万豆农的就业和生计，也关系到畜牧业的发展，我们国家不可能放弃我国大豆产业。事实上国家制定了一整套对大豆产业的扶持政策，并支持成立大豆产业协会，目标就是要振兴大豆产业。

从生产发展看，我国是世界公认的大豆品种资源大国，育成品种有2 370个，生产中常用的品种达300多个，大豆种植遍布从海南到黑龙江、从东部沿海到新疆的全国各地，适应了不同自然生态条件、不同消费用途的需要，这是我国的宝贵财富。长期以来，我们一直是大豆生产大国和出口大国，从1996年起我国才开始变成大豆净进口国。目前，我国仍然是世界大豆四大主产国之一，同时又是最大的大豆消费国和进口国。无论是从品种资源还是生产、贸易看，我国在世界大豆产业中的地位都是十分重要的，对全球大豆的生产、消费和贸易都产生了重要影响。

（四）大豆产业发展潜力很大

关于我国大豆产业有许多议论，其中有一些观点片面宣传国外大豆的优势，对我国大豆产业认识不足。有人说我国大豆品质差、产量低，竞争不过"洋大豆"，这种说法不全面，我国大豆和"洋大豆"各有优势，不能一概而论。从品种资源看，我国高油大豆含油率20%以上的品种有很多，高者达到25%；蛋白质含量40%以上的品种也很多，高的达到47%。高产大豆品种一般亩产都在180千克以上，像中黄35亩产达到了371.8千克，最近有个"金张掖"大豆品种，亩产高达436.8千克。从生产实践看，黑龙江省农垦系统1 000多万亩大豆，2002—2007年，年均亩产为168.7千克，高产项目区的单产达到194.3千克，2008年全区大豆平均单产达到173.6千克，高于世界大豆平均单产161.3千克，也高于美国单产170千克。我国大豆发展的潜力很大，发展的关键在于体制机制创新，在于提高科研、推广水平。

根据典型调查，大豆合作社生产比农户小规模生产购买生产资料的费用一般可减少5%～10%，作业效率可提高8%左右，可避免大豆混收混存的物流方式，大豆品质提高10%左右，单产每亩高50千克左右，若把当前农户的单产从120千克提高到170千克，至少还有30%的生产潜力。

据此，大豆产业发展机制新试点的主要任务是解决“豆农一盘散沙，企业孤军奋战”问题。试点的基本做法是组织建立豆农专业合作社，规范化种植，采用专用大豆品种，由合作社集中批量采购生产资料，由合作社与大豆加工企业签订联合销售合同，以市场价为基础按照大豆品质，优质优价销售，鼓励豆农和加工企业共创品牌，共享收益，从增效中形成利益共同体。例如，黑龙江省克东县与飞鹤企业开展机制创新试点，已经取得初步成效，从提高农民组织化程度入手，在县农委的指导下，98个大豆专业村组建了124个大豆专业合作社，按照飞鹤加工企业的要求统一组织购买高油或高蛋白良种，统一批量购买化肥农药，节约了生产成本，采用大机械作业，减轻了劳动强度，规范了栽培技术，为增产增收打好了基础。

大豆产业发展机制创新是一项复杂的群众工作，也是构建现代大豆产业体系的探索，在实践中不断的总结经验，不断提高，从目前看，体制机制创新可能是振兴我国大豆产业的一条路子。

四、振兴大豆产业的途径

随着我国人民生活水平的提高，对高品质植物蛋白的需求越来越多，畜牧业发展对饲料的需求也越来越大，大豆已成为不可替代的战略性保障物资。没有发达的大豆产业，就没有发达的现代畜牧业和食品工业，我国的粮油安全、畜牧业安全、广大豆农收入和大豆加工企业就会受制于人。然而，多年来，大豆进口量迅猛增长，已影响了我国大豆产业的发展，国内豆农利益受到严重损害，国内大豆加工企业大量破产，已引起社会广泛关注。

（一）大豆产业呈现新特点

近年来，我国大豆产业呈现出新的特点，面临着严峻的形势：

1. 在大豆生产方面，消费量快速增长，生产量停滞徘徊。从食品消费结构来看，我国从温饱到小康发展阶段，最明显的变化是对肉、蛋、奶等蛋白质食品、植物油的消费呈快速增长趋势。一般来说，大豆中油脂含量在20%左右、蛋白质含量高达40%以上；在饲料业中，大豆粕和玉米一样，是饲料粮的主要构成。大豆在食品营养和畜牧业中有着特殊的重要地位。10多年来，我国大豆需求快速增长，1996年我国已成为大豆净进口国，2000年我国成为世界大豆进口第一大国，2008年与1996年相比，大豆进口量增加34倍，2009年我国大豆总需求量高达5 463万吨，而国内只能满足1 500万吨左右，有4 000万吨左右的缺口依赖进口。面对大豆需求的快速增长，我国大豆生产并没有得到发展的动力，消费并没有促进生产，相反，我国大豆产业却处于严重萎缩。

在生产方面，我国大豆产业面临的主要问题是农户土地规模过小，大豆种植户平均每户只有1～2亩，难有规模效益。即使土地资源丰富的黑龙江省，专业农户的规模也只有150亩左右。相比之下，美国、巴西和阿根廷大豆农场生产规模都远远超过我国。以美国为例，1978 年大豆农户的种植规模为1 701亩，1992 年扩大为2 220亩；巴西农场的规模大多超过15 000亩。种植规模的扩大，使美国、巴西的农场主获得规模效益，大豆种植成本大大低于我国。按种植成本比较，我国因大豆种植规模小，机械化和标准化程度低，成本比美国高出30%以上。

2. 在大豆国际贸易方面，过度依赖进口，严重危及粮食安全。我国是大豆种植的发源地，1996 年之前，我国一直是大豆净出口国，但随着我国人民生活水平的不断提高，国内对大豆及其产品的消费需求呈现持续增长的态势。1996 年，我国首次从大豆净出口国变成大豆净进口国，而且进口量不断创历史新高，2000 年进口1 024万吨，2003 年进口2 074万吨，2007 年进口3 082万吨，2008 年达到3 744万吨，2009 年大豆进口在4 000万吨以上。目前，我国大豆进口量占全球大豆贸易量近 50%，已成为世界第一进口大国，对国际大豆市场依赖度已超过 80%。大豆产业是一个产业链很长的产业，涉及了生产、油脂加工、食品加工、养殖业、医药、化纤等多个行业。由于目前大豆消费对国际市场过高的依赖度，再加上我们没有价格话语权，必然对我国大豆产业构成严重威胁。当我国无法从国际市场采购大豆时，必将有一连串的行业受到影响，加工企业停工，养殖业萧条的局面将随时可能出现。

3. 在大豆加工方面，跨国粮商高度垄断，国内加工企业面临诸多困境。

（1）加工国产大豆成本高无利可图，加工企业普遍不愿意使用国产大豆。一是用贷款收购国产大豆，一年的资金周转只有两次，贷款的利息每吨需要70元。如果使用进口大豆，可以利用国际信用证运作，可使资金周转8～10次，贷款利息每吨只有20元，二者有50元的差距。二是内资企业收购千家万户农民的大豆，要承担收购的短途运费、包装费以及二次倒运的费用，还有房屋、场地、设备等费用，每吨国产大豆的成本高达75元。而在沿海进口1吨大豆的成本只有25元左右，这是第二个50元的差距。三是东北、华北是大豆的主产区，而大豆加工企业却集中在东南沿海，东北大豆运到沿海的运输成本需70元/吨。如果进口大豆在沿海加工则不需要付出这70元的成本。这三项成本加在一起，在沿海加工国产大豆要比加工进口大豆每吨多付出170元。因此，使用国产大豆的内资企业无法与跨国公司进行平等竞争。谁加工国产大豆多，谁就亏损多。因此，不仅大豆主产区豆农销售难，而且我国大豆加工企业因原料问题，常常生产陷入困境。

（2）进口大豆没有定价权，国内加工企业普遍亏损。2004年进口大豆及其制品总量超过2 543万吨，其中大豆超过2 320万吨。虽然我国是最大进口国，按一般贸易规则，当一种产品供过于求，最大消费者或进口商有权定价，但中国在世界大豆贸易中没有定价权，花高价进口大豆，导致2004年下半年到2005年上半年全行业亏损。主要原因，一是美国垄断世界大豆贸易，巴西和阿根廷的许多大豆贸易公司相当部分都有美国资本。二是我国压榨能力过剩，由于体制不顺，企业进口不能形成合力，与贸易商单独谈判，相互竞价，争夺原料。

（3）跨国粮商垄断大豆油脂加工业，我国大豆加工业已陷入“南美化”困境。2004 年以来，跨国粮商通过操纵期货市场等手段，致使国内依靠进口大豆的加工企业损失惨重，收购、兼并我国沿海 23 家主要大豆加工企业。目前，五大垄断跨国粮商，已经垄断了全球 80%以上的大豆贸易，在 97 家国内大型油脂加工企业中有 64 家为跨国粮商独资或持有股份，实际跨国粮商加工大豆数量已占我国加工总量的 80%以上，控制了 85%的小包装食用油市场份额，油脂加工能力占我国植物油总产能的 2/3。跨国粮商在大豆进口时间、数量和价格上拥有绝对的话语权。我国中小企业由于成本增加，利润下降，经营更加困难。

4. 在大豆市场价格方面，受制于国际粮商垄断，政府调控影响有限。随着进口大豆数量的激增，国际粮商垄断国际和国内市场，导致国内大豆市场价格难以抵御，2010 年国产大豆比进口大豆价格高，出现了“市场不认可、企业不收购、国家储不下、农民卖豆难”等问题，严重影响豆农的收入和生计，大豆主产区加工企业一度停工停产。近 10 个月来，进口大豆到岸分销价格始终被控制在3 100元/吨左右，比我国主产区大豆价格平均低 500 元/吨。受进口大豆的冲击，2008 年国内新豆上市价格跌落到2 900元/吨左右。国家及时出台临时收储政策，对稳定国内大豆价格、稳定豆农收益、稳定播种面积起到了一定作用。但是，由于缺乏配套措施，在国内外巨大差价的影响下，最终未能达到预期目的。突出表现：一是提升价格的效果有限，2010 年 1—3 月大豆价格同比下降了 11.8%；二是国家不得不承担高额的仓储费；三是造成大豆产业链断裂，空出的市场使进口大豆数量激增，外资油脂企业利润暴增，产区企业严重萎缩。

目前大豆产业面临的严峻形势，绝不只是简单的供求关系问题，而是包含产业政策、企业体制与发展机制、贸易战略等复杂因素。在国内大豆需求急剧增长时，我国大豆生产却出现了滑坡；在国内大豆加工能力严重过剩时，国外资本却蜂拥而入；在国际市场豆油价格不断攀升时，国内大豆价格却一直低迷；在多数国家对转基因农产品严格管制时，我国却成了世界最大的转基因大豆进口国。这些矛盾现象都值得我们深思与研究。

（二）振兴我国大豆产业的根本出路在于创新“四化”建设

我国大豆产业面临的困境，原因是多方面的，有国际因素，也有国内因素；有宏观政策问题，也有产业自身的问题。具体分析，问题不在家庭经营本身，而在于农户之间缺乏协作与联合；问题不在大豆加工企业追求利润，而在于企业与企业、企业与农户缺乏利益共享、风险共担的运行机制。实践表明，只有创新组织化、特色化、产业化和科技化建设，才能不断挖掘大豆生产潜力，提高我国大豆产业竞争力。

1. 组织化。遵循农民自愿、依法和有偿的原则，引导农民走向合作经营的路子。试点表明，大豆专业合作社是豆农提高产量，增加收入的重要载体。它不仅能够降低生产成本，通过统一销售提高价格，而且能够实施规模化、专业化、标准化生产，提高大豆科技含量，增强产品竞争力。合作社的服务主要体现三个方面：

（1）按照加工企业对大豆品质的要求，帮助社员选择、购置大豆品种，组织社员与加工企业签订专用大豆销售合同。合作社选购良种，组织社员统一播种，入社豆农的大豆生产质量和效益都得到普遍提高。混装大豆一般油脂含量是18%、蛋白质含量是38%。合作社的高油大豆油脂含量为21%，高于混装大豆3个百分点，价格每斤提高0.18元；合作社高蛋白大豆蛋白质含量为42%，高于混装大豆4个百分点，价格每斤提高0.4元。

（2）合作社组织社员批量购买生产资料，可节约生产费用15%～20%。据内蒙古自治区扎兰屯6个大豆专业合作社统计，合作社批量购买尿素、二胺，比单家独户农民购买分别节省费用18.2%、11.1%。黑龙江省克东县宝泉镇护路村合作社，2009年统一为社员购买良种、复合肥、柴油等，平均每亩节约费用8元。

（3）合作社组织大型农机作业配套服务，机械作业费用明显降低。合作社大面积作业服务比农户独家作业，喷药每亩节省1元，趟地三遍共节省9.9元，播种节省3.3元，收获节省5元，喷药、趟地、播种、收获四项作业费合计每亩节约19.2元，比单家独户作业费降低47%。

2. 特色化。我国大豆产业的发展，只有扬长避短，走特色发展道路，才能摆脱困境。进口大豆有成本低、含油量高和数量大的优势；我国大豆的优势在于适宜加工食用豆制品、大豆种植具有良好的生态条件以及高蛋白和非转基因产品等，我们应利用这一优势，按照国际成功的经验和管理体系，建立我国大豆产地标识体系。如东北的高油大豆、黄淮海的高蛋白大豆和南方的菜用大豆以及各种专用大豆等（小粒黄豆、青豆、无腥豆等），都应推行产地标识，充分发挥区域优势。在有条件的地区提倡种植有机大豆，通过有关机构认证，大打“非转基因”、“有机”牌子。食用大豆有广阔的消费市场和良好声誉，在日本、东南亚各国和欧洲国家等有很大的市场潜力。在保证满足本国市场需求的情况下，打造中国食用大豆特色知名品牌，形成低价油用大豆进口，高价食用大豆出口，“进出口并重”的局面。

3. 科技化。大量事实表明，农业科技进步在大豆增产中起到了关键作用。正如中央领导指出，今后“加强经济发展方式由主要依靠物质资源消耗，向依靠科技进步和人才资源开发转变”。这就为振兴我国大豆产业指出了方向。据专家研究表明，我国粮食增产，就增产要素作用来说，品种和栽培技术起到主要作用，这两个要素对粮食增产贡献率为68.2%，大豆增产也是如此。目前，由于大豆新品种推广滞后，品种混杂、栽培技术老化，新技术措施不配套等，致使我国大豆单产长期徘徊在120千克左右。我国大豆增产潜力是很大的，已有一些地区的品种单产和含油率已达到或超过世界先进国家水平。如黑龙江省农垦系统，种植大豆1 000多万亩，2002—2007年年均亩产达168.7千克，其高产区可达194.3千克。而美国2008年平均亩产170千克，世界大豆亩均161.3千克。我国大豆有些品种亩产已达300～400千克。如“中黄35”，亩产为311.8千克，“金张掖”亩产为436.8千克。有些新的栽培技术比常规栽培技术增产10%～30%，如“三垄”栽培技术可增产10%，窄行密植技术可增产20%，行间覆膜技术可增产 30%以上。这些增产潜力，只要解决好科技体制、机制问题，很快就会变成现实生产力。

4. 产业化。实践表明，大豆专业合作社与加工企业形成产加销一体化，实施产业化经营，是农民和企业取得双赢的最好形式。合作社与加工企业，从衔接产销入手，以专业化生产，共同增值，共享收益为核心，形成利益共同体。以黑龙江省克东县为例，县政府组织大豆专业合作社与加工企业签订种植合同，实行订单生产。合作社按照企业要求，种植高蛋白和高油品种，实行统一良种、统一种植，油脂含量可增加 3 个百分点，蛋白质含量增加 4 个百分点。企业加工高油和高蛋白品种的大豆每吨分别增加净利润 360 元、800 元。根据合作社与企业签订的合同，加工企业以国储大豆价格为底价，按油脂和蛋白质含量加价的原则，在油脂和蛋白质增值部分，各按 50%分配，豆农与企业每吨油脂和蛋白质分别增收 180 元和 400 元，豆农与企业真正形成利益共同体。遵循以市场为基础，以优质优价为原则，合作社和加工企业建立互惠互利的合作关系，使豆农能够稳定增收，企业稳定增效。据专家预测，合作社与专用产品加工企业形成产业化经营，通过统一采购生产资料，采用新品种和配套栽培技术以及实行专用品种种植等豆农可节本增收 30%以上。企业建立了稳定的生产基地和优质原料来源，提高了产品质量，使合作社和加工企业共创品牌，共享收益。

（三）政策措施

面对我国大豆产业严峻的形势，政策的导向和支持作用尤为重要。为此，提出以下政策措施：

1. 大力推进大豆产业发展机制创新工作，加强大豆产业社会化服务体系建设。大豆产业发展创新试点工作开展一年多来，取得了显著效果。实践证明，机制创新是振兴中国大豆产业的一条新路子。国家发展和改革委员会、财政部和有关部门对大豆产业发展机制创新工作应给予扶持，把试点县合作社专用大豆收储、运输的设施列入粮食物流建设项目，支持大豆质量可追溯体系建设，建立我国"非转基因大豆种质资源保护区"，把食品专用大豆纳入"农超对接"计划等。

2. 完善我国大豆产业扶持政策。国家将扶持三大粮食作物的政策延伸到大豆。增加大豆主产区豆农贴息贷款额度，按大豆的生产销售年度，调整贷款还款期限。制订支持粮食部门收购国产大豆政策和企业利用国产大豆优惠政策等。建立内资企业联合采购制度，增加内资企业在国际市场大豆定价话语权。探索制定压榨企业配比使用国产大豆制度，学习泰国"每进口一吨大豆必须认购一吨国产大豆"等措施，通过一些政策，鼓励企业按一定比例使用国产大豆。

3. 加大科研投入，解决大豆产业发展的关键问题。制订我国大豆科技中长期发展规划，加大投入，组织力量集中攻关。重点建立并完善我国大豆育种研究体系，鼓励发展具有自主育种体系的种子公司。加强大豆超高产品种选育、配套技术及其应用效果的研究，培育出超高产大豆新品种。加快大豆新品种、新技术推广，进一步提高优质大豆单产。

4. 建立东北"非转基因大豆保护区"。目前，我国生产的非转基因大豆，在欧洲、日本、韩国等市场得到广泛欢迎，一般非转基因大豆价格比转基因大豆高出20%~25%，我国非转基因大豆的品牌效应和价格优势在国际市场上逐步形成。国家在黑龙江、吉林、辽宁和内蒙古等地区建立非转基因大豆保护区，严禁转基因大豆进入保护区，加强生产基地建设，以确保国产大豆的竞争优势。

五、我国种业发展的展望

我国粮食总产量已经实现了“七连增”，2010年已达到历史最高水平，农业综合生产能力不断增强，农作物产量和质量水平不断提高，种业的发展、种子改良和良种推广，发挥了重要作用，可以说，中国农业发展史也是一部种子改良史。

（一）十年来我国种业发展的成就

种子产业在我国发展时间较短，直到20世纪90年代后期，种子才从指令性生产经营开始进行商业化改革，步入产业化发展的轨道。“九五”启动了种子工程、1999年和2000年相继实施《植物新品种保护条例》和《中华人民共和国种子法》。加入WTO后，对我国种业提出了新的要求，使我国种业在10多年间发生了深刻的变化，进入了一个崭新的历史发展时期，取得了显著成就。具体有以下四点：

1. 法律法规框架已经建立，种业发展纳入法制化轨道。七届全国人大常委会通过了《中华人民共和国进出境动植物检疫法》；九届全国人大常委会通过了《中华人民共和国种子法》（以下简称《种子法》）。国务院先后出台了《植物检疫条例》、

《植物新品种保护条例》和《农业转基因生物安全管理条例》。《种子法》出台后，中央与地方相继制定了一系列的配套法规、规章。目前，以《种子法》为核心，种子产业已经形成了种质资源保护、品种审定、新品种保护、种子生产经营许可、种子标签真实性和转基因植物品种安全评价六大基本制度，为种子产业健康发展提供了强有力保障。2006 年 5 月，国务院办公厅下发了《关于推进种子管理体制改革加强市场监管的意见》(以下简称《意见》)，成为当前和今后一段时期指导种子产业发展的一部纲领性文件。

2. 市场主体实现了多元化，竞争态势已经形成。目前，全国共有持证种子经营企业7 300多家，种子零售商近 18 万家。其中，种子育繁销一体化、经营区域覆盖全国的企业有 100 多家，具有种子进出口权的企业 70 多家。各类股份制企业以及民营企业正成为中国种子市场的主力军。种子市场主体多元化和全国统一大市场的形成，对种业的竞争和发展起到了促进作用。同时，由于品种权保护力度的加大，促进了企业在研发上的投入，有些种子企业研发投入占销售额比例超过了 5%，个别已达 8%～10%，种业科技创新不断加强，企业自有品种不断增加，品种已经成为企业核心竞争力的重要组成部分。

3. 基础设施得到加强，种子生产能力显著提升。通过种子工程项目的支持，“九五”以来建成一批种质资源库（圃）、国家农作物改良中心和分中心、区域试验站、种子质量检测中心和分中心、国家救灾备荒种子储备库、种子加工中心等，为种子产业的发展奠定了良好的物质基础，有力地增强了粮食综合生产能力、确保了农业生产安全，在发展现代农业、建设社会主义新农村中发挥了积极作用。

4. 管理方式发生转变，监管与服务实现统一。随着政府职能的调整和种子管理体制改革的推进，种子市场监管得到加强，政府对种子管理的方式发生了新的转变，形成了监管和服务并重的管理模式。政府公共服务职能逐步加强。如通过开展主要农作物优良新品种示范和争优创高产活动，推广优良新品种和良种良法配套技术，开辟品种信息在政府和农民之间的"直通车"等，这些充分发挥了良种在增产增收中的重要作用。

（二）种业发展面临的新形势和特点

当前，我国种业进入一个新的历史发展时期，既有机遇，也有挑战，新形势对种业发展提出新要求。

1. 发展现代农业和确保国家粮食安全对种子工作提出了新要求。确保国家粮食安全是发展现代农业的首要任务。在粮食连续 5 年增产基础上，要实现《国家粮食安全中长期规划纲要》中提出的"粮食自给率稳定在 95%以上，2010 年粮食综合生产能力稳定在 1 万亿斤以上，2020 年达到10 800亿斤以上"的目标，任务相当艰巨。稳定发展粮食生产，依靠扩大面积增产的潜力很有限，今后主要途径是依靠科技进步提高单产，而提高单产最有效的是加快良种推广应用。

2. 种业市场全球化对种业发展提出了新要求。随着经济全球化和我国对外开放的不断深入，种业市场逐渐国际化。我国农业生产常年用种量在 120 亿千克左右，潜在市场价值达 900 亿元，对跨国种业集团具有巨大吸引力。目前，全国共设有外商投资种子企业 70 多家，世界排名前几位的孟山都、杜邦先锋、先正达、利马格兰等跨国种业公司均在我国设立了生产经营机构。这些跨国公司拥有雄厚的资本实力和先进的研发能力，在为我国种业发展带来资金和先进技术、管理经验的同时，也对我国种业发展构成了巨大的竞争压力。例如，全球第一大种子企业 2006 年经营额 40 多亿美元，我国最大的种子企业年经营额只有 5 亿元。跨国企业每年投入科研育种经费是其销售额的 10%左右，而我国种子企业不足 1%。跨国种业公司从优良品种、高质量种子、先进的营销理念到完善的售后服务等诸多方面都给我国种业提出了新的挑战。因此，我国种业必须创新体制机制，培育核心竞争力，努力培植开发国际市场的能力。

3. 种子管理体制改革对种子管理工作提出了新要求。深化种子管理体制改革，实现了种子企业与农业行政主管部门彻底脱钩，种子企业自主、平等地参与市场竞争、自我发展，农业行政主管部门转变了管理方式，由对种子企业生产经营活动的微观干预，向对种子市场依法监管和产业宏观指导转变，农业行政主管部门与企业之间形成了一种全新的关系，种业发展进入了一个新阶段。与此同时，由于农业生产对种子需求无论在数量、质量或种类上都有较快的增长，而种子生产经营要受到自然和市场因素的双重约束，在新形势下，既要确保农业生产用种需求，又要保障企业自主经营，这对农业部门依法管理种子和科学调控种子供求提出了更高的要求，需要各级种子管理机构调整工作思路，创新工作方法，增强调控手段，更多的是通过法律的、政策的和经济的手段，搞好种子管理工作。

我国种业发展特点突出表现在以下四个方面：

第一，产业化进程加快。新品种保护制度已经建立，种业技术市场已经形成，民营资本和社会资本大量进入种子行业，我国种业的商业化进程已经不可逆转，特别是在杂交种子、转基因种子等领域。突出表现：一是在研发创新领域，企业的研发投入在增加，自主研发能力在增强，品种的商业化运作已经实现；二是在种子生产经营领域，随着向市场经济转轨，种子生产经营已经从体现政府行为的公益事业转变为商业行为；三是在种子市场领域，统一市场已经形成，有力地推动了种业竞争，在提高种子质量、扩大农民选择质优价廉品种的范围、繁荣种业市场等方面发挥了巨大作用。

第二，市值快速增加。随着种子商品化程度的提高，我国种业市场在快速升值，已从2000年的250亿元增加到目前的500多亿元。其中，玉米、稻谷、蔬菜是中国种子市场的主要组成部分，约占市场总容量的70%。其中，玉米、水稻、转基因棉花、蔬菜、瓜类、花卉种子是中国种子市场的主要组成部分，约占市场总量的80%。据专家分析，中国种业市场潜在价值约为900亿元。目前，中国农作物种子常年用量约120亿千克，其中，杂交玉米、杂交水稻、蔬菜、转基因棉花种子商品供种率基本达到100%，常规农作物的商品种子供种率也有大幅度提高。

第三，产业集中度不断提高。我国种业企业“多、小、散”的现状仍然存在，但从近10年发展历程和未来发展趋势看，产业集中仍是我国种业发展的突出特点。2001年在全国范围内有经营资格的育繁推一体化企业只有12家，2003年达到69家，2006年达到97家，2010年接近100家。近年来，大企业的核心竞争力在不断提升。从中国种业50强企业的经营额来看，2000年为30亿元左右，2004年为70亿元左右，2006年接近100亿元，现在骨干企业54家已达到128亿元。从这些企业的市场占有率来看，2000年超过10%，2004年28%左右，2006年占到水稻、玉米种子市场份额的50%以上，现在占到水稻、玉米种子市场份额的60%以上。目前，前10家大型种子企业的市场占有率接近全国市场份额的25%。

第四，外资进入步伐加快。我国土地租赁价格低廉，劳动力资源丰富，对外资种业具有巨大的吸引力。美国先锋公司于1994年率先在北京开设了办事处，10多年里，各大跨国种子公司相继在我国设立办事处、研发机构，一些已经组建了独资或合资公司。

（三）我国种业发展的三大任务

面对新形势新要求，推动我国种业发展，做好新时期种子工作，必须认真贯彻党的十七大和十七届三中全会精神，深入贯彻落实科学发展观，把促进种业持续健康发展作为战略目标，坚持促进市场开放、保障企业自主生产经营和加强政府宏观指导的方针，创新管理机制，强化措施落实，维护好种子生产者、经营者和消费者的合法权益，努力完成好新时期种业发展的三大任务。

1. 确保农业生产用种安全。包括数量安全、质量安全和品种安全。数量安全就是确保农业生产用种数量充足、品种对路、结构合理；质量安全就是确保种子内在品质优良；品种安全就是确保品种优质、高产、抗逆性强，无生产风险。到2015年，力争良种覆盖率稳定在95%以上，杂交作物种子商品率稳定在100%，常规种子商品率提高到60%以上，种子科技贡献率超过50%，逐步形成数量充足、质量优良、供求平衡的种子供应新局面。

2. 切实提高种业竞争力。围绕企业做强做大，重点扶持企业增强科技创新能力，大力培育优良品种；加强良种繁育体系建设，推动企业建立稳定的种子生产基地；扶持企业改善和提高技术装备水平，增强种子加工处理和综合生产能力。逐步培育若干具有核心竞争力的大型种子企业，以及一批专业化程度高的中、小种子企业，形成大中小相结合、生产经营业务相互补充、相互配套的种子市场主体新格局。

3. 实现有效监管市场。按照《种子法》和国务院办公厅《意见》要求，以市场准入、品种管理、质量管理为重点，规范品种选育和种子生产、经营、使用行为。加强对种子生产经营企业的监督检查，引导行业自律和改善服务，培植守法经营、诚实守信的企业主体。加强对生产上使用品种的跟踪评估，加强对种子质量的监督抽查，确保品种使用安全和种子质量优良。打破地区封锁和行业垄断，形成统一开放、公平公正、竞争有序的种子市场新秩序。

（四）我国种业发展存在的突出问题

尽管我国种业在近年来取得长足发展，但由于起步晚、产业化时间短，加上管理体制和运行机制还不完善，产业发展还不能满足农业生产发展的需要，仍面临严峻挑战。

1. 管理不到位。种子管理存在职责定位不清、多头管理、职能交叉等问题，造成管理缺位、越位、不到位，影响种子管理的权威性和执法效率。在种子管理机构中，经费不足、队伍不稳、手段缺乏等问题，导致监管不力，一些地方种子市场还不规范，假劣种子时有发生，对农业生产造成的安全隐患不可低估。

2. 研发能力不足。现阶段国家对新品种的研发投入较少，而且分散。对于一些已经具备了商业化育种基本条件的农作物，大多数企业的研发投入占销售额的比例仅为2%～3%，只有个别企业达到8%～10%。从基础研究看，对于面向社会的公益性基础研究，如种质资源的挖掘利用严重滞后，科研追求“短、平、快”项目。从应用研究看，由于投入少和育种资源分散导致技术创新很难形成，科研上缺乏统一布局和资源的有效整合，育种项目多在低水平重复；项目缺乏明确目标，脱离生产实际需要；育繁推相互脱节，科研成果转化效率低。

3. 企业竞争力不强。从总体上看，种子企业“多、小、散”，开发新品种和承担市场风险的能力普遍脆弱，不正当竞争问题突出。种子企业在资源、资金、人才、技术等方面的积累很有限，现阶段主要通过从科研机构购买品种权或依托科研机构的产品从事经营活动，这种状况在短期内还很难改观，导致企业的国际竞争力不强。2006年，前10大企业的销售总额只有48亿元，仅相当于全球10强种子企业销售额的6%，只相当于孟山都一家销售额的22%。

4. 行业组织不健全。我国种业行业组织大多挂靠在公共机构中，许多没有专职工作人员，没有独立完善的运行机制，缺乏强大的凝聚力。

（五）我国种业发展趋势与展望

全面实现小康社会的发展目标，要以国家粮食安全为前提。提高粮食综合生产能力，创新和推广良种是重要的途径之一。在现有条件下，我国粮食单产仍有较大潜力，种子对农业发展的贡献率仍然有很大空间。随着我国种子产业市场化进程的不断加快，种子产业的竞争将更加激烈。为了加快中国种业发展，当前重点要抓好以下10项具体工作。

1. 深化种子管理体制改革，全面完成政企脱钩任务。针对种子管理体制改革的一些遗留问题和后续工作，各地要进一步增强责任感和主动性，坚持改革方向不动摇，目标任务不改变，标准不降低，要克服畏难情绪，制订倒计时工作方案，采取切实有效措施，加大工作力度，保质保量完成任务。一是农业部门要主动和政府有关部门沟通，对少数未脱钩企业，根据实际情况尽快提出解决方案，采取有力措施，尽早完成脱钩任务，农业部种植业管理司将配合做好有关工作。二是要继续争取政策和支持，解决好脱钩企业人员安置等善后问题。国务院办公厅《意见》政策性强、内涵丰富，是争取有关部门支持的依据，各地要用足用好相关政策，妥善解决人员安置问题。三是对已停止生产经营活动、尚未彻底完成脱钩任务的企业，不得以任何形式重新从事种子生产经营活动，农业部门不得以任何理由重新核发生产经营许可证，农业部门工作人员不得以任何方式参与或从事种子生产经营活动，严防脱钩反弹。

2. 加强机制创新，提高企业竞争力。目前，我国种子产业还处在发展初期，企业小、散、弱，专业化程度不高，竞争力不强，还不能适应现代农业发展的需要。做强做大企业、提高竞争力：一要加强分类指导。支持大型龙头企业向育繁推一体化、专业化、集团化和国际化方向发展；引导企业向育种公司、制种公司和种子加工公司等专业化方向发展；指导企业参与国际贸易，实施"走出去"战略，鼓励种子出口；鼓励部分企业抓好常规作物和小宗作物种子的商品开发，突出特色，小产品做成大产业。对于一些控制着生产要素和优质资产，但目前经营困难的中小企业，发挥市场配置资源的作用，加强引导，通过兼并重组，盘活存量资产，使其成为大型企业的分支机构和销售网点。二要促进科研与企业合作。吉农高新技术发展有限公司与吉林省农业科学院玉米研究所合作，公司提供科研经费，玉米研究所选育品种供公司开发，实现了双赢。这种做法有利于形成育繁推一体化的机制，有利于做强做大种子企业，值得各地总结推广。

3. 加强品种管理，降低品种使用风险。目前品种管理存在着审定把关不严、品种描述不规范、生产用种多乱杂等突出问题。如近两年稻瘟病大发生，黑龙江、四川、福建均出现由于个别品种不抗病造成大面积绝收，给农业生产和农民收入造成严重损失，甚至有些地方发生影响农村社会稳定的群体事件。各级农业部门要加强责任意识和风险意识，切实加强品种管理工作。一要严把品种审定关。严格审定标准，完善相关制度，提高审定品种水平，尤其是国家审定要出精品，要审定一批有突破性的品种。尤其要强化适应性和抗逆性测定，客观评价，科学划定推广区域，对于缺陷明显且通过栽培、植保等技术手段无法克服和解决的品种，一律不予审定通过；对审定通过的品种，发布公告时对品种缺陷要准确表述，提出防范措施。二要继续完善品种退出机制。各省按照农业部《主要农作物品种审定办法》的规定，制定工作规范，完善退出程序，进一步加大退出工作力度。对于缺陷明显且通过栽培、植保等技术手段无法克服和解决的品种，要坚决退出。三要建立推广品种风险评估机制。加强对推广品种的风险评估和监控，重点加强品种的适应性和抗逆性的跟踪，把品种风险降到最低，最大限度减少生产损失。四要规范品种名称。农业部正在制定《品种命名规定》，总的原则是要符合新品种保护条例的有关规定，坚持“唯一”和“优先”原则，一个品种只能有一个名称，审定通过的品种名称在生产经营推广时不得更改。

4. 加强市场监管，确保生产用种安全。种子市场监管是《种子法》赋予农业行政主管部门的重要职责。《种子法》实施以来，通过各级农业行政主管部门的努力，种子质量大幅提高，市场秩序得到明显改善，但假劣种子坑农事件仍时有发生。当前新形势下，在抓好日常监管的同时，重点做好以下几项工作：一要严格市场主体准入。各地要按照《种子法》和《农作物种子生产经营许可证管理办法》的有关规定，细化核发标准和程序，完善资料审查、实地考察机制，建立健全专家审查和集体合议制度，严格按照标准和条件核发许可证；要加强对持证企业的跟踪检查，及时掌握企业的生产经营情况和条件变化，对已不符合条件的要依法注销许可证。二要加大种子质量监督抽查和市场专项检查力度。各地要根据生产实际，把本地重要农作物种子纳入抽查范围；加大抽检频率，特别是在春、秋市场销售旺季，不定期对市场销售种子进行监督；扩展检查内容，把商品种子包装、标签、品种说明和生产经营档案等纳入监督抽查和检查范畴；扩大抽查市场和企业，延伸到种子营销的各个环节，覆盖到中、小企业和零售商。三要加强种子执法。各级农业行政主管部门要提高认识，统一思想，协调好种子管理机构和综合执法机构的关系，做到合理分工、密切配合、形成合力。按照《国务院办公厅关于推进种子管理体制改革加强市场监管的意见》精神，种子管理机构承担种子行政许可、行政处罚和行政管理职责。农业综合执法重点在县级，主要承担行政处罚职责。

5. 加强“种子工程”建设，夯实种业保障能力。“九五”实施种子工程以来，我国种业基础设施显著增强，种子监管技术支撑体系逐步完善，种子综合生产能力明显提高。但与现代种业发展的要求相比还存在一定差距，项目建设存在覆盖面不足、布局不合理、投资规模偏小、管理不到位等问题。各级农业部门要高度重视项目的规划、建设和管理工作。一要制定种子产业发展规划。按照现代农业发展的要求，结合粮食中长期发展规划，抓紧制定到2020年的种子产业发展规划及新一期种子工程建设规划。要搞好调研，认真分析种业发展面临的形势，深入研究种业发展中存在的问题，提出种业发展目标、方向、主要任务，明确种业发展重点、优先领域以及保障措施。党的十七届三中全会确定三年内健全三大体系，要抓住机遇，搞好规划，争取把种子体系纳入进去，这件事要抓紧做。二要谋划大项目。抓住当前国家扩大内需的有利时机，紧紧围绕提高种业竞争力这个核心，突出基础性、公益性的关键环节，调整项目建设思路和投资重点，科学设计建设项目。同时，采取有力措施，吸引更多社会资金投向种业。三要加强项目管理。对已建项目，加强管护，切实发挥好项目效益；对在建项目，加强指导和监理，加快建设进度，尽早发挥作用。

6. 加强信息管理，提高宏观指导能力。种子信息服务体系是搞好种子工作的三大技术支撑体系之一。《种子法》实施以来，种子市场主体实现了多元化，种业信息更加丰富，种子企业自主安排生产、经营，农业行政主管部门对种子信息的统计也更加困难，有的企业不认真填报相关报表，有的企业不客观真实地反馈相关情况，有的管理机构对信息统计工作重视不够，加之缺乏有效的措施和手段，使一些基本信息数据把握不准或不及时，农业生产对信息要求的广度和深度也发生了重大变化，种子信息现状已不能满足政府宏观调控的要求。各地要提高认识，把种业信息管理作为一项重要工作来抓。一要扩展信息调度内容。由“两杂”（杂交玉米、杂交水稻）种子信息向所有重要农作物种子信息扩展，由生产信息为主向供求信息扩展，由数量、价格信息向质量、结构信息扩展，由单一种子信息向品种、监管、生产经营主体等综合信息扩展。二要拓宽信息采集渠道。在种子管理部门统计的基础上，增加大中型企业及市场网点的信息调查，做到点面结合。三要完善信息调度机制，制订工作规范，加强信息分析，实行信息定期上报和发布制度，畅通信息渠道，实现资源共享。四要落实责任制。指派专人负责，落实工作经费，强化素质培训，增强信息调度的准确性和时效性。

7. 加强外资利用监管，确保种业安全。《中共中央关于推进农村改革发展若干重大问题的决定》指出，要健全符合WTO规则的外商经营农产品和农业生产资料准入制度，建立外资并购境内涉农企业安全审查机制。《反垄断法》也规定了外商并购境内企业的反垄断审查和国家安全审查制度。农业部就外资企业对我国种业的影响进行了专题研究，并根据有关规定和种子产业发展需要修订《关于设立外商投资农作物种子企业审批和登记管理规定》（农农发［1997］9号），进一步完善有关管理制度。在新规定出台之前，各地要严格执行《关于设立外商投资农作物种子企业审批和登记管理规定》，认真履行外资立项审查职责，要站在全局的高度，坚守国家利益，全面分析引入外资的利弊，对拟设立的粮棉油种子外资企业进行严格审核，对其他种子外资企业提出审查意见。要加强对外商投资种子产业的监管，对本辖区内已有外资企业的生产经营情况进行跟踪，及时关注外商投资动向，提高外资利用水平，确保种业安全。

8. 加强贮备管理，增强抵御风险能力。种子贮备是抵御自然灾害，保障农业生产安全的重要措施。自1989年国家建立种子贮备制度以来，农业部每年安排国家贮备种子5 000万千克，对灾区恢复生产、降低灾害损失发挥了重要作用。在新形势下，种子贮备功能进一步加强，任务更加繁重，既要承担传统的救灾备荒任务，还要发挥调控市场的功能。各地要按照《种子法》的要求，认真做好种子贮备工作。要完善贮备体系，在国家贮备基础上，各地要积极争取当地财政支持，健全省级贮备，指导市县级贮备，鼓励企业保有一定量的库存，逐步建立中央贮备与地方贮备相结合、政府贮备与企业库存相结合的种子贮备体系。要明确责任，加强监管，确保贮备品种、数量和质量“三落实”。要优化贮备布局和品种结构，科学确定贮备作物种类、品种和数量。要加强贮备种子的检查和质量监督，加强对调用种子使用情况的跟踪，确保贮备种子安全。农业部将会同有关部门抓紧制订种子贮备管理办法，完善贮备配套政策，改进管理方式，使贮备种子真正“贮得住、调得出、用得上、不出问题”。

9. 加强良种补贴管理，确保惠农政策落到实处。良种补贴是一项重要的强农惠农政策，要确保落实到位。自 2002 年实施以来，补贴作物已由最初的大豆扩展到水稻、小麦、玉米、大豆、棉花、油菜六大农作物，补贴资金由 1 亿元增加到 2008 年的 121.63 亿元，补贴面积由1 000万亩扩大到 2008 年的 10.13 亿亩，补贴区域由东北大豆主产区扩展到全国主要粮棉油产区。实施良种补贴，促进了优质高产品种的推广，提高了粮棉油产量，改善了产品品质，为保障国家粮食安全、增加农民收入作出了重要贡献。十七届三中全会决议提出，要进一步健全农业补贴制度，扩大范围，提高标准，完善办法。2009 年水稻、小麦、玉米、油菜、东北区大豆良种补贴实行全覆盖后，对优良品种种子的数量、质量及服务提出了更高要求，各级农业行政主管部门要根据本地实际，制订切实可行的操作方案，既要保证国家惠农政策的落实，也要保证推广良种目标的实现。要加强良种补贴种子数量的调剂，确保补贴任务落实。要加强良种补贴种子质量监督检查，项目县要全面检查，省级抽查不得少于 10%，确保农业生产安全。要加强技术指导和培训，做到良种良法配套，充分发挥良种的增产作用。

10. 加强进出口种子监管，维护国际贸易秩序。《种子法》明确了进出口种子审批制度，要求审查企业资质，检查种子质量，隔离种植检疫，这些制度和做法必须严格执行。各省农业行政主管部门要把种子进出口管理作为一件大事，明确专人负责，严格审查进出口资质条件，对不符合要求的不予报批。进口的商品种子必须经过试种，进口主要农作物种子要经过品种审定。要对进口种子质量和种植情况进行跟踪，及时抽查质量、评估风险。要加强进口种子检疫，防止引进检疫性病虫害。种子企业、科研单位和个人在出口种子、对外提供种质资源过程中要有国家利益意识，严格按照国家有关规定报农业部审批，防止珍贵资源外流，特别是出口杂交水稻种子，注意保持技术优势，新组合和重要亲本种子不得出口。要加强对出口种子监管，开展种子质量检验和品种真实性检查，杜绝偷梁换柱行为。广西、云南等边贸省份要积极与海关沟通，加强对边贸出口杂交水稻种子监管，采取必要措施逐步减少边贸出口。种子协会要引导企业规范种子国际贸易，协调出口价格，避免无序竞争，坚决杜绝损害种子行业整体利益的行为发生。

要完善种子立法，没有制定地方法规的省份要加快推动立法进程。要加强对《种子法》实施情况调研，研究种子产业发展中的新情况、新问题，完善种子法律制度，适时向全国人大提出修订《种子法》建议。

六、外资并购对我国养猪业的影响

2005年以来，外资企业连续并购我国大型养猪场，引起媒体、政府和社会各界高度关注，就此下去，对我国畜牧业的发展将会造成严重影响。

（一）外资企业并购养猪场的特点

通过实地调研、座谈和企业反映，2005年以来，外资企业及其代理人在国内通过多种优厚条件进行大规模并购肉制品加工企业和养猪场。调查材料表明，外资企业首先收购的是我国生猪养殖业，尤其是大型、超大型养猪场以及肉品加工的龙头企业，在做法上具有以下特点：

1. 重点并购龙头企业。截至2008年8月，外资企业收购福建省畜禽养殖业和畜产品加工企业44家，江西省29家。外资企业收购的企业，绝大多数都是1万～5万头的种猪场、年生猪出栏量在1万～15万头的超大型养殖场、年产饲料10万～50万吨的饲料集团，均是当地生猪的龙头企业。

2005年3月，从美国高盛公司持有雨润公司13%股权开始，外资并购我国特大型肉类加工企业不断发生，2006年4月，高盛又获取双汇加工企业100%的股权，已拥有我国两大肉类加工企业；天津宝迪加工企业（年出栏量140余万头，年屠宰量400万头）也与外资接洽并购，我国三大肉类加工企业都将被外资所控制。2008年8月初，德意志银行持有上海宏博集团公司养猪场（生猪15万头）30%的股份。上述表明，外资企业并购我国肉类加工企业和养猪场的势头愈演愈烈。

2. 选择重要区域市场。近年来，外资企业并购年出栏生猪量1万头以上、能繁母猪在500头以上的超大型养殖场，多数是选择我国南方生猪养殖大省，如上海、广东、福建、广西、海南、江西，据统计，这6省、自治区、直辖市生猪出栏量占全国生猪总出栏量24%。这些地方居民收入水平较高，并有深厚的猪肉消费习惯，生猪收购价往往高出全国平均价5%以上。而且，这些省份是我国东南沿海重要的海上贸易通道，可使生猪产品大进大出。外资企业并购超大型养猪场，首先瞄准的是我国这一重要的生产和消费双重市场。据了解，为占据这一市场，美国艾格菲国际集团公司（AgFeed Industries，Inc.）在继续收购南方超大型养猪场、计划3年内年出栏生猪200万头指标的同时，还在15个省、自治区、直辖市建立饲料连锁店900家，目前正朝着"饲料万家连锁店"的方向发展。

3. 渗透整个产业链。在我国，生猪生产及销售仍具有较强的区域特点。对外资企业来说，控制主产地生猪养殖和销售的一体化，既可节约生产成本，又可整合超大型生猪养殖基地和销售网络，通过主导区域生猪市场的竞争、掌控饲料、生猪定价、猪肉加工以及营销渠道，以攫取产业链的大部分利润，还能提高与地方政府讨价还价的影响力，获取更多的政策支持。如美国艾格菲国际集团公司在福州市并购的凤翔公司，是福建省生猪活体储备的"省直控基地"，每头能繁母猪可获补贴100元，每头生猪可获30元生产补贴，同时还可获财政给予的利息补助。

值得注意的是，目前"生猪期货"已列入我国大宗商品期货交易所的推出日程。作为全球最大的猪肉生产国与消费国，如果能够掌控"生猪期货"就可以调节生猪价格走向，实现对生猪行业的纵横整合。如果大部分生猪产品被外资企业掌控，期货市场被外资操纵，那么，我国生猪产业必将沦为第二个大豆产业，生产、加工、市场和贸易受制于人。

4. 通过代理人规避制度监管。在我国新建一个养猪场尤其是超大型养猪场，不仅要与所在村集体、农户协商租赁土地，还要对猪场粪便等废弃物进行无害化处理、通过环评，从申报、协商到猪场建设完工投入运营，建设周期至少要 1 年以上。而外资企业通过租赁和收购、并购大型和超大型养猪场的方式，既能跨过建设期、直接进入生产期，又能减少土地租赁的众多环节，以最低的成本进行规模养殖，实现当年租赁当年获益。对于超大型养猪场来说，通过并购，既可获得稳定年租，又可转型投资。美国艾格菲国际集团公司是通过其在中国的全资子公司即百世腾公司规避制度监管的。他们借其民营企业身份，利用其饲料业务与养猪企业的合作关系，于 2008 年初在我国南方生猪产地开始并购超大型养猪场，通过收购规模化养殖场，实现饲料加工、生猪养殖及销售的一体化，到 9 月初收购大型养猪场已达 32 家，年出栏生猪已超过 50 万头，这些猪场分布在海南、福建、广西、江西、上海等地。

（二）外资企业大量并购养猪场造成的后果

我国猪肉消费量占肉类总消费量的 65％；每年出栏生猪 6 亿头左右，约是美国的 6 倍，仅动物饲料市场需求一项，高达 400 亿美元。2005 年以来，外资企业正在加快占据我国大城市及东南沿海地区的大型养猪场和消费市场，通过兼并上游重要企业，控制生猪生产、加工、销售和贸易整个产业链，最后掌握生猪行业的定价权，使我国丧失对生猪产品供给的控制权，其潜在的后果不可低估：

1. 对国内粮食安全、食品安全造成潜在影响。目前，全球供需粮食紧张，我国粮食价格相对低于国际市场，在我国严格控制粮食出口的背景下，外资企业借其强大的资本力量，一方面全程获取国内生猪行业利润，另一方面将其并购猪场纳入全球营销网络，国外价高就卖到国外，变相出口粮食。这也是外资企业并购地点选择交通便利、临近东南沿海地区的主要缘由。目前，规模化生猪养殖场的料肉比为3.2∶1，据此匡算，如外资企业出口1万吨猪肉，即相当于出口3.2万吨粮食。未来，若外资企业大量出口猪肉，不仅对国内生猪市场供给、食品安全造成冲击，而且对我国粮食安全将产生一定影响。

2. 直接影响猪肉大批量供给。超大型养猪场由于出栏量大，商品生猪货源多，对市场供给有很强的控制力。譬如，外资企业收购福建省44家养殖场和畜产品加工企业，其中有29家养猪企业，年出栏生猪合计为25万头以上，尽管占全省年生猪出栏量1.1%，但却占该省同规模（年出栏在1万头以上）生猪养殖场总出栏量的12.5%。香港五丰行有限公司，在江西省收购的养猪场年出栏生猪5万头；英国PIC收购的养猪企业年出栏生猪10万头；美国艾格菲实业发展有限公司收购的养猪企业年出栏生猪达14万头；我国台湾扬泰关系企业收购的养猪企业拥有种猪1万头。随着外资企业并购超大型养猪场逐渐增多，国内猪肉及其制品供需潜在矛盾越来越突出。

3. 操纵区域性猪肉价格。我国猪肉市场区域性特点明显，在区域市场上，超大型养猪场生猪价格是市场定价的基准。生猪从收购、运输、定点屠宰到批发、零售，其过程在10天以上；如从散养农户处收猪，周期至少在15天以上；如从异地调猪，时间更长。因此，猪肉市场供需的区域性特点尤为明显，特别是节假日，一旦猪肉供应断档，对市场价格的影响是相当大的。因此，通过对大宗货源控制、档期控制，即可对区域性猪肉价格进行时间节点操控。随着城乡居民生活迅速改善，肉类集中分割、成品包装、冷链配送、连锁专卖的消费模式将加快普及。未来，谁拥有更多的超大型养猪场，谁对生猪产品定价权的控制力就愈强。

4. 排挤小型养猪企业和农户养猪的发展空间。据统计，目前我国规模化养猪刚刚起步，饲养规模比较小，散养生猪比重仍占一半多，养猪收入是农户家庭经营收入的重要组成部分。这一状况，难以与外资企业经营的大型养猪场竞争，外资大型养猪企业在生产成本、销售成本等方面大大低于我国小型养猪企业，在防治疫病上，无论是质量或效果均高于小型养猪企业。如果国内大型养猪企业被外资企业控制，国内小型的养猪企业势必受到排挤和制约。农户养猪的饲料供应、生猪的价格均受外资企业垄断，发展空间受到严重挤压。

（三）政策措施

当前，外资企业利用所占据的国际农产品原料市场及全球运输、仓储系统，加速并购我国生猪产业链的关键环节及重要企业，以达到控制我国生猪生产和市场的双重目的。我国养猪事业已到了关键阶段，不能任其宰割。国家应采取针对性措施，促进我国生猪产业稳定健康发展。

1. 建立产业安全预警机制，保护国内生产者和消费者利

益。保障猪肉有效供给，防止价格大涨大落，保护国内生产者和消费者利益，是我国促进生猪行业健康有序发展的目标要求。对外资企业相继并购我国南方大型养猪场，应借鉴美国的外资管制方式，将生猪产品设定为关系国计民生的“敏感产品”，并对其使用特殊保障机制，设立区域性“减损协议”，使其并购后必须接受可能的经济处罚，以防并购可能造成区域肉类生产过度集中、妨碍正当竞争、损害消费者利益。目前，美国艾格菲国际集团公司已突破国家商务部门规定的“1年内并购国内关联行业的企业累计超过10个”的政策界限，已触发反垄断审查机制，应要求其向主管部门报告，依法进行区域性垄断审核和关键节点控制。

2. 防止变相出口，危及我国食物安全。目前，我国对生猪及其产品出口，设限少、门槛低，在入世承诺书中没有明确有关征收生猪产品出口税和实施出口配额的承诺。有关部门对2008年下半年的冷冻猪肉进口关税从12%下调至6%，对供港活猪实行配额总量管理。总的看，我国以前的政策取向基本都是鼓励猪肉出口。据海关统计，1995—2005年我国生猪产品占畜产品出口总额比重均在20%以上。在2007年国内猪肉供应紧张情况下，我国出口猪肉仍高出当年进口量4.8万吨。在外资企业加快生猪产销整合、打通国内外市场的情况下，我国应防患于未然，制定猪肉进出口双向管制政策，防止外资操纵猪肉大出大进，在国内外市场价差大的情况下投机套利。

3. 加强扶持整合，把我国生猪养殖业做大做强。应依据WTO协议公平竞争要求，改变当前不分企业强弱采取等同的政策激励措施，应依据企业资产规模、股权结构及销售收入等，取消优势企业的补贴，支持和扶持弱势企业和农户养猪业的发展，加大对其疫病防控支持力度，为规模养殖和农户贷款提供信用担保和保险服务，对养殖业用电按照农业生产用电价执行等，真正营造出公平、公正、有序的市场竞争环境。

4. 防止外资企业投机生猪产业，保障生猪产业健康发展。针对当前外资企业加速并购我国生猪超大型猪场的问题，应及时推行有效的管制政策。对外资企业进入生猪产业应实行股权比例控制和准入限制；限制外资企业进入生猪种源生产、优质种猪生产；制定实施规模养殖场的环境标准，并依法进行评估等。

5. 合理利用外资，促进生猪产业的市场竞争。实践证明，引进外资，有利于生猪产业的市场竞争，有利于带动生猪商品化、规模化、一体化发展。有关部门应进一步细化外资投资生猪行业的指导目录，发布相关鼓励、限制、禁止进入的领域指南、导则；对外资企业租赁大型、超大型肉类加工企业和养猪场应有政策规定；中央及地方政府对所签订的“直控基地”应加强管理，对冷冻肉与活体储备基地应法定享有优先处置权、调配权。

七、建立稳定生猪生产发展机制

针对我国生猪生产出现下滑，猪肉供应偏紧，价格较大幅度上涨的问题，国务院下发了《关于促进生猪生产发展稳定市场供应的意见》（国发［2007］22 号），从生猪生产、防疫和猪肉市场消费所有环节作出部署，明确了相关的扶持政策，就生猪生产和防疫提出"建立能繁母猪补贴制度、积极推进能繁母猪保险工作、完善生猪良种繁育体系、建立对生猪调出大县（农场）的奖励政策、扶持生猪标准化规模饲养、加快农村信用担保体系建设、强化生猪防疫和加强疫情监测和疫苗生产供应"等8项政策措施，农业部也制定了贯彻落实意见。这些政策措施针对性强，及时、得力，关键是做好贯彻落实工作。

从长远来看，要抓紧建立稳定生猪生产发展的机制，防止大起大落。

第一，建立生猪价格自动稳定机制。合理确定生猪价格上下波动范围，当供过于求、价格低于下限时，政府直接补贴养殖户，使之保持生产能力；当供给不足，价格高于上限时，一方面加大生产扶持，另一方面适当进口，平抑肉价（目前精瘦肉零售价格接近美国、日本市场零售价）。

应强调的是，在这个稳定机制中，重点是要避免供给不足的情况发生，主要通过促进生产、保障供应来解决问题。要加强生猪生产的宏观战略研究，加强科学预测。

第二，建立生猪期货市场。加快建立生猪期货市场，利用期货的价格发现功能稳定生产，保证生猪均衡上市，规避价格周期波动产生的市场风险。

第三，建立生猪生产预警机制。加强生猪生产和销售的预测预警体系建设，及时发布市场预警分析，科学预测市场走势，引导养殖户科学安排生产，规避市场风险。

应强调的是，预警机制发挥作用的关键在于由一个部门来负责、统一协调。在生产、市场、进出口、信息各环节分割的情况下，各部门出台政策要么互相矛盾，政策作用互相抵消；

要么不管政策的连锁反应和叠加效应，不顾出台政策的时机和节奏，密集地、急风暴雨地出台，结果是好的政策走向反面，最后不得不重新设计和调整。在这种情况下，预警机制也难以发挥作用。

第四，强化生猪疫病防治工作，健全基层动物防疫体系。加大重大动物疫病防控力度的同时，做好生猪繁殖障碍性疾病等防控工作。动物防疫的重点和难点都在基层。调研发现，村级防疫员队伍建设非常重要，是基层动物防疫的主体力量，国家所有的动物疫病预防政策措施，归结到一点，都需要村级防疫员去实施。据了解，全国大多数地方村级动物防疫员每人每月只有50元补贴，而这点资金又大部分是县乡级财政支付的。应明确由中央和地方各级财政将村级防疫员承担公益性防疫任务纳入财政预算，解决村级动物防疫员的工资报酬，加强村级动物防疫员业务技能培训。

第五，稳定生猪生产的投入和融资。2007年中央财政增加投入，以落实国务院稳定生猪生产发展的各项扶持政策。但从养猪业持续健康发展的角度考虑，应建立相对稳定的投入和融资机制：一方面要稳定国发［2007］22号文件提出的母猪补贴制度、完善生猪良种繁育体系、发展标准化规模饲养、实行生猪调出大县奖励等政策；另一方面要针对中小养殖户建立方便快捷的融资机制。

国务院促进生猪生产的政策力度很大，操作性强，关键在于落实。要动作快，减少环节，能一个部门管就尽量一个部门管，农业部是生猪生产的主管部门，主要由农业部来抓，要一抓到底。

第五章　提高农业竞争力

内容提要：利用两种资源，面对两个市场。针对农业短缺，强化共赢发展。当前我国农业、农村发展形势发生了深刻变化，预测未来农业与农村经济发展将呈现出城乡生产要素相互流动、农业集约程度明显提高、资源节约型农业发展加快、农业产业链不断延长、农民组织化程度加速提高、农业开放程度越来越高等六个重要趋势；针对国际金融危机影响和国内长期积累的矛盾，当前要抓好五大增长点：即大力发展绿色高效农业、农村科技入户工程、农民专业合作社、农业产业化经营和农民工返乡创业，提高农业的竞争力。提高农产品竞争力的关键要扭转四个认识误区，实现五个转变，制定提高竞争力的政策措施。农业“走出去”是一个大战略，通过总结我国与赞比亚、莫桑比克农业合作的经验，提出了农业“走出去”要坚持四项原则和四项政策措施。提高农业竞争力的重点是提高农业科技水平，加强农业技术推广体系改革与建设；通过考察印度农业科技体制，结合我国的实际，提出了加强和完善我国农业科技体制的政策建议。

一、我国未来农业发展趋势

中央领导同志指出，从21世纪头20年实现全面建设小康社会的目标，到21世纪中叶我国基本实现现代化，建设社会主义新农村需要经过几十年的艰苦努力，这就为农业、农村发展指出方向。在未来一个时期，我国农业发展的趋势如何，农业与农村工作如何应对挑战，这一问题已摆上议事日程。为此，我先后到东、中、西部五个省份进行调研。通过与地方领导和专家座谈、研讨，感到未来农业发展将面临三大形势、呈现六大趋势，应当实施五大对策。

（一）农业与农村发展面临新的形势

我国社会经济的发展已进入新的阶段，“三农”工作成为全党工作的重中之重，农业和农村发展的形势发生了深刻变化。概括起来有以下三个方面：

1. 我国已进入“以工促农，以城带乡”的发展阶段。改革开放前，农业支持工业、为工业提供积累主要是通过工农产品价格剪刀差来实现的；改革开放后，工农产品价格剪刀差逐渐缩小，农业支持工业的方式主要表现在新的“三个剪刀差”：金融存贷剪刀差，征地价格剪刀差，工资剪刀差。经过多年来的发展，我国经济实力显著增强，农业支持工业、为工业提供积累的历史任务已经完成。2009年，我国GDP已达到340 506.9亿元，人均GDP达到3 745美元。按照世界银行的划分标准，我国已步入中等收入国家行列。根据国外经验，这个时期是工农关系和城乡关系发生变化的关键时期，若处理不好，往往会出现城乡差距和地区差距拉大，农业和农村经济以及社会发展出现长期徘徊。

党中央在总结国内外经验的基础上，明确提出“两个趋向”的重要论断，并指出，我国现在总体上已到了“以工促农、以城带乡”的发展阶段。这意味着中央按照社会经济发展的趋势，对国民经济的发展实施战略转移，把重点放到城乡统筹发展上来。

2. 我国传统农业加速向现代农业转变。在政策支持与科技推动下，我国传统农业加速向现代农业转变，集中表现四个“加速”：一是要素投入加速集约化。近年来，农业生产出现资本、技术集约投入、土地资源适度集中、组织管理日趋强化的趋势，特别是资金与技术的大量集约投入，在一定程度上取代了资源和劳动的粗放投入，使我国农业已呈现出集约化和可持续发展的特征。二是资源配置加速市场化。农民的现代市场经营意识有了很大提高，农产品现代流通体系日益健全，市场机制对农业资源配置的基础性作用逐渐增强。三是生产手段加速科技化。农业生产加速机械化，2010 年农作物耕种收综合机械化率已达到 52%，比 2005 年提高 16 个百分点；农产品生产过程加速标准化，不仅要求高产，而且优质、高效、生态、安全的目标日趋凸现；农民的务农技能、就业能力和科技文化素质不断提升。四是产业经营加速一体化。种养加、产加销、贸工农已成为主要形式，农民组织化、农业生产专业化、农产品商品化、农村服务社会化，在更大程度上纳入经营一体化的轨道。

3. 我国农业全方位参与国际竞争。随着我国入世过渡期的结束，农产品国际统一市场已经基本形成。根据我国入世承诺，农产品配额管理的品种将越来越少，农产品关税将进一步降低，我国农产品关税水平已由2001年的21%，降为目前的15%，不到世界平均水平的1/4。加上2010年中国—东盟自由贸易区的实施，我国保护农业的传统手段如关税、配额等也将逐步消失，我国农产品市场已经高度融入国际市场。我国农业从局部参与国际竞争开始转向全方位参与国际竞争。

（二）我国农业发展呈现六大趋势

在新形势下，我国农业与农村经济发展将呈现出六个重要的发展趋势。

1. 城乡生产要素相互流动，工农业形成交融发展。随着经济发展，劳动力首先由第一产业向第二产业转移，当经济进一步发展，劳动力向第三产业转移，这一规律被称为“配第—克拉克定理”。从国际经验看，广大农民进城从事非农产业，城镇企业进村从事农业产业化经营，形成工农业交融发展，是一个国家进入工业化中期的普遍现象，我国也不例外。据有关部门统计，近10年来，我国农村劳动力进城务工已近1亿人。据世界银行2004年模型预测，今后农村劳动力每转移1%，GDP可提高0.7%；转移5%，GDP可提高3.3%；转移10%，GDP可提高6.4%。近3年农民工资性收入占农民的纯收入都在35%左右，正如农民所说的：一家一人务工解决温饱，二人务工实现小康，三人务工达到富裕。

与此同时，也应看到在相当多的地方，从事农业的劳动力多为妇女和老人，群众称为"386170部队"。加上农业耕种面积小而分散，基础设施落后，形成缺人、缺钱、缺技术和缺装备的局面。这种状况迫切要求城镇企业进入农村，通过外部生产要素的引入，通过多种形式的农业产业化经营，推动现代农业发展。企业进入农村之所以有动力，主要是从事第一产业经营风险小、市场好、利润高、发展空间大、优惠政策多，能够发挥企业资金、信息、人才、技术和管理的优势。特别是党中央提出一系列城乡统筹协调发展的重大政策，为工农业交融发展创造了条件。工农业交融发展的这种趋势，目前在全国各地已初见端倪，在珠三角、长三角等经济发达地区表现尤为突出，随着时间的推移，这种趋势将会有更大的发展。

2. 农业集约程度明显提高，设施农业成为农业增效新途径。要正确认识农民增收与农业本身发展的关系。一些地区农民收入高，并不说明农业本身就发展得好，主要是农民收入包括多方面的，这些地区，农民收入很大部分是来自二、三产业，近几年有相当部分来自政府对农业的补贴等优惠政策。因此，农民的收入水平并不能完全说明农业发展的水平。正如群众所说的，在市场经济条件下常常出现"农业增产，农民不一定增收；农民增收，农业不一定发展"的现象。而发展设施农业，既是农民增收的重要举措，也是农业增效的有效途径，是"一计双赢"的产业。

所谓设施农业，是指具有一定设施，能在局部范围改善或创造环境气象因素，为动植物生长发育提供稳定的良好的环境。设施农业包括设施栽培，如各类塑料棚、各类温室和人工气候室等；设施养殖，如畜禽、水产和特种动物的设施养殖和现代集约化的养殖小区等。设施农业已经成为农民致富的重要渠道。如标准化日光温室亩均收益相当于大田作物的 18 倍，比漫灌式的水浇地节水 38%。规模养殖场和养殖小区，蛋鸡产蛋量可提高 18%，奶牛产奶量可提高 12%。设施渔业单位水体产量和效益大大高于池塘等传统养殖方式。据统计，截至 2009 年，全国塑料大棚已达到3 100万亩；各类畜牧养殖小区 4 万多个；设施渔业养殖水体近5 000万米^3。随着社会主义新农村特别是推进现代农业建设，设施农业必将获得更大的发展。

3. 资源节约型农业发展加快，农业增长将更多地依靠科技支撑。长期以来，我国农业增长主要依靠资源开发和消耗。据有关资料显示，我国耕地面积不到世界的 1/10，但氮肥和磷肥用量却分别为世界总用量的 30%和 26%，在单产相近的情况下，氮、磷肥用量分别高出世界平均水平 2.05 倍和 1.86 倍；农业污染量已占全国总污染量的 1/3～1/2；这表明，仅靠大规模增加资源消耗来实现农产品生产的增长，不但成本高、效率低，而且已成为制约我国农业持续健康发展的主要瓶颈，这种增长方式将难以为继。从发达国家经验来看，现阶段农业的发展，主要不是靠扩大耕地面积或增加化肥和农药投入，而是靠农业科技进步，提高资源利用效率，高新技术在农业上广泛应用。

实践表明，农业发展的根本出路在于由资源依赖型向科技推动型转变，充分发挥科技在集约降本、增产提质、转化增值、提升拓展方面的潜力，使农业发展由粗放型经济增长向集约型经济增长转变。这是我国农业实现可持续发展的必然趋势。

4. 农业产业链不断延伸，产业化经营成为引领现代农业发展的基本经营机制。农业产业化经营有利于促进农业产业链不断延伸，在实践中正在不断发展和完善。截至2009年底，全国各类农业产业化经营组织已发展到22.39万个，固定资产总额2.11万亿元，分别比2008年增长11.2%和13.9%；农业产业化经营的形式由最初的"公司＋农户"，逐渐发展为"公司＋基地＋农户"，又进一步发展为"公司＋合作组织＋农户"。这些发展形态反映了现代农业发展不同阶段市场对生产、加工的要求，反映了产前、产中、产后各个经营环节、经营单位之间协作互利关系的调整变化。"公司＋农户"主要解决最初农产品卖难问题；"公司＋基地＋农户"稳定了企业与农民对农畜产品的供求关系；"公司＋合作组织＋农户"规范了企业与农户生产、经营和销售等合理的经济利益。由于我国东、中、西部自然条件和经济发展水平差别很大，农业产业化经营的形式必然是多样的。

我国农业产业化经营所以能够发展得这么快，主要是农业产业化经营有如下重要作用：

（1）有利于解决小生产与大市场的矛盾。我国农业生产分散、规模小，千家万户农民难以应对自然风险和市场风险；农业产业化经营将企业的资金、技术、人才和信息等优势与农民联合，形成利益共同体，有效地解决了这一矛盾。

（2）有利于促进农民增收。在农业产业化经营中，农民可以获得规模效益、加工增值效益、利润分红效益和从事生产务工效益。据农业部调研资料表明，农业产业化带动农户增收主要有三种形式：采取保护价收购；实行利润返还；拓宽农民就业渠道。2009年农业产业化经营带动农户40%，比2008年增长4.6%，平均每户增收1 944元，比2008年增长8.2%。

（3）有利于应对国际贸易壁垒挑战。随着市场全球化，国际贸易摩擦越来越频繁，应对国际贸易壁垒挑战，千家万户的农民是无能为力的。农业产业化经营组织在国际贸易维权方面发挥着主力军作用。

（4）有利于提升农业整体素质。农业产业化经营是专业化、规模化、标准化生产的载体，是新品种、新技术的推广应用者，是农产品品牌战略的实施主体，有力地提升了农业整体素质。

实践表明，产业化经营具有旺盛的生命力，将成为现代农业的基本经营形式。

5. 农民组织化程度加速提高，农民专业合作组织成为完善农村家庭承包经营制度的重要形式。近几年来，农民专业合作经济组织发展逐步加快。据农业部调查表明，2009年农民专业合作社达到24.64万家，比2008年增加1倍多，平均每三个村有一个农民专业合作社，实有入社农户2 100万户，占全国农户总数的8.2%。农民专业合作组织特点主要表现：坚持“民办、民管、民受益”的原则，以“服务本组织成员，提高成员的收入”为宗旨。

专业合作组织的功能主要表现在五个方面：一是规模集成功能。通过专业联合，采取批量购买、批量销售的办法，使农户降低了产销成本，提高了产品价格，获得规模效益。二是作业同步功能。统一生产，统一要求，保证农产品的质量和批量。三是技术和市场信息的传递功能。专业合作组织成员之间便于技术、信息的搜集和交流。四是管理智慧共享功能。专业合作组织一般由能人、大户牵头，他们的一个经验，一个“点子”，会成为全体成员的行动。五是诚信培育功能。专业合作组织必须讲究农产品质量，讲究信用，成员们为了自己的利益也互相监督。

随着《农民专业合作社法》颁布实施，农民专业合作组织法人地位的确立，以及扶持政策的逐步落实，各类农民专业合作经济组织将有更大的发展，将成为农业与农村经济的主要组织形式。

6. 农业开放程度越来越高，“走出去”成为解决我国农业资源短缺矛盾的重要出路。农业“走出去”是一个大战略，是我国农业发展的客观要求。在充分依靠科技解决我国农业生产资源短缺的同时，实施农业“走出去”，利用国外的资源，利用国外的先进科技和管理模式，解决我国农产品供需平衡，增加我国农村劳动力就业机会，显得尤为迫切：

第一，有助于解决我国农业资源越来越少，人口越来越多的矛盾。随着我国经济快速发展，水和耕地等农业资源短缺日趋突出，对粮食、油料、棉花等农产品的需求越来越大，实施农业“走出去”，利用国外资源是解决农产品供需平衡的重要举措。我们对赞比亚、莫桑比克考察表明，两国土地和水资源都相当丰富，85％以上土地尚未开发，租金相当低廉，平均1公顷1年1美元，赞比亚一次可租99年，莫桑比克一次可租50年，而且到期可以延长。

第二，有助于借助援外开展农业合作，可实现“三赢”。

①受援国接受我国经济、技术支持，有利于这些国家发展经济，特别是非洲一些国家；②有利于解决我国紧缺的农产品不足，保证我国农产品供给平衡，而且为世界粮食安全作出贡献；③通过援助款项改善受援国农业基础设施，成为两国企业合作的共同基础，有利于降低我国企业合作成本。

第三，有助于减轻我国就业压力。从我们调查过的十几个国外农场来看，每个农场职工都是一粒“种子”。有的职工开始在某农场工作，取得经营经验后，就分出去另建一个农场，从家里带出亲友和农村劳力共同劳动、经营。我国的一些企业与渔业资源丰富国家合作，企业不仅创收，而且还可安排大量农村剩余劳动力就业。据统计，20 年来我国仅向非洲输出渔业劳务 4 万余人次。

第四，有助于带动农业生产资料出口。非洲等一些国家农业生产方式与我国相似，迫切需要我国生产的小型农具，农业“走出去”带动了我国农业生产资料出口。

实施农业“走出去”战略，条件基本成熟。我国已有成功的经验，随着国际环境趋于宽松，一些有条件的企业“走出去”，必将呈现出更大的发展趋势。

（三）五大对策

1. 鼓励、规范农民专业合作经济组织发展。今后重点应抓好以下三方面工作：①充分发挥农民专业合作经济组织在建设社会主义新农村中的载体作用。要通过鼓励和引导，丰富经营体制，完善自律机制，增强服务功能，使其成为推进农业产业化经营、标准化生产、实施产品质量安全追溯管理制度、开展农业品牌建设的有效组织载体。②营造促进农民专业合作经济组织发展的环境。进一步完善国家财政资金的扶持方式；推动建立有利于农民专业合作经济组织发展的信贷、财税和登记等制度；积极探索开展农业保险。③推动制度创新。在推动相关法律出台的同时，各地和有关部门要加快制定具体实施办法。

2. 全面推进农业产业化经营。今后重点要做好以下七方面工作：①逐步完善利益联结机制。重点扶持农村土地股份合作制和农民合作经济组织类型的产业化经营，这两种类型，农民能够真正得到农产品加工、销售增值的利润。②加快建设产业化生产基地。重点推进"一村一品"，建立专业化、规模化、标准化生产基地。③全面提高农产品质量安全水平。对农产品产前、产中、产后实行全程标准化管理，逐步推行质量管理体系认证。④不断提升科技创新能力。重点开发具有自主知识产权的新品种、新产品、新技术，提高自主创新能力。⑤努力开拓国内外市场。积极培育大型流通龙头企业，加快发展农村流通服务业，积极发展外向型龙头企业。⑥进一步加大政策扶持力度。加大财政支持力度；探索龙头企业融资担保的有效形式；建议将农产品深加工增值税进销项税率统一调整为17%。⑦积极引导龙头企业参与新农村建设。

3. 大力提高农业科技创新和转化能力。深化农业科研体制改革；把农业科研投入放在公共财政支持的优先位置；加大农业生物技术、信息技术、食物生物工程技术等高技术的研发力度；积极发展节地、节水、节肥、节能等节约型农业；加快农业技术推广体系改革和建设；提高农业机械化作业水平。

4. 大规模开展农村劳动力技能培训。当前重点要抓以下三方面工作：一是扩大农村劳动力转移培训阳光工程实施规模。二是加快建立政府扶助、面向市场、多元办学的培训机制。各级财政要将农村劳动力培训经费纳入预算，整合各种教育资源，发挥农业广播学校、职业学校等各类培训资源作用。三是要建立常规技术、专项技能、创业培植等农民教育培训体系。

5. 加快实施农业“走出去”战略。农业“走出去”要做到三结合、坚持四项原则、采取四项措施。

(1)“三结合”是：①与保障国家粮食安全相结合。在立足国内保障粮食供给的基础上，要利用国外丰富的土地、水等资源，建立大型的粮食基地，调节国内需求。②与援外工作相结合。由援建标志性项目向援建标志性和生产性项目转变；由注重受援国需要向满足受援国需要和实现我国获取“两种市场，两种资源”的宏观战略目标转变。③与农业贸易相结合。要带动农产品、农业生产资料“走出去”，与东道国发展贸易。

(2)“四项原则”是：①选择政治稳定、社会秩序好的国家。②以企业为主，国家支持引导。③优势互补，互惠互利。④合作形式多样，管理机制灵活。

(3)“四项措施”是：①建立组织，统一领导。要组织有关部门建立协调小组，有组织有计划地引导企业走出去。②搞好规划，分步实施。③建立农业“走出去”发展资金。资金来源可主要由援外款、财政贴息和优惠贷款组成。④抓好试点，以点带面。目前应抓好农业开发区试点，并在试点基础上不断扩大。

二、我国农业与农村经济发展增长点

党的十七大以来，我国农业与农村经济实现了持续稳定发展。2008 年，粮食总产达到10 570亿斤，亩产 330 千克，都超过了历史最高水平。农民人均纯收入4 761元，比上年实际增长 8%，实现连续第五年较快增长。但是，由于国际金融危机持续蔓延，世界经济增长明显减速，国内经济增速放缓，国内外主要农产品市场需求萎缩，我国农业与农村经济发展面临严峻考验。

（一）农业与农村经济形势严峻

在国际金融危机的影响下，国内一些长期积累的矛盾不断显现，农业与农村经济稳定发展面临严重挑战，集中表现以下四个方面：

1. 农业生产效益下降。

（1）农产品价格下降。据农业部监测，2008 年 9 月以来多数农产品价格由前期持续上涨转为下行。2009 年以来，价格下行压力持续加大。比如，2009 年 2 月，稻谷、玉米价格分别比 2008 年 9 月下跌 5.1%、11.5%；猪肉比 2008 年 2 月的最高价下跌 21.1%。棉花、大豆、油菜子、马铃薯等原料性的产品受到明显冲击。据分析，全球粮食等主要农产品普遍增产，国际农产品市场供大于求的格局再度形成，今后一个时期，国内农产品价格下行的压力将会继续加大。

（2）农业生产成本升高。在石油等资源价格快速上涨的带动下，农业生产成本提高加快，农业生产效益呈下降趋势。2009 年以来，柴油价格累计上调幅度达到 12%，导致农机、化肥、农膜等农业生产资料价格大幅上涨。据国家发展和改革委员会预计，由于农业生产资料大幅度涨价，2009 年三种粮食平均每亩总成本达到 597 元，比上年增加 34.58 元，增长 6.15%；其他经济作物的效益也明显下降；全国生猪养殖户平均亏损面已从 1 月的 5.8%扩大到 5 月的 45.8%。据农业部调查，2009 年棉花、大豆种植面积将分别比 2008 年减少 9%左右和 3%以上；糖料种植面积减少超过 7%。

2. 农产品贸易形势严峻。2009 年 1—5 月，我国农产品进出口总额 335.1 亿美元，同比下降 16.3%。其中，出口 147.1 亿美元，同比下降 9.2%；进口 188 亿美元，同比下降 21.2%。值得关注的是，部分农产品进口额同比虽然下降，但进口量却大幅度增加，对国内市场造成严重冲击。如大豆进口额同比下降 11.6%，进口量却增长 27.3%。国内农产品价格总体仍高于国际价格，我国面临的农产品贸易形势比较严峻。

3. 农民收入增幅将明显下降。受国际金融危机影响，我国不少中小乡镇企业和农产品加工企业面临资金短缺、开工不足、效益下滑。2008 年农民工外出就业增量减少，就业人数增速和平均工资水平均有明显下降，2008 年底有1 100多万农民工没有找到工作。农业效益低于往年，农民增收幅度下降。

4. 农产品质量安全隐患较大。国内动植物疫病疫源分布较广，病毒变异不断加快，甲型 H1N1 流感疫情不断蔓延，我国重大动物疫病防控形势十分严峻。2009 年稻飞虱、蝗虫等重大病虫害偏重发生，防控任务艰巨。同时，我国农产品质量安全工作起步晚、基础弱，特别是农业生产经营分散，生产方式比较落后，农产品质量安全隐患仍然较大，非法使用禁限用农兽药及有毒有害化学物质的问题仍未彻底杜绝。

（二）农业与农村经济发展的五大增长点

面对严峻形势，按照党中央、国务院关于稳粮、增收、强基础、重民生的精神，当前应抓住农业与农村经济发展的五大增长点：

1. 绿色农业是我国农业发展方向

近几年，以绿色食品、有机食品和无公害农产品（以下简称"三品"）为代表的绿色农业，保持了20%以上的发展速度，实物总量迅速增加，接近全国食用农产品商品总量的30%，已成为安全优质农产品生产、流通、消费的主要载体，绿色农业正处于一个方兴未艾的重要发展时期，市场前景越来越好，生产者积极性越来越高。截至2008年底，全国共认证无公害农产品41 249个，认定无公害农产品产地44 915个，占全国耕地总面积的30%；全国绿色食品总量接近9 000万吨；经农业系统认证的有机食品总量198万吨。"三品"出口约占全国农产品出口总额的10%。在近年开展的产品质量例行监督抽查中，"三品"合格率都稳定在98%以上，已在消费者心中树立了良好的品牌形象，大中城市居民"三品"认知度接近70%。绿色农业在促进现代农业发展和农民持续增收等方面的作用日益显现：

（1）有力促进了农业标准化生产。绿色农业推行"环境有监测、操作有规程、生产有记录、产品有检验、上市有标识”的全程标准化模式，引导广大农民优选品种、科学用药、合理施肥，提高了农业生产水平和科技含量，实现了农产品质量可追溯。绿色食品现已创建大型标准化原料生产基地 312 个，基地面积7 538万亩，生产总量4 221万吨，对接龙头企业 816 家，带动 958 万农户从事标准化生产。

（2）有力促进了农民增收。据调查，无公害农产品售价比普通产品大多高出 10％以上，绿色食品平均高出 20％～30％，部分绿色食品、有机食品高出 1 倍以上，优质优价的市场机制既是“三品”发展的动力，也是农民增收的重要实现方式，出现了“品牌引导消费、市场拉动生产”的良好局面。上海某有机水稻农场经济核算表明，有机稻的价格是常规稻的 2.3 倍，利润是常规稻的 1.5 倍。

（3）有力促进了农业产业化经营。通过发展绿色农业，延长了农业产业链，强化了农户、基地、企业、市场之间的纽带关系。目前，仅获得绿色食品认证的国家级农业产业化龙头企业就有 400 家，占国家级龙头企业总数的 35％；省级农业产业化龙头企业超过1 000家，约占省级龙头企业总数的 20％。

（4）有力促进了农业可持续发展。绿色农业倡导“保护环境、清洁生产、健康养殖”的可持续生产方式，珍视产地环境和产品质量安全，较好地协调经济效益、社会效益和生态效益的关系。

2. 农业科技入户工程是发展现代农业重要形式。科技入户工程是以粮食主产区和优势农产品为重点，以专家网络体系和试验示范体系为技术支撑，以基层技术指导员为纽带，以推广主导品种、新技术和实施主体培训为关键措施，按照“科技人员直接到户、良种良法直接到田、技术要领直接到人”的要求，使农业技术推广工作落到实处，促进粮食增产、农业增效和农民增收。目前，农业科技入户工程在306个县开展试点工作，选聘了5 000多名专家、1.5万名技术指导员，共培育26万个科技示范户，辐射带动500万周边农户。科技入户工作实施四年来，取得了显著成效：

(1) 加快主导品种和主推技术变成现实生产力。通过实施科技入户工程，有效地促进农业高产稳产，把专家的产量变为农民的产量。据测算，4年新增粮食150亿斤，节本增效120亿元。种植业示范户亩增产10%以上，亩节本增效100元以上；生猪示范户户均增收1万元左右；渔业示范户节本增效达1 000元以上。

(2) 培育了新型农民。通过科技入户增强了示范户的科技意识，提高了示范户接受新技术能力、自我发展能力和辐射带动能力，示范户已成为观念新、技术强、留得住的“乡土专家”，成为发展现代农业的主体力量。

(3) 创新了农业技术推广体系。通过农业科技入户工程，形成了“专家组—技术指导员—科技示范户—辐射带动户”的农业技术推广新机制，充分调动了广大农技推广人员的积极性，促进了科研与推广相结合，促进农民专业合作组织的发展。据农业部不完全统计，各地投入资金1.62亿元，建设省级示范县442个，培育示范户55万户。例如，陕西省在110个典型村，每村培养20个科技示范户，有力促进了“一村一品”建设。

3. 农民专业合作社是农村经济发展的重要载体。截至2009年3月底，全国各类农民专业合作组织已发展到17.8万多个，实有成员总数近2 500万人，其中依法登记并领取法人营业执照的农民专业合作社有13.91万个。各类农民专业合作社在带领农民建设现代农业、参与国内外市场竞争、提高农业组织化程度中发挥了积极作用。突出表现为：

（1）在推动农业结构调整中施展本领，逐步成为挖掘农业内部潜力的基本载体。农民专业合作社的发展，形成了一大批专业村，通过农业结构调整，发挥产品优势，实现农业增效，社员增收。一般来说，社员农户收入普遍比非社员农户收入要高20%以上，有的高50%以上。

（2）在连接农产品产销中崭露头角，逐步成为“农业生产资料下乡、农产品进城”的重要纽带。近年来，越来越多的农民专业合作社实行统一购买农业生产资料，统一包装销售产品，提高了农民直接进入市场的能力。

（3）在传播市场信息、传导实用技术中大显身手，逐步成为农村实用人才的培养摇篮。许多合作社与有关大专院校、科研单位和技术推广机构建立联系，开发网络信息平台，开展实用技术培训。一批农民专业合作社已成为一些农业高等院校的科研推广基地、农村青少年科普教育实验基地和科技入户工程的实施载体。

（4）在提升农产品质量安全水平中初露锋芒，逐步成为农业标准化生产、产业化经营的生力军，严格执行农产品质量安全的各项要求，是保障农产品质量安全的重要载体。

4. 农业产业化经营是农业发展的根本举措。截至2008年底，全国各类农业产业化经营组织总数达 20.15 万个，比 2000 年增长 132.2%。各类产业化组织带动农户9 808万户，比上年增加 297 万户。2008 年全国参与产业化经营的农户年户均增收1 797元，2000—2008 年年均增长近 10%。

实践证明，推进农业产业化经营是应对国际金融危机，保持农业稳定发展，加快农民持续增收的根本措施。

（1）促进了农业结构调整和优势产业集聚。龙头企业根据市场需求进行产品加工，按照加工要求建设标准化、优质化、规模化基地，带动了农业结构调整。2008 年，在各类产业化经营组织中，种植业 8.84 万个、畜牧业 6.91 万个、水产业 1.22 万个，比上年分别增加了 19.9%、9.6%、26.0%。推动了种植业、畜牧业、水产业快速发展。龙头企业积极向优势产业集聚，形成了一大批各具特色的龙头企业集群和优势产业带。

（2）促进了农民多渠道增收。发展农业产业化经营，拓宽了农民就业增收的渠道。一是实行保护价收购保障农民增收。2008 年，全国订单合同成交额达6 886亿元，比上年增长了 43.8%。二是采取利润返还促进农民增收。2008 年，在各类产业化组织与农户的联结方式中，合同、合作、股份合作三种方式占 97.2%，比上年增加 8.3 个百分点。三是拓宽就业渠道扩大农民增收。通过延长产业链，不仅使一部分农民直接进入龙头企业务工，还有许多农民参与到运输、营销环节的经营活动，增加了收入。2008 年，各类产业化组织从业人数 4 701.81万人，比上年增长 12.4%。

（3）促进了农民组织化程度的提高。农业产业化经营实现了产加销、贸工农的有机结合，提高了农民的组织化程度。目前，主要有三种带动类型：一是龙头企业带动型，580多家国家重点龙头企业直接和间接辐射带动农户4 000多万户。二是服务组织带动型，农民专业合作组织发展迅速，发挥了日益重要的作用。三是专业市场带动型，专业市场为农民提供了农产品交易平台，直接带动农民进入市场。

（4）促进了农业整体水平的提升。农业产业化经营有利于提高农业整体素质，突出表现：一是大力发展农产品精深加工，拓展产业链，提升农业产业体系整体的质量、效益。二是大力推进标准化生产，提高农产品质量安全水平。三是大力引进新品种、新技术、新装备，提升农业的装备水平和农业科技含量。四是大力实施品牌战略，提升农产品国际竞争力。

5. 农民工返乡创业是繁荣农村经济的生力军。目前，全国有1.5亿农村劳动力外出务工，有近500万农民工返乡发展现代农业、创办工商企业。据有关部门测算，农民工返乡创办的企业总数，约占全国乡镇企业总数的20%。尽管目前外出务工农民返乡创业的人数，仅占总数的5%左右，但这些人能量大、创新精神强，代表着先进生产力发展的方向，是繁荣农村经济的一支重要力量。

农民工返乡创业，真正实现从“输出一人，致富一家”的“加法”向“一人创业、致富一方”的“乘法”转变，外出打工只能够解决温饱，实行创业才能解决致富，是农业、农村经济发展的重要增长点：

（1）农民工返乡创业带回了先进生产力。返乡农民依托打工掌握的各种资源与家乡的各种资源进行整合，从事特色规模化种植业、养殖业及农副产品加工业。他们不仅带回了家乡缺乏的技术和市场信息，起到了相关技术的示范、推广等作用，而且拓展了农村经济和产业发展的空间，改变了农村的产业结构。

（2）农民工返乡创业开拓了就地转移劳动力的门路。农民工返乡创办的企业，多属劳动密集型行业，为当地农民提供了容量大、门槛低、易接受的就业渠道。据调查，一名返乡创业人员每兴办一个企业平均可带动 7～8 个人就业，初步估计全国近 500 万返乡创业人员，安排了约3 000多万农民就地就近就业，每人每年平均增收5 000元左右。

（3）农民工返乡创业形成了以工促农的有效载体。创业者通过吸纳农业富余劳动力，扩大了农业的规模经营；通过对农业资金支持，提高了农业的技术装备水平，改善了农业的基础条件，带动农业生产向产业化、规模化、专业化、标准化方向发展，成为“以工促农、以城带乡”的重要载体。

（4）农民工返乡创业加快了小城镇的建设。农民工返乡创业一般都在集镇和县城，既增加了集镇和县城的实际人口，又增加了经济总量，特别是扩大了税源，这是一种低成本的小城镇扩张之路。

（三）对策措施

上述五大增长点，代表着当前农业与农村经济发展的方向，也昭示着未来发展的趋势。增长点能否持续发展和壮大，关系到农村经济的稳定发展。为此，提出以下 5 点对策措施：

1. 不失时机加快发展绿色农业。积极推进农产品标准化生产示范县（场）建设，加快创建一批绿色农业生产示范基地；加快绿色农业生产基地建设，推行“公司＋基地＋农户”的生产组织方式；全面提升“三品”公信力，进一步提高认证监管和服务能力，提高认证产品质量水平；全面强化执法监督，以产地污染治理为切入点，加强源头监管；以生产记录档案为重点，加强生产过程控制。

2. 大力推进农业科技入户。尽快制订《全国农业科技入户工程规划》，大力推行农业技术推广责任制，进一步强化示范户的辐射带动责任，制定并落实扶持和激励政策，完善专家组技术负责制、实施技术指导员包户责任制和科技示范户辐射带动制，建立奖惩和淘汰机制，加强资金监管。

3. 为返乡创业农民工营造有利条件。在组织开展“阳光工程”培训的基础上，加强新型农民科技培训。积极引导返乡农民工创办工商企业、发展现代农业，落实农民工返乡创业的有关政策，在贷款发放、税费减免、工商登记、信息咨询等方面提供支持，为农民工返乡创业创造良好环境。

4. 扶持龙头企业做大做强。通过支持龙头企业提升我国农业产业整体实力和竞争力，在财政、信贷、税收等方面明确支持农业产业化政策，帮助农业产业化龙头企业应对国际金融危机，实现新的发展。

5. 加大农民专业合作社扶持力度。加大宣传和培训《农民专业合作社法》的力度，有计划地对基层干部和农民进行培训，使他们真正了解该法的意义、宗旨和入社条件等；要结合各地实际，制定《农民专业合作社法》配套实施办法；落实好

《农民专业合作社法》有关政策，税务部门应当进一步明确减征农民专业合作社的所得税和营业税的税率，尽快建立符合农民专业合作社发展特点和要求的税务登记体系、组织机构代码体系，免收相关登记环节费用。

三、提高农业竞争力

随着入世过渡期的结束和2010年中国—东盟自由贸易区的实施，我国农业面临的形势将发生深刻变化，能否把握变化中的机遇，关键在于切实提高我国农业的竞争力。农业竞争力是关系我国农业与农村经济可持续发展、农民增收、农业现代化和全面实现小康社会的大问题，因此，这个问题已提到农业发展的重要议事日程。

（一）提高农业竞争力的战略意义

农业竞争力集中表现在产品的数量、质量、安全、效益和生态五个方面，是一个国家农业发展和科技进步水平的重要标志。农业产品（包括农产品及其加工品）对外贸易是反映一个国家农业竞争力的重要指标。我国虽然是农业生产大国，但并不是农业贸易强国。2003年我国农产品出口额214.3亿美元，仅占农业总产值的6%。在当今经济全球化、贸易一体化的形势下，加快提高我国农业的竞争力，具有重要的战略意义。

1. 提高农业竞争力是应对入世特别是入世后过渡期结束对农业挑战的必然要求。根据我国入世承诺，农业产品配额管理的品种将越来越少，农业产品关税将进一步下降，这就为调控农业产品进出口带来很大困难。2010 年中国—东盟自由贸易区的实施，以及中澳（澳大利亚）、中新（新西兰）等其他自由贸易区谈判的开始，保护农业的传统手段如关税、配额逐步消失，我国农业产品市场已经高度融入国际市场。不着力提高我国农业竞争力，不但难以继续扩大出口，甚至连国内市场都难以保住，国外农业产品可能大量涌入我国市场。因此，提高我国农业竞争力已是迫在眉睫的战略需要。

2. 提高农业竞争力是转变农业增长方式、提升农业整体素质的巨大动力。我国农业在基础设施、质量标准、市场体系、经营规模、农民素质等方面都不适应国际市场日益激烈的竞争需要。以提高农业竞争力为突破口，可以有效地推动农业和农村经济素质的提高：一是可以提升农业出口企业的素质。由于出口对产品质量、标准的要求越来越高，农业企业不得不引进先进技术、更新设备、加强营销服务和提高管理水平。二是可以促进农业相关行业的发展。农业产品出口需要质检、标准、信息、中介组织、运输、保险、法律服务等多行业的配合，只有这些行业按照国际标准履行各自的职责，农业产品在国际市场上才有竞争力。三是可以促进农民素质的提高。农业产品的生产主体是农民，农民素质如何，直接影响产品质量。因此，按照出口产品的要求，对农民进行操作规程、生产技术、质量标准等方面的培训，既有利于增强农民作为生产经营者的市场意识和市场观念，又有利于从根本上提高出口企业的生产水平和产品质量。

3. 提高农业竞争力是全面建设小康社会的客观需要。一是我国已经总体实现小康，人们对农业产品的消费无论是数量还是质量和安全要求越来越高，不提高农业竞争力，就难以满足全面建设小康社会的要求。二是农民增收的任务艰巨。按照实现全面小康社会的标准，农村居民家庭人均纯收入应达到8 000元。而1997—2003年，农民人均纯收入平均仅为2 311元，递增速度仅为3.8%。据专家预测，今后15年，农村居民人均纯收入年均递增速度即使按5.5%～6%的高线计算，到2020年也只能达到6 900元。从长远看，应把提高农业竞争力、增加农业产品出口作为促进农民增收的重要途径。据目前许多地方的调查，每出口1美元农业产品，农民可从中获得人民币约1元。2003年农业产品出口200亿美元，农民从中增收200亿元。如果重点发展以农产品为原料的加工品和深加工品出口，农民增收幅度更大，一般比初级农产品出口增值十几倍甚至几十倍。三是能够增加农民就业，促进城乡统筹发展。据测算，每1万美元农业产品出口平均可创造约20个就业机会，劳动密集型产品出口可创造高达40个就业机会。

4. 提高农业竞争力是实现农业现代化的基本前提。出口农业产品，不仅要求技术含量高、质量好，产品安全，符合标准，还要求生产方式、生产环境等要满足出口要求，而这靠分散农户、分散管理是难以实现的，必须采取规模化生产，统一标准，统一管理，实现农业的专业化、集约化、标准化、信息化。

（二）提高农业竞争力的战略重点

提高我国农业竞争力，要扭转四个认识误区，实现五个战略转变。

1. 扭转四个认识误区。

第一个误区："进出口的功能是调剂国内农业产品市场余缺"。这种观念已经不适合形势发展的要求。由于国内市场与国际市场已经紧密相连，消费者或加工企业从利益最大化要求出发，对产品需求有个比较选择，他们以质量好、价格低、购买方便作为选择标准，即使我国农业产品总量能够100%地满足总需求，而国外质量好、价格低的农业产品仍会进入我国市场。如山东省的南山集团，是一家羊毛加工企业，因国产羊毛保证不了质量，常出现掺杂使假，对机器设备有损害，其使用的原料基本都是从澳大利亚进口的。又如河南省万富油脂公司大量购买美国大豆，就是因为美国大豆价格适中且含油率高。

第二个误区：把出口重点放在种养业初级产品上，忽视加工特别是深加工产品。靠种养业初级产品增加农民收入是很有限的。农业之所以成为弱质产业，原因之一就是农业产品加工增值效益被忽略。从全面建设小康社会的要求来看，应把农民增收重点放在加工和深加工品增值上。就玉米加工来说，目前美国有8条生产线，加工品种类上千种，一般来说，玉米深加工产品比原料玉米价值增加十几倍甚至几十倍。

第三个误区：把农业产品竞争的重点放在国际市场。由此，为国内市场生产的产品标准低，为国外市场生产的产品标准高。这种做法，在国际统一大市场的情况下，是难以实现的：一是按两个标准生产，对于出口农业产品来说，难免优劣混杂，最终影响出口；二是国际统一市场的形成，使得国内市场国际化，国内不好的产品最终也要被进口产品替代。因此，我国农业必须按照"两个市场"、"两种资源"的统一要求和标准进行生产。

第四个误区：只注重最终产品的质量标准。随着国外绿色壁垒的加剧，不仅对农业产品质量标准提出了更高要求，而且对整个生产过程和生产环境也提出了严格系统的标准，仅注重最终产品的质量标准而忽视对整个生产过程和环境标准，已经不能适应国际贸易的新需要。

2. 实现五个转变。在农业产品出口发展方向上，要实现五个转变：

（1）进出口农业产品由调剂国内市场余缺转变为面对世界统一大市场实现供求平衡。在国际统一大市场的背景下，国内市场已经国际化，我国农业产品与国外农业产品的竞争，不仅反映在国际市场上，也反映在国内市场上。根据我国13亿人口的国情，口粮是关系国家安全的战略产品，要始终立足于基本自给，其他农业产品的生产都应着眼于全球统一大市场来调节供求关系。

（2）农业产品出口的主要目标由创汇转变为提高农业的整体素质和扩大劳动力就业。我国农业产品出口额仅占外贸出口总额的4%左右，在国家外汇储备充裕的情况下，农业产品出口创汇已不是主要目标。由于我国农村剩余劳动力较多，人均纯收入较低，与实现全面小康社会的目标差距较大，今后我国农业产品出口的主要目标，应重点放在提高农业整体素质、扩大劳动力就业和加快增加农民收入上。

（3）农产品出口结构由出口初级产品为主转变为初级产品、特色产品、加工品并重。特色产品，人无我有，本身就有竞争力。要按照产业化的路子，发展种养业产品特别是有优势的加工产品出口。出口初级农产品实际上就是出口资源。我国人均资源少，出口资源是不符合我国国情的，也难以持久。在有条件的地区要把出口以农产品为原料的加工产品作为重点。如对吉林省玉米加工调查表明，玉米加工后的效益与玉米生产效益相比：生产淀粉增值1.5倍，生产山梨醇增值3倍，生产维生素增值5倍，生产赖氨酸增值30倍以上。

（4）出口农产品重点要由土地密集型转变为劳动密集型。我国人均资源少，经营分散，土地密集型产品竞争力处于劣势。但我国人口多，劳动力资源丰富，生产劳动密集型产品，成本相对较低，具有明显优势或潜在优势，如蔬菜、水果、花卉等园艺产品及畜牧等养殖行业尤为明显。以蔬菜生产为例，其产品单位价值产出所需的土地投入只有粮食的10%～30%，而劳动力需求则是粮食的4～5倍。我国抢占劳动密集型农产品国际市场的制高点，不仅具有劳动力方面的比较优势，而且具有产品多样化、生产空间范围广阔的优势，可以根据国际市场的变化，随时调整我国农产品出口品种及其规格。

（5）出口农业产品的质量控制由单纯的质量认证转变为全过程的产品质量体系认证。随着国际贸易技术壁垒的加剧，不仅要求最终产品合乎标准，同时还要求整个生产过程，包括产品生产从源头到餐桌全过程都要达到标准。这对生产企业提出了更高的要求，要做到产前、产中和产后全过程都要达到进口国的标准。

（三）提高农业竞争力的战略措施

1. 强化政府服务职能，为农业产品出口创造便利条件。

政府对农业产品贸易管理应包括预警系统管理、调查跟踪管理、案件处理管理和事后跟踪评估管理等多个环节。政府应保持信息渠道和制度渠道畅通。信息渠道是为企业提供贸易信息（包括产、供、销和标准等方面），制度渠道是帮助企业进行经贸活动，解决贸易纠纷的制度路径。为此，政府应从以下几个方面为农业产品出口创造条件：一是理顺部门间出口贸易管理分工，使政府主管部门的职能向生产、流通、贸易一体化方向转变。二是强化政府服务职能，重点为出口企业提供公益性管理与服务，如规范出口农业产品市场竞争秩序，严格质量管理，支持出口企业开拓新的海外市场等。三是利用世贸组织规则，不断主动出击以维护自身利益，如通过实施《对外贸易壁垒调查规则》，主动收集国外贸易壁垒的有关情况，采取有针对性的措施，逐步摆脱贸易壁垒困扰的被动局面。四是建立有效的国际农业产品信息发布机制。政府跟踪搜集、分析并及时发布国际农业产品生产、需求动态和主要贸易伙伴国的政策动态，在中央和有关省、自治区、直辖市设立农业产品出口贸易机构，建立农业产品外经贸信息与咨询服务体系和信息发布机制。五是建立农业产品进出口调控机制，根据市场对等开放的原则，开展认证体系双边互认工作，积极研究、应对主要贸易伙伴国的技术壁垒状况，按照世贸组织规则，建立我国农业产品贸易保护体系。六是建立农业产品出口的“绿色通道”，解决出口农业产品通关时间过长问题。

2. 设立专项资金，为农业产品出口企业开拓国际市场提供必要资金支持。中国农业产品出口企业普遍实力较弱，出口市场单一。需要设立国家农业产品出口专项资金，主要用于四个方面：一是资助有关出口贸易部门为农业出口企业调研、收集有关信息并提供咨询服务，帮助农业出口企业寻找新的海外客户。二是资助有关行业协会开拓新的海外市场，组织参加或主办国际农业贸易展、商贸洽谈会、贸易使团出访等。三是资助行业协会组织对出口龙头企业进行技能培训。四是资助行业协会帮助企业应诉有关贸易纠纷。

3. 实行扶持政策，培育壮大农业产品出口企业。

（1）应调整农业产品出口税费政策。提高出口农业产品的退税率，实行征多少、退多少的政策。降低农业产品加工业税负，逐步提高农业产品加工企业购进农业产品原料进行精加工的增值税进项抵扣率。参照发达国家农业产品的出口检验检疫费用一般都由政府承担的做法，减免农业产品出口企业的检验检疫等费用。对农业产品出口企业进口的生产、加工设备和种子等生产资料实行减免税收政策。

（2）进一步改善农业产品出口企业的融资环境，降低贸易风险。①切实解决农业产品出口企业所需资金。鼓励和引导金融机构在防范金融风险的同时，多渠道加大对农业产品出口企业贷款的支持力度，增加放贷规模；②支持具备条件的农业产品出口企业进入国内外股票市场，走上资本经营的快车道，并运用并购、重组等资本运营手段，走集团化、规模化发展道路；③完善农业产品出口信贷担保机制。在做好企业出口前信用风险防范的基础上，健全和完善农业产品出口信用保险，确保企业收汇安全；④试行贸易损失补偿措施。由于国家之间贸易战频繁发生，使农业产品出口企业蒙受损失，应通过政府采取一定措施给予补偿；⑤建立农业产品出口保险制度。

（3）大力扶持农业产品出口企业搞好生产基地建设。国家固定资产投资和财政支农资金应重点向农业产品出口基地倾斜，支持出口基地搞好农田水利、道路、储藏、保险、运输等设施建设，建立农业产品质量标准检验检测体系。加强出口基地的环境保护工作。农业产品出口基地建设，要在土地家庭承包经营的基础上，通过订单等多种形式，使出口企业与农民建立利益共同体。

4. 加快培育农业产品行业协会，发挥行业协会的贸易自律和促进作用。针对目前中国出口农业产品生产与经营分散、规模小、价格低、无序竞争等问题，建立和完善农业产品出口行业商会、协会等中介组织势在必行。要发挥农业行业协会在促进农业产品出口、质量认证、组织培训、实施标准等方面的协调管理作用。支持农业行业协会协助政府为农业产品出口企业提供相关服务，如组织实施行业出口、人力资源培训、农业产品安全等计划。完善农业行业协会自律机制，政府应当对已有的协会加强管理，完善机制，着力解决发育不足、运作不灵等问题。

5. 加强农业产品加工出口企业的自身能力建设，发挥企业在国际市场竞争中的主体作用。农业出口企业应熟悉和掌握国际贸易规则，特别要了解相关进口国农业产品贸易技术标准体系。建立健全贯穿产前、产中、产后全过程的技术标准体系，对农民做好技术标准培训工作，树立良好的企业信誉。收集和研究有关国家贸易、技术标准和技术法规体系，并积极参与国际认证，取得进入国际市场的通行证。要敢于和善于参与贸易纠纷的解决，利用国际贸易规则，保护企业自身利益。

四、农业“走出去”战略

为探讨我国农业“走出去”的思路，研究促进和扩大中非农业合作问题，2006 年 3 月，我和商务部魏建国副部长率中国政府农业代表团对赞比亚和莫桑比克两国进行了考察访问。

赞比亚和莫桑比克政府高度重视中国代表团的来访，并给予了高规格的接待礼遇。访问期间，代表团分别会见了赞比亚总统姆瓦纳瓦萨、副总统姆瓦佩和莫桑比克议长穆伦布韦、总理迪奥戈，并同赞比亚农业部、贸工部、农场主协会和莫桑比克外交与合作部、农业部、渔业部、贸工部、计划和发展部领导举行了会谈，实地考察了赞比亚、莫桑比克的农业农村情况和我国在两国的农业合作项目，召开了中资企业座谈会。

代表团的各项活动务实、高效，会见会谈接触广泛，考察调研深入细致，取得了丰富的访问成果。

（一）与两国农业合作现状

农业在赞比亚和莫桑比克两国经济发展中占有举足轻重的地位，均为两国首要支柱产业，分别占赞比亚、莫桑比克国内生产总值的 15.3％和 28％。两国具有得天独厚的农业生产条件，发展潜力大，土地资源丰富（已经开发的可耕地不足总量的 15％），土壤肥沃；雨量充沛，水资源丰富；气候温和，日照充足，适宜各种作物生长。

我国同赞比亚、莫桑比克两国开展农业合作具有非常有利的优势条件。两国都把发展农业作为经济发展的重要国策来抓，制定一系列优惠政策吸引外资，对同我国开展农业合作抱有强烈愿望。两国农业劳动力充足，农业劳务成本较低；土地开发潜力巨大，85%的可耕地尚未开发；水资源充足，能够充分满足农业灌溉的需求；农业种植水平不高，增产潜力大；种植制度和主要作物品种（玉米、水稻等）与我国类似。总体上看，开展农业合作效益较好，如在赞比亚的作物种植利润率可达20%以上，是国内的2倍多。

20世纪70年代，我国在两国实施了一批农业领域对外援助项目，揭开了中赞、中莫农业合作序幕。30多年来，我国企业利用两国良好的土地、气候、水资源等条件，不断扩大农业合作，合作领域已扩大到种植业、畜牧业、水产养殖等方面。其中较具典型意义的项目有中国农垦总公司在赞比亚投资360万美元建设的中垦农场、山东威海国际公司在莫桑比克投资900万美元建设的威海海水养虾场，都取得了良好的经济效益。

截至2006年，我国企业在两国经营22家农场和养殖场，主要从事小麦、大豆、玉米，以及蔬菜等作物种植和奶牛、生猪、肉鸡饲养以及小规模的水产养殖，合作初见成效，部分产品已经在当地市场占有显著份额，对稳定农产品供应、带动就业起到了积极作用。据不完全统计，我国企业在赞比亚生产的猪肉占当地市场份额的50%，肉鸡占30%，鸡蛋占40%，小麦占10%，蔬菜占40%。我国企业在莫桑比克养殖的海水虾开创了该国水产品出口欧盟市场的先河。

（二）经验

通过这次考察，代表团认为我国企业“走出去”，到包括非洲在内的广大发展中国家开展农业合作是能有所作为的。综合分析我国企业在两国开展农业合作的情况，可以总结出以下成功经验：

1. 选准合作国家，找准目标市场。凡是与我国农业合作成功的国家，都是政治稳定，社会秩序好，投资环境佳，合作愿望强，具备充足的土地、水、劳动力、电力等资源，基础设施和气候条件良好，国内外市场需求旺盛等要素的国家。凡是成功“走出去”的农业企业，都是选准了国内、外目标市场，管理机制灵活的企业；凡是没有选准目标市场、盲目“走出去”的企业，没有一个是成功的。

2. 企业为主，市场运作。发挥企业的主体作用，由企业自主决策，独立经营。“走出去”的企业采取了各种适合发展中国家国情和实际的经营模式，以粮食和国内紧缺经济作物生产为主业，开展多种经营，综合生产，按照市场化原则参与对外农业合作。

3. 援外促进，加强合作。援外在对外农业合作中具有独特的促进作用。我国历史上对亚、非、拉发展中国家长期给予农业援助，对推广我国农业生产技术和发展经验、培养当地农业人才、解决粮食问题起到了积极作用。此次考察中发现，我国企业在两国开展的农业合作项目大多数是在原有援外老农场的基础上，或是由开展对外援助的单位和个人经营发展起来的。

4. 因地制宜、注重效益。经济作物利润高，但市场调整速度快，种植加工地宜靠近消费市场、中心城市，注重效益经营，适当控制种植面积。粮食作物市场稳定，需求量大，适宜开展多种经营和规模经营，既有利于创造规模效益，又便于争取合作国有利的投资政策。

在总结经验和成绩的同时，应该清醒地认识到，对外农业合作的进一步发展还面临不少困难，如发展水平较低，缺乏加工和营销，可持续发展能力不强，部分项目盈利不高，以及发展中国家水利、储运等基础设施和农业服务水平落后，劳动生产力水平较低等。

（三）启示

1. 农业“走出去”是一个大战略。大多数发展中国家都是传统的农业国，农业在国民经济中占有重要地位。不少国家把发展农业、实现粮食自给作为减贫脱困、实现经济发展与社会稳定的基本国策和首要任务。加快实施农业“走出去”战略，对促进支持和帮助发展中国家发展经济，扩大和加强我国同发展中国家的经贸关系和传统友谊，以及缓解我国耕地、水等资源约束，在全球范围内配置农业资源，稳定粮食等战略产品供应，开拓国外农产品市场，提高农业的国际竞争力，建设社会主义新农村，构建和谐社会具有重要意义。如果这个问题真正能够搞好，可以解决长期思考却没有解决的问题。

（1）解决我国农业资源越来越少，人口越来越多的矛盾。赞比亚、莫桑比克两国土地和水资源相当丰富，利用潜力很大，85%以上土地尚未开发，租金相当低廉，平均1公顷1年不到 1 美元，赞比亚一次可租 99 年，莫桑比克一次可租 50 年，而且到期可以延长。

（2）借助援外开展农业合作，可实现“三赢”。①受援国接受我国经济、技术支持，有利于这些国家发展经济，特别是非洲一些国家。②这些国家农业资源丰富，有利于解决我国紧缺的农产品，有利于我国农产品供给平衡。③通过援款解决受援国农业基础设施，成为两国企业合作的共同基础，降低我国企业合作成本，有利于企业发展。

（3）有利于解决我国农村剩余劳动力就业。在农业资源丰富国家办农场是农业“走出去”的重要形式。从我们调查的十几个农场来看，每个农场职工都是一粒种子。有的职工开始在某农场工作，有经营经验以后，就分出去另建一个农场（土地便宜，办场成本低），从家里带出亲友和农村劳动力共同劳动、经营。

与渔业资源丰富的国家合作，企业不仅创收，而且还可安排大量农村剩余劳动力就业，据统计，20 年来我国仅向非洲输出捕鱼劳务 4 万余人次。

（4）带动我国农业生产资料出口。随着农业科技发展，我国农业生产资料产能过剩现象越来越突出。特别是适合小规模农业生产的工具，非洲等地同样需要，农业“走出去”是带动农业生产资料出口的新路子。

2. 农业“走出去”应坚持四项原则。农业“走出去”的指导思想是，按照国家“走出去”战略的整体部署，充分发挥我国农业产业的比较优势和竞争优势，综合运用各种方式，确保效益，充分利用“两个市场、两种资源”，建立境外粮食、重要经济作物和渔业生产基地和稳定、高效的农产品物流、贸易体系，保障国家的粮食等战略物资的稳定供应，保障国家的经济安全和社会稳定。

（1）选择政治稳定、社会秩序好、投资环境佳、合作愿望强的国家。要选择政治稳定、社会秩序好、合作愿望强的国家进行合作，以确保我国企业正常经营和人员、财产安全；选择农业生产资源丰富的国家，以实现我国利用“两个市场、两种资源”的宏观战略目标；选择能发挥我国相对优势、并具有相关优惠政策和鼓励措施的国家，以实现我国企业盈利的微观目标。

（2）以企业为主，国家支持引导。充分发挥企业的主体作用，以效益为中心，市场为导向，结合国内外市场需求，自主开展农业合作。政府在政策、资金、环境上营造有利的合作条件，综合利用对外援助、优惠贷款、贷款贴息等政策，完善财政支持办法，同发展中国家实行农产品优惠贸易安排，交涉解决签证、居留手续申办难等人员“走出去”问题。

（3）优势互补，互惠互利。充分发挥我国的资金、技术、经验优势，结合一些发展中国家农业资源和市场优势，借助援外力量，营造有利的合作环境和坚实的合作基础，实现国家、企业和受援国三方都获利益。

（4）合作形式多样，管理机制灵活。鉴于外方潜在投资伙伴投入能力低、信誉较差等因素，现阶段应审慎对待中外合资问题，项目实施中争取中方控股或独资，内部探索国企独资、国企控股、公私合股、民营合股、私营合股等多种合作形式，并通过承包、股份、合伙经营等方式建立有效的经营管理激励机制；建立国家监管约束与企业盈利约束双重约束机制；建立灵活有效的管理机制，充分调动企业生产经营积极性。

3. 农业“走出去”要做到“三结合”。

(1) 与我国粮食安全相结合。在立足国内保障粮食供给的基础上，要利用国外丰富的土地、水等资源，建立大型的粮食基地，生产我国急需的大豆、棉花等战略物资。如中谷粮油公司，原来每年要进口200万吨大豆，现在通过在莫桑比克建立大豆生产基地，预计近期年产大豆将达到100万吨。赞比亚、莫桑比克两国土地开发仅为15%和10%，绝大部分尚未开发，我国在这里办农场潜力很大。此外还有一些农业资源丰富的国家，包括南美等国家，都是我国扩大粮食生产的重要途径。

(2) 与援外工作相结合。我国实施农业“走出去”战略，要充分借助援外力量，坚持四个转变：一是由援建标志性项目向援建标志性和关键生产性项目转变。既要考虑国家政治利益，又要考虑民众利益的影响。如，我国援建的莫桑比克议会大厦、外交部大楼等对受援国影响很大，同样赞比亚水利建设和莫桑比克水稻灌区建设等项目，是该国人民解决生计问题的迫切要求，也应当给予充分考虑。二是由受援国受益向受援国与我国企业共同受益转变。借助援款实施农业合作项目，在努力促进受援国农业生产和经济发展的同时，为我国农业企业“走出去”开拓国际市场创造条件，使双方共同受益。三是由培训农业生产技术向既培训农业生产技术又培训农产品加工技术和管理经验转变。四是由注重受援国需要向满足受援国需要和实现我国获取“两种市场，两种资源”的宏观战略目标（包括我国紧缺的战略物资、粮、棉、橡胶等）转变。

（3）与农业贸易相结合。我国既要实现科学技术和人才“走出去”办农场、办企业，又要带动农产品、农业生产资料“走出去”，与东道国发展贸易。

（四）措施

1. 建立组织，统一领导。主要由商务部、农业部负责，下设办公室，统筹指导和协调农业“走出去”工作，不断完善农业“走出去”的扶持政策，维护国家整体利益和企业利益。

2. 搞好规划，分步实施。把农业“走出去”纳入对外经贸合作框架内通盘考虑，深入调研，了解发展中国家的切实需求，掌握各国农业开发环境、市场和资源，立足现实、着眼长远，研究制订农业开发规划，明确合作的阶段性目标，包括有关国家、重点项目、合作时间等，稳步、有序地推进。对纳入规划的重点国家，可以通过对外援助，帮助其制定农业发展和农业人员培训规划。

一些国家丰富的土地、水等资源尚未开发，而我国农业生产资源严重短缺，国际上对这些不可再生资源争夺日趋激烈，我们要抓住这个大好机遇，科学规划、抓紧实施农业“走出去”战略，采取建立农业开发区向国内企业招商、分批次组织国内有条件的企业实地考察等形式，积极推动农业“走出去”，抓紧抢占、利用不可再生的农业生产资源。

3. 设立专项资金。国家财政设立农业“走出去”专项资金，鼓励和支持有条件的企业到境外开展农业合作，有效缓解农业投资本身周期长、风险高、回报慢而影响国内企业投资积极性问题，有效扩大投入规模，解决制约对外农业合作的瓶颈问题。

4. 抓好试点，以点带面。优先考虑国家对粮食、棉花、天然橡胶、棕榈油等战略性农业资源产品的需求，在境外建立生产、营销、运输基地。农垦企业集团化、产业化、组织化程度高，农业科技力量雄厚；国有大型农产品贸易企业实行标准化、产业化生产，经营模式先进，可以作为农业“走出去”的重点支持对象。选择政治稳定、农业资源丰富、与我国关系较好，并有相关优惠政策和鼓励措施的发展中国家作为试点，探索方法、积累经验，由点及面，依次推进。因地制宜，注重效益，项目成熟一个，推动一个。目前应抓好两个农业开发区试点：一是非洲赞比亚农业综合开发区，这个开发区是由赞比亚副总统姆瓦佩 2005 年 12 月访华时提出的。二是在南美农业生产条件较好的国家，可选一个农业开发区。

五、农技推广体系改革与建设

为了解农技推广体系改革情况，2006 年 1 月我带领调研组赴四川、贵州两省进行了调研。先后听取了有关部门汇报；实地考察了四川成都市、郫县，贵州省农业科学院、黔西南州兴义市，并和当地干部、农科人员、农民进行了座谈，认真听取了他们的意见和建议。

（一）农技推广体系改革取得初步成效

两省干部群众反映，农技推广工作为粮食安全作出突出贡献。特别是在推广新技术、新品种，为提高单产、提升效益发挥了重要作用。如贵州省 20 世纪 90 年代以来在实行退耕还林、种植业结构调整等措施，使粮食播种面积不断减少的情况下，粮食生产仍能连续跃上 700 万、800 万、900 万、1 000万吨四个台阶，其主要原因是农业技术推广作了重大贡献。在创新机制方面两省都进行了大胆探索。四川省成都市设置“跨乡镇区域行业站”，由市里统一定编，统一考试；区域站人员责任到村，重点联系到户，天天有日志，便于检查和监督。在推广方式上，两省基层农技人员采用了创办农业科技示范场、大户办样板、现场培训、新技术新品种展示等形式，收到良好实效。四川省还推广了农业科技 110 热线服务咨询电话、农业专家信息系统、农业科技入户等，在解决农业科技直接转化生产力方面，收到了较好效果。

（二）存在的误区和主要问题

1. 认识上存在四个误区。一是把改革目标主要确定为“减员减支”。有的地方对农业技术推广体系改革的目的不够明确，不是把增强对农民对生产服务作为重点，而是把减机构、减人员、减支出作为主要目标。致使一些地方出现机构改革后没人干事、甚至无法干事的情况。二是基层农技推广“市场化”。认为在市场经济条件下，农业技术推广也要市场化。致使一些地方出现“养事不养人”的做法，出现变卖农业技术推广房产，把农技人员推向市场现象。这种做法削弱了农技推广公益性质，甚至引发了大量农技人员上访。三是公益性推广和经营性服务不分，“既开方又卖药”，致使出现重经营、轻推广的现象。四是在农业技术推广整合上“归大堆”。把乡镇农技站人、财、物、事权全部下放到乡镇管理，农技人员混岗现象非常严重，有些地方70%的农技人员占编不在岗，常常被乡政府派去执行乡镇“中心工作”。有的把乡镇企业管理、村镇建设办公室也并入农业技术服务中心。

2. 基层队伍亟待加强。农技推广队伍已处在非解决不可的时候了，主要表现在以下四个方面：一是人才断档。近10年来，两省县、乡两级农技推广机构基本没进大中专毕业生，有些通过关系进来了，也没有编制，这次改革又首先成了精简对象。二是人员专业结构不合理。懂粮油作物的人多，知经济作物的人少，既懂专业又懂经营管理的人才更少。三是知识更新严重滞后。贵州省统计，97.5%的乡镇农技人员从未有参加过累计3个月以上的技术进修或培训。四是非专业人员比例过大。贵州全省乡镇各农技推广机构的非专业人员占到17%，四川省的非专业人员比例更大。

3. 工作条件亟待改善。一是办公用房不足。贵州全省乡镇农技推广机构仅有不到一半的站有独立的办公用房，且多是20世纪80年代以前修建的，有些已成危房；有44个乡站租房办公。二是没有起码的设备。绝大多数乡镇农技推广机构不同程度的缺少必备的天平、干燥箱、解剖镜、土壤速测仪、农药残留速测仪等，推广工作多靠“一张嘴、两只手、一个皮尺”。大部分乡镇农技推广机构没有电脑，无法利用网络了解更多信息；少数乡站连电话都没有。多数农技人员靠自行车下乡，乡镇合并后服务半径增大难以适应工作的需要。三是没有试验示范经费。全额拨款的乡级推广机构仅能发给工资，没有业务经费，无法开展新技术试验示范。

4. 农技人员待遇低。农技推广人员待遇问题严重影响工作开展：一是工资不能保证。四川省乡镇农技推广机构中财政全额拨付工资发放率不到50%。二是规定的福利不落实。两个省大部分地方的乡镇农技人员住房公积金、医疗保险、有毒有害农药接触补贴都没落实。三是待遇同比差别大。四川省2003年统计，全省职工平均年收入13 923元，农业部门仅为8 988元，乡镇农技人员更低。据国家统计局的统计，2002年全国职工年人均工资12 422元，农林牧渔服务业只有8 020元；其中县级农技推广单位人均9 959元，而乡级仅8 524元。

5.《农业技术推广法》没有得到认真贯彻落实。上述问题在《农业技术推广法》中都有原则规定，但没有引起政府相关部门的重视；特别是在制定改革政策时，忽视法律规定，也很少事前征求同级人大的意见。有些基层农业部门的同志反映，他们用《农业技术推广法》的条款维护自身权益，有关部门却置之不理。

（三）措施

1. 农技推广工作应列为公益性事业。分离公益性推广和经营性服务两种职能，是2005年中央1号文件的要求，但很多地方没落实，关键是对农技推广工作未有定性。国外的经验和我国实际表明，应该明确农技推广工作是公益性事业，农技推广机构的基础设施投入和业务经费应全部由公共财政承担。乡镇农技推广机构的设置形式，可采取综合建站与专业建站相结合，对于专业性强、技术要求高的行业要单独建站，如兽医站、植保站、水利站等；在管理体制上应采取条条为主与块块相结合。对于边远山区、居住比较分散的乡村，农技推广机构应以乡政府管理为主，业务由县农业局指导，多数乡镇农技推广机构应由县农业局管理。

2. 为乡镇站配备必要的技术手段。国家发展和改革委员会和农业部实施的“种子工程”、“植保工程”和“沃土工程”，对改善和加强农技推广的技术手段起了很大作用。但这三大工程主要投在县以上推广机构，只有极少数项目点设在乡镇农技推广机构。因此，中央财政（国家发展和改革委员会）应列专项支持乡镇农技推广机构。支持的重点是房屋建设、技术推广必备的技术手段，如土壤速测仪、农药残留速测仪、天平、计算机和解剖镜、干燥箱、工具车等。财政投入可作如下规定：东部地区全部由地方财政承担；中部地区中央财政承担50%，其余由地方财政承担；西部地区全部由中央财政承担。

3. 加强技术人员知识更新。“新型农民培训”项目和“阳光工程”针对农民培训多，针对县乡农技人员培训少。政府应在中央财政预算中安排专项资金，实施“农技推广人员知识更新培训计划”，重点培训县乡两级农技人员，力争用5年时间轮训一遍，并形成制度，逐步实现农技推广人员在职教育经常化。

4. 加快改革步伐。农技推广体系改革已进行两年多了，必须加快改革、加强建设，否则将影响到社会主义新农村的建设顺利实施，中央要统一各方面认识，尽早决策，出台一个指导基层农技推广体系改革和建设的方案。

六、国外农业科技体制经验

2007年5月我率代表团先后访问了印度农业与合作部、

印度农业研究理事会及其所属的印度农业研究所，并赴印度第三大邦马哈拉施特拉邦与邦农业厅、农工商商会、农业大学、农业研究机构、农业生产、加工和流通企业及农场等各个方面的代表，进行了广泛的座谈和讨论。

(一) 印度农业生产与农业科技发展情况

印度是一个农业大国，农业在国民经济中占有重要地位。目前农业人口占全国总人口 65%，农业在 GDP 中占 18.5%，农产品出口占全国出口总额的 11.2%。

印度幅员辽阔，土壤肥沃，气候良好，雨量充沛，具有农业发展的良好自然条件。全国土地面积29 731.9万公顷，其中可耕地面积16 175万公顷，人均可耕地面积 0.14 公顷。

印度农业发展很快，许多重要农产品的产量都已达到世界前列，奶产量达到9 100万吨，居世界第一；大米和小麦产量分别达到8 800万吨和7 200万吨，均居世界第二；其他如水果、蔬菜、茶叶、甘蔗、棉花、水产品、羊毛、羊肉、蛋类等产量也都居世界前 4 位。

印度农业所以发展这样快，农业科技进步发挥了关键作用。其中具有重要影响的是五次农业领域的科技革命。

"绿色革命"通过大面积推广优良品种，增加使用化肥、农药、灌溉系统和农业机械，使印度在 20 世纪 70 年代中期实现粮食自给，粮食产量由 50 年代初期的5 000万吨提高到目前的 2 亿吨，粮食实现出口；"白色革命"通过建立奶业生产、加工和销售紧密联结的产业体系，推动技术研究和推广，使印度成为世界第一产奶大国；"蓝色革命"通过加强对海洋的研究和开发，加大技术和人才引进，增加对海洋渔业和淡水养殖的投入，使水产品出口实现了平均每年26%的增长，并迅速跻身世界十大渔业国；“黄色革命”通过研究推广园艺作物新品种，以及先进的栽培、储藏保鲜、加工和运输技术，使印度已经成为世界最大的水果生产国和仅次于中国的第二大蔬菜生产国。目前，印度政府又启动了以提高农业总体效益为主要目标的“第二次绿色革命”，农业科技仍是其核心和关键。

（二）印度农业科技体制与运行机制

印度农业科技进步主要归功于比较完善的农业科技体制和有效的运行机制。

1. 组织框架。印度的农业科技体制大体包括中央政府机构、邦政府机构以及其他机构和组织三个部分。

（1）中央农业科技机构。在中央一级，印度农业研究理事会（ICAR）是全国性的农业科研协调机构，实行社团理事会管理机制，最高权力机构是理事大会，农业部长任理事长，成员由畜牧与渔业部长、各部高级官员、议会代表、农业企业代表、研究机构和农民代表组成。首席执行官是总干事，由农业部负责农业研究与教育工作的副部长担任。理事会日常管理和决策机构是它的管理委员会，成员由著名农业科学家、教育家、议员及农民代表组成，主任由总干事兼任。

印度农业研究理事会下设48个国家级农业研究院（所）、30个国家级农业研究中心、5个综合性国家农业研究局、12个科研项目指导委员会、77个全印协作研究项目和网络、551个农业科技中心（KVK）。

（2）邦农业科技机构。在邦一级，农业科技包括两个系统：一是邦农业大学；二是邦农业厅。

印度每个邦至少有一所农业大学，目前全国共有41所邦高等农业院校。邦农业大学主要承担所在邦农业教育和研究的任务，同时也承担一定的农业技术推广职能。

按照印度宪法，农业是邦管事物，农业技术推广主要是邦政府的责任，由各邦农业厅负责。邦农业厅在县、发展区两级设办公室，隶属邦农业厅管理，具体负责当地的农业技术推广工作。

（3）其他机构和组织。除了中央和邦政府设立的专门农业科研、教育和推广机构外，其他一些公共部门、私人部门和非政府组织也广泛参与农业科技发展。如科技部、生物技术部等政府机构和私人企业等。此外，目前遍布全国各种类型的农业合作社也是向农民提供技术支持的重要力量。

2. 运行机制。印度农业科技体制运行机制的最大特点是中央和地方各种研究、教育和推广机构既有明确分工，又有紧密合作，运行效率较高。

农业科研工作主要由印度农业研究理事会下设的国家级农业研究机构和邦一级的农业大学承担。为了加强全国的研究合作，印度农业研究理事会也通过设立全印协作研究项目和网络等，集中研究资源和力量对重大项目进行联合攻关，并对全国的农业研究机构提供材料、技术和信息等方面的支持和服务。

印度的农业高等教育主要由农业大学承担，但国家级农业研究机构中也有4个研究所已经获得大学资格，可以招收硕士和博士研究生，其中仅印度农业研究所目前就有600名研究生。

在农业技术推广方面，邦农业厅发挥着主导作用。但是，印度农业研究理事会和邦农业大学也都通过自身设立面向基层的推广机构和项目，开展技术推广和农民培训。其中印度农业研究理事会依托国家级农业研究机构、非政府组织和邦农业大学建立的551个农业科技中心在印度农业技术推广中发挥着重要作用。

3. 经费保障。印度对从事农业研究和推广的科研机构实行政府全额拨款，经费主要来源于中央政府和邦政府的财政预算。农业科技投入中政府投入占90%左右（其中，中央政府占50%，邦政府占40%），私营部门占10%左右。政府农业科技投入占农业GDP的0.6%左右。

中央政府的投资主要由印度农业研究理事会管理和分配。2007—2008财政年度，印度农业研究理事会的预算为241.42亿卢比（约合人民币42.3亿元），占农业GDP的0.33%，占政府农业财政支出的0.5%。

各邦农业大学的科研、教育和推广费用主要由邦政府负责。此外，印度农业研究理事会还支持其所需经费20%～30%。多数农业大学由于经费比较紧张，也靠向其他机构申请项目、生产和出售种子、为企业提供产品检测和咨询服务、收取学生注册费等增加经费来源。据马哈拉施特拉邦农业大学副校长B. S. 孔嵌博士反映，2004—2006年，邦政府给该大学的预算拨款分别为6 333.7万卢比（约合人民币1 110万元）、6 964.3万卢比（约合人民币1 220万元）和7187.8万卢比（约合人民币1 259万元），而同期大学自身创收数量分别为1 736.5

万卢比（约合人民币 304 万元）、1 717.5万卢比（约合人民币 301 万元）和1 608.8万卢比（约合人民币 282 万元），相当于当年邦政府财政拨款的 27.4%、24.7%和 22.4%。

从农业科技经费使用主体看，印度农业研究理事会所属机构使用的农业研究和推广经费占全国总数的 37%，邦农业大学占 51%，其他公共和私营机构占 12%。

从农业科技经费的用途看，印度全国农业研究和推广经费的 21%是用于基础性和战略性研究，主要由印度农业研究理事会所属的研究机构实施；53%的经费是用于应用性研究，由印度农业研究理事会所属的研究机构、邦农业大学、全印研究协调项目等实施；20%的经费是用于农业教育和人力资源开发，主要由邦农业大学实施；其余的 6%～7%是用于生产第一线与推广有关的科技活动，主要由印度农业研究理事会所属的研究机构、邦农业大学实施，其中包括分布各地的农业科技中心。

（三）印度农业科技体制的主要经验

印度农业科技体制的成功经验可以概括为以下五个方面。

1. 实行农业科技的统筹管理和协调。印度农业研究理事会作为全国农业科技的协调管理机构，虽然是归农业部管理，但实行的是社团理事会管理机制，最高权力机构理事大会的成员包括畜牧与渔业部长及各部高级官员、议会代表等。这样就使各部门的力量得到整合，各方面的意见得到集中反映。此外，农业研究理事会通过对邦农业大学提供经费支持，实现了对全国农业研究和推广工作的统一协调。

2. 明确政府在农业科技发展中的主导地位。印度的农业研究、教育和推广机构都是由中央政府和邦政府设立的，属于公益性机构，并享受政府全额拨款，包括其人员工资和工作经费。这样就确立了政府在农业科技发展中的主导地位。政府的稳定投入，基本保证了农业科技体系的正常运行。

3. 注重农业科研、教育和推广的紧密结合。印度非常重视农业科研、教育和推广三者的结合。印度农业研究理事会除了通过其下设的国家级研究机构开展农业研究之外，还承担着支持和指导各邦农业大学的任务，并建立了一套从科研到推广的完整体系，向农村转移其研究成果。2005—2006 年度理事会预算中，农业推广占 21.3%，农业教育占 15.7%，是各部门中所占比例最高的两个部门。

同样，各邦农业大学既是农业高等教育机构，也是地方主要农业研究机构，同时还承担技术推广的职能。

4. 合理划分中央与地方农业科研任务分工。印度对中央和地方的农业科研有着明确的分工。国家级农业研究机构主要是满足国家的农业研究需要，突出的是基础性、战略性和全局性研究。邦农业大学的研究项目主要是针对各邦的实际需要，以解决当地生产面临的实际问题为主的具有地域生产特点的应用性研究。

5. 重视和鼓励私营部门的参与。在印度的农业科研和推广中，私营部门的参与越来越多。一些涉农企业投资农业生产资料产品和技术的研发，为了销售产品，也对农民开展一些技术培训和咨询服务。对此，印度政府采取了积极鼓励和扶持的政策。目前在化肥、农药、种子、机械等研发和推广领域，私营部门的作用日益突出。

(四)加强和完善我国农业科技体制的政策建议

目前,我国正在大力推进农业科技体制改革,认真研究和借鉴印度的经验,对正确把握改革方向,妥善处理改革中遇到的一些重大问题,实现我国农业科技事业的健康发展,加快现代农业建设步伐具有重要意义。为此,提出以下建议。

1. 明确农业科技机构的公益性质,发挥政府在农业科技发展中的主导地位。我国与印度一样,都是发展中的农业大国,而且农户经营规模小,农业效益低,主要靠营利性机构进行农业研究和推广是不现实的。因此,必须明确我国农业科技机构的公益性质,并通过各级政府的财政投入,支持这些机构的发展。今后相当长的时间内私营部门和营利性机构在农业科技中的作用都会受到客观现实条件的严重制约,难以承担支配地位。把现有的科研和推广机构从公益性事业单位转变为科技企业,或实行企业化管理,只能导致其萎缩和消亡,从而动摇我国农业科技发展的基础。

2. 打破部门分散多头管理格局,实现国家对农业科技的统筹管理和协调。我国现行体制下,农业科研、教育和推广机构分属多个部门管理,任务和资金分头下达,相互重叠,形不成合力,造成人才和资金的严重浪费,弊端很多。因此,有必要借鉴印度设立农业研究理事会的做法,成立国家级农业科技领导小组,由国务院分管农业的领导任组长,农业、科技、教育等部门的领导和社会其他有关方面的代表为成员,统一领导和协调全国的农业科技事业,领导小组下设办公室,具体由农业部负责。

3. 合理界定中央和地方科技分工，充分发挥中央和地方两个积极性。目前我国中央和地方的农业科研机构分工不清，上下一般粗，导致“重应用研究、轻基础研究”，农业科研突破性成果、重大成果较少，这样，不仅影响农业科研的发展后劲，而且造成人才和资源浪费严重。因此，必须合理界定中央和地方科研机构的分工，明确国家级农业科研机构负责基础性和战略性研究，而地方农业科研机构主要负责结合当地农业发展的需要，开展有针对性的应用研究。

4. 加强农业科研、教育和推广的结合，实现各环节的相互衔接和相互促进。我国农业科研、教育与生产脱节问题非常突出，许多科技成果得不到转化，对生产的促进作用大为降低。解决这一问题，一方面，要从体制上解决农业科研、教育和推广机构多头管理，明确各级农业科研、教育和推广机构由同级农业主管部门统一领导；另一方面，要完善对农业科技机构的考评和奖励机制，推动研究和教育机构加强与生产结合，促进科技成果转化应用。

第六章　统筹城乡经济社会发展

内容提要：城乡须统筹，减负促增收。壮大生力军，建设新农村。统筹城乡经济社会发展的关键是统筹，统筹的重要手段是创新体制机制。作者在调研重庆、成都两个全国统筹城乡改革实验区和东中西部典型地区基础上，总结了各地统筹工业化、城镇化和农业现代化的基本经验，有针对性地提出了具有推广意义的政策措施建议。重庆“两翼”农户万元增收工程的做法，开创了贫困山区农民共同致富的路子。农村劳动力转移是统筹城乡发展的重要内容，针对近几年农村劳动力转移出现的新动向，提出了要把握的问题和政策措施。农民工返乡创业和工商企业带动农业发展，是推动新农村建设的两支生力军；发展具有比较优势的劳动密集型产业，是加快农村剩余劳动力转移的重大战略选择。总结了河南省农村劳动力转移的主要经验和沈阳市“沈北新区”新农村建设与现代农业发展的典型经验。农民负担问题，关系着农民切身利益，关系着农村的改革、发展与稳定，作者以历史实践者的身份，回顾了我国减轻农民负担30年的历程，提出了进一步减轻农民负担的具体建议。本章最后还介绍了考察墨西哥、加拿大保护农民权益方面的经验与启示。

一、统筹城乡经济社会发展

党的十七届三中全会决定明确提出，把加快形成城乡经济社会发展一体化新格局作为根本要求。为此各地紧紧围绕这个中心把统筹城乡经济社会发展，巩固和加强农业基础地位，促进农业稳定发展和农民持续增收，作为头等重要任务。现就其有关政策措施提出如下建议：

（一）在统筹城乡发展方面

统筹城乡发展的核心问题是生产发展，既要选准项目，又要着眼长远，统筹的关键是要建立新的体制和机制。在城乡土地统筹中要设置“三条红线”：第一，基本农田不得减少，保护农业生产能力不下降。第二，农民的利益不受损失，各种补偿和保障水平不得低于国家政策规定。第三，生态保障能力不得减弱，森林覆盖率应有所提高。据测算，目前占总人口2/3的农村居民，购买了不到全国1/3的消费品，城乡居民消费水平差距很大的一个原因是中央财政对农村基础设施、公益事业投入长期偏低，农村消费环境落后。应加快完善农业支持保护制度，协调推进城乡各项改革，以释放农村消费潜力。

（二）在合理确定农产品价格方面

粮价大涨大落不利于保护消费者和农民利益。据模型测算，最低收购价对粮价起到明显托市作用。如果不执行最低收购价，2008年下半年我国稻谷、小麦和玉米市场价将分别下跌2.3%、4.1%和10.5%。2008年，农业生产资料综合直补不仅使居民消费价格指数（CPI）少上涨4.1个百分点，还使粮食每亩增收44.61元。此外，粮食生产资料成本每亩每上升1元钱，每亩收益相应减少1.34元。这"一跌一增一减少"的分析结果说明，国家应依据农产品供求状况，适时组合出台最低收购价和农业生产资料综合直补、良种补贴等相关举措，力求使政策效果最大化。

农产品价格上涨对通货膨胀的影响远低于非农产品。据模型测算表明，粮食产品当前至少有30%的提价空间，在这个范围内合理提高农产品价格，不会成为CPI上涨的主导因素，也不会推动CPI的严重上涨，但对促进农业发展和农民增收作用重大。

中国粮食市场价格不应与世界市场接轨，必须构建防火墙，对外开放应是适度的、可控的，以避免国际粮价变化直接影响国内粮价的异常波动。因此，建议构建完善的价格保护支持体系，保持适宜的粮价水平，把种粮的主要收益给农民。

生猪产量波动属于增长型波动。据测算，我国生猪生产的波动周期平均为6.3年。生猪生产波动与GDP增长速度有密切关系，GDP增长速度10%是"生猪生产的拐点"：GDP增速超过10%时，生猪生产和市场价格都经历一次高峰期，而当GDP增速平缓时，生猪生产和市场价格则进入低谷期。综合判断，当前我国生猪生产和价格波动正处于新一轮波动的初始位置，猪肉价格下跌是趋势所向。

（三）在确保粮食安全、食物安全方面

我国粮食连续七年丰收，具有两大标志，一是标志我国粮食综合生产能力登上一个新台阶。二是标志我国利用国内有限资源解决了 13 亿人口的吃饭问题。由此总结出的两大原则：一是粮食总产量增长的速度必须大于人口增长的速度，保持人均占有量不下降，并有所提高。二是粮食单位面积产量提高的幅度必须大于粮食播种面积下降的幅度，保障粮食总产量不下滑，并有所增长。为此，未来我国农业发展应确立科技农业的理念，通过向科技要增量，不断提高粮食单产和总产；确立产业化发展理念，使粮农分享粮食生产、转化、加工等环节的收入。

下一步大力推进新时期大中城市“菜篮子”工程建设，应重点做好四个方面工作：一是加强生产能力建设，夯实产业发展基础。二是加强区域协作，提高市场流通保障能力。三是加快发展方式转变，提高质量安全水平。四是完善调控保障体系，提高科学发展水平。

保障产粮大省的产量、科技、产业化、市场份额四大优势，必须完善惠粮政策、扶持基层农技体系建设、支持产业化经营和规模化生产，以调动农民种粮、农技人员服务农业以及企业和大户生产四个方面的积极性。

（四）在坚守 18 亿亩耕地红线方面

专家认为，农业“走出去”十分迫切，要把粮食、棉花、油料（大豆）等我国短缺的战略性农产品作为农业“走出去”

的战略重点；要慎重选择“走出去”国家，既要重视资源互补、互惠互利，又要重视政治稳定、规避风险。

破解城镇化建设用地需求不足与坚守耕地红线这一矛盾，一个现实途径是盘活农村集体建设用地。实践证明，盘活农村集体建设用地，换来的是农民财产性收入的增加、农民生活方式的转变和城镇发展的空间，是优化配置区域土地资源，确保18亿亩耕地红线不被突破的重要途径。

应强化对农民土地承包经营权的物权保护；探索集体建设用地抵押贷款，以公开规范的方式出让、转让农村集体建设用地土地使用权；改革征地制度，明确界定“公共利益”，缩小强制性征地范围，解决好被征地农民的长远生计；有效保护农民工的土地权益。

（五）在资源利用和转化方面

我国农业发展进入一个战略转折期，传统农业正在向生态农业过渡，最终实现现代农业。随着生活水平提高，人们对农产品的需求大致经历“吃得饱”、“吃得好”、“吃得科学”三个阶段，消费者不仅关注食物对人健康、营养的要求，而且关注生态环境对农产品质量的影响。当前，生态绿色产品是进出口的重要标准，是国际农产品贸易竞争的焦点，发展生态农业迫在眉睫。

人力资本、生态资本是西部地区发挥后发优势的决定因素。现在，重庆乃至西部地区都已到了积累开发“两种资本”（人力资本和生态资本）即转变资本积累战略的时候。应当把积累开发“两种资本”上升为区域战略和国家行动，实现人力资源、生态资源向资本转变。

发展非粮型生物质能源，走中国特色生物质能源发展道路。我国不能像美国和欧盟那样，利用粮食开发生物质燃料，必须坚持“不与人争粮，不与粮争地，不与畜争料、不与农争利”的“四不争”原则，把重点放在以秸秆、农业废弃物等为原料的第二代生物质能源之上。

（六）在体制机制创新方面

要实现 2020 年全国新增1 000亿斤粮食，必须从四个方面来构建粮食稳产增产机制：一是完善利益调节机制，包括创新补贴机制、提高粮食最低收购价水平、建立粮食主产区补偿机制、建立社会共同承担的粮食安全责任机制。二是完善科技创新机制、农村土地流转机制。三是完善投入保障机制。四是完善生产组织形式。

消除现行农业用水管理体制的弊端，应从理顺关系入手，建立健全水权市场，对灌区所有权、管理权、经营权实行分离，引入竞争机制；深化灌区投资体制改革；进一步发展用水户协会。

（七）在维护国家粮食安全、盘活农村建设用地资源、调节农产品价格等方面

1. 农产品价格至少有 30%上升空间。鉴于目前农民种粮效益偏低，最低收购价尚有一定幅度的提价空间，国家应适时提高粮食最低收购价水平，大幅度增加对农业生产的支持和补贴，并通过农业生产资料直补、控制农业生产成本过快增长等

措施的组合实施，使粮农和种粮地区的经济收入稳定提高。同时，建立生猪收购保护价制度，对生猪供求波动实行反周期调控，以生猪养殖盈亏平衡点的猪粮比价为基准，制定政府入市收购保护价；并适时推出生猪期货市场，及时调节生猪市场价格走势，平抑生猪饲养的周期性波动。

2. 保障粮食、猪肉有效供给必须有新举措。建议国家实施高标准粮田建设工程，集中投入建设10亿～11亿亩基础设施配套、旱涝保收高标准粮田（耕地），粮食播种面积不低于16亿亩。增强资金支持力度，加大实施生猪标准化规模养殖建设项目，推动规模场和养殖小区的标准化改造，扩大规模生产能力。同时，调整当前限制生猪散养的有关政策，使散养户享有信贷、保险和场地等方面的优惠政策。

3. 尽快搭建农村集体建设用地流转平台。为破解耕地保护和建设用地需求不足之间的矛盾，在坚决实行最严格的土地保护和节约利用制度的同时，国家应允许在省（直辖市）域内异地置换农村集体建设用地，搭建农村集体建设土地整理、置换、流转平台，加快建立城乡统一的建设用地市场，实行城乡建设用地增减挂钩、高效集约利用的目标。为此，尽快开展对农村集体建设用地权威认定的工作，明确其开发、使用权利，开办预期建设用地质押担保，开辟融资途径。

4. 大力发展非粮型生物质能源产业。鉴于生物质能源发展的广阔前景及其潜力巨大的惠农作用，应尽快将其纳入国家鼓励的新兴产业规划予以扶持；对当前可再生能源价格进行适当调整，增加生物质能源价格的补贴力度，设立生物质能源发展专项资金，颁布实施投资、信贷、税收和价格等优惠政策，加快推进生物质能源利用的规模化、产业化；尽快制定农村生物质能源标准及其管理办法，强化生物质原料的质量管理、物流管理和能源价格管理，实现其管理的规范化、法制化。

5. 农业“走出去”工作应加紧加快。建议国家成立海外农业合作开发协调领导小组，由国务院分管领导统领，相关部门参加，制定科学规划、实施方案、责任分工。经过先行试验、规模示范，再循序渐进地实施大规模生产经营。国家把援助欠发达国家的援外资金用于帮助其建设现代化农场、生产基地和运销设施，在解决当地粮食短缺问题的同时，通过更多掌控海外粮源及其物流、信息流关键环节，在国际市场拥有更大的粮食产销主导权、调配权。

二、统筹工业化、城镇化和农业现代化建设

为进一步贯彻落实党的十七大、十七届三中全会、中央农村工作会议和《关于推进重庆市统筹城乡改革和发展的若干意见》（国发［2009］3号，以下简称《意见》）文件精神，立足重庆市、成都市两个全国统筹城乡改革实验区和东中西部典型地区，总结城乡统筹经验，研究分析出现的新情况、新问题，探索进一步深化统筹城乡发展的思路，提出如下建议：

（一）各地统筹工业化、城镇化和农业现代化建设的经验

大致可分为五个方面：

1. 国家试验区试点的成功经验。重庆市围绕胡锦涛总书记“314”总体部署，立足于建设统筹城乡发展的直辖市，突

出区域经济协调发展、劳务经济健康发展、土地流转和集约利用三条主线，在"圈翼"帮扶、劳务经济、土地流转、城乡社保、农村金融等方面开展创新，初步确立"圈翼"互动的区域协调发展机制、解决农民工问题的政策框架和城乡土地利用管理相衔接的制度框架，城乡社会保障制度一体化有了实质性进展，"两翼"农户万元增收工程、公共租赁房建设、农村土地交易所等改革，在全国具有示范意义。成都市始终把构建城乡一体的新型城乡关系作为统筹城乡发展的战略选择，坚持不懈地推进"六个一体化"，即城乡规划、产业发展、市场体制、基础设施、公共服务、管理体制的一体化；"三个集中"，即统筹实施工业向集中发展区集中、农民向城镇和新型社区集中、土地向适度规模经营集中；探索实施了"四大基础工程"，即农村产权制度改革基础工程、农村新型基层治理机制建设基础工程、村级公共服务和社会管理改革基础工程、农村土地综合整治基础工程，从制度上打破城乡分割的"二元结构"体制。

2. 东中西部地区统筹城乡发展的思路。东部地区如山东省，在推进工业化进程中坚持强化农业的基础地位，在推进城镇化进程中坚持推进新农村建设，在推进农业现代化进程中加快推进"五个转变"，着力构建新型工农、城乡关系，加快由农业大省向农业强省的跨越。北京市以城乡结合部拆迁开发为切入点，探索城乡一体化新模式；在山区大力发展沟域经济，带动了山区农民增收致富；通过创新公共服务供给体制，加快了城乡公共服务均等化步伐。中部地区如河南省，通过建立健全利益平衡机制、积极引导支持产业集聚、加快推进公共服务均等化，着力破解农业与非农产业、工业化和城镇化、城市和农村之间的三大突出矛盾，加快了工业化、城镇化和农业现代化协调发展。吉林省大力发展农产品加工业，不仅延长了产业链，还吸纳了大量富裕劳动力就业，越来越多的农产品加工企业正向县城和中心城镇积聚，加快了城镇化发展。西部地区如甘肃省，把继续深入新农村建设试点与面上推进相结合，着力在发展循环农业、推进农村六大制度建设、有效整合涉农资金等方面取得新突破，以点带面，实现了全面协调发展。

3. 城乡一体化发展的重点、关键。统筹城乡协调发展，首先，应着力破除城乡二元结构体制，从基本国情出发，坚持统筹城市资源向农村合理流动，坚持统筹城镇化与农村建设互促互建，坚持统筹保护和利用耕地和淡水资源。其次，必须实行产业结构战略性调整，逐步降低对外需的过度依赖，从出口导向型的产业结构转向内需型产业结构，从以出口产品为主的贸易结构转向以对外投资为主的贸易结构，在全球范围内建立起以外促内、内外一体的生产技术体系和国际商业体系。第三，要把壮大县域经济作为贯彻统筹城乡发展方针的关键之举，立足地方实际，建立支持县域经济统筹发展机制，着力形成具有资源、区位、商品、产业等不同区域特色的发展模式，最大限度地连接好、利用好农村经济的聚集效应和城市经济的扩散效应。第四，统筹城乡协调发展，最重要的是要缩小城乡居民收入差距。实践证明，通过政府行为来平抑城乡居民收入差距，这是各国在工业化进入中期阶段后的共同选择。在充分发挥市场机制调节收入的前提下，必须发挥政府有形之手的作用，调整现行收入分配税收体系，建立起有利于农民增收的制度环境和内生机制，把城乡居民的收入差距控制在合理的范围。

4. 构建了统筹城乡发展的考核与评价指标体系。在城乡统筹发展的评价方面，海南省三亚市在实践中，把经济发展、产业发展、社会保障、劳动就业、教育医疗、生态环境建设、基础设施、居民生活8个方面作为主导评价目标，并构建了指标体系。在城乡统筹的工作推进上，甘肃省试行了包括城乡经济、基础设施、公共服务、社会保障和党的建设等5个方面、共16项考核指标。我国区域条件千差万别，发展方式多种多样，在选择和应用这些指标时，应立足实际，因地制宜。

5. 统筹城乡发展的支撑和保障。耕地和水资源约束已经成为我国经济社会可持续发展的瓶颈，统筹城乡发展必须坚持统筹保护和利用耕地、淡水资源。首先，要实施科学的产业布局和土地利用规划，把最严格的耕地保护制度和最严格的土地利用制度切实落到实处。大幅度提高土地产出率、资源利用率和劳动生产率，坚持走以不牺牲农业为代价的新型工业化、新型城镇化和农业现代化道路。要统筹城乡水资源布局，做好“三个协调”即协调好水资源和水环境的承载能力与经济社会发展的关系，协调好城乡生活、工业、农田灌溉、生态等方面的用水需求，协调好上下游、左右岸的用水矛盾，优化配置水资源。其次，面向农村1亿多60岁以上老人的新农保制度，正在全国试点推进，并取得了初步成效，应加紧加快推行。要进一步解决我国农村社保的城乡及地区失衡问题，必须继续增强财政调控能力，加大中央财政投入水平。第三，充分发挥农产品价格政策在统筹城乡发展中的调节作用，应在保持价格基本稳定的基础上，允许农产品价格逐步合理上升；要统筹考虑国内政策与国际贸易政策，针对不同品种制定不同的调控和支持政策；努力保持粮食类基础性产品价格相对稳定，尽量减少大豆等贸易依存度高的产品价格大起大落，积极探索鲜活农产品的有效调控办法。第四，城乡统筹的本质是发展问题，关键是人口问题，核心是人的全面而自由的发展。真正推进城乡统筹，必须紧紧依托人口发展，统筹解决和综合治理人口问题，确立以人为本的人口福利模式和公共服务模式，为全面协调可持续发展提供良好的人口环境和人力资本保障。

（二）主要建议

进一步统筹工业化、城镇化和农业现代化建设，应抓好以下工作：

1. 不断强化农业的基础地位。一是要进一步增加对农民的补贴，扩大补贴范围，提高补贴标准，完善补贴办法；完善农产品最低收购价和国家临时收储政策；建立粮食主产区基本财力保障机制，保护和调动主产区抓粮积极性。二是要大幅度增加中央和省级财政小型水利设施建设补助专项资金规模，应新增一批小型水利建设重点县。三是要加快建立以政府为主导，社会力量广泛参与的多元化农业科研投入增长机制，重点支持关键领域、重要产品、核心技术的科学研究。

2. 进一步破解农民增收难题。一是要利用国家加大基本建设投入力度和产业梯度转移中西部的有利机会，预留必要空间吸纳农民就业，出台农民在城镇创业的优惠政策，提高其工资性收入；二是要在建设项目征用土地时留出一定比例归农民集体所有，让农民长期分享土地增值收益；要允许把农村集体资产量化折股给农民个人，以实现股份分红；鼓励组建投资合作社；三是国家应对农产品价格上涨赋予更大的弹性空间，使农民获取更多的经营性收入，并对城乡低收入群体适当发放食品补助。

3. 加快推进农业经营体制机制创新。一是各种农业扶持政策要向农民专业合作社倾斜，各种农业建设项目要优先安排农民专业合作社实施。二是大力提升农业产业化经营水平。积极推广"龙头企业＋合作社＋农户"的组织形式，支持龙头企业为农民提供市场、技术、质量标准等社会化服务。三是加快构建新型农业社会化服务体系。力争在3年内全面健全乡镇或区域性农业技术推广、动植物疫病防控、农产品质量监管等公共服务机构；加快构建以生产销售、科技服务、信息服务、金融服务为主体的农业生产性服务体系。

4. 多途径筹集新农村发展的建设资金。根据全面小康社会标准测算，全国新农村建设需投入15万亿～20万亿元人民币。为弥补中央财政预算缺口，专家建议：一是要适时发行专项国债，筹集资金集中用于水利建设、高标准农田、新农村建设和扶贫开发；二是要大幅度提高土地出让收益用于农业农村发展的比例，西部地区应将土地出让收益全部用于农业农村发展；三是要加大"三农"中长期政策性贷款力度，出台财政贴息、减免税费等配套政策，鼓励并支持政策性银行发放农村建设中长期贷款；四是要健全中央和地方财力与事权相匹配的财税体制，清费正税，将地方财政收入中的各种规费收入，划出一定的比例和额度用于支持新农村建设。

5. 引导产业集聚促进城镇化发展。一是要着力优化生产力布局，引导农村二、三产业集中发展，加快形成产业集聚区，与农村中心城镇建设同步推进；二是要对农产品加工业，采取“以奖代投”等办法给予适当奖励，充分调动地方大力发展农产品加工业、走产业集聚推进城镇化建设新路子的积极性；三是要加快建设集经济、生态和宜居等功能一体的新型社区，促进城镇集群发展，提高城镇综合承载能力。

6. 强化对中西部地区统筹城乡发展的扶持。一是要把中西部地区中小城镇基础设施建设、农村社会保障、农民和基层干部的培训，作为国家扶持的重点；二是要加大对中西部地区支持力度，加快推进国内产业梯度转移；三是推广国家试验区及地方试点的经验；在中西部地区选择具有代表性、覆盖面大、带动性强的城市试点。

7. 加快新生代农民工“市民化”进程。一是建议国家及时开放中小城市户籍政策，把新生代农民工作为优先进城落户对象，在社会就业、劳动工资、医疗、社保等方面，与城镇居民享有同等待遇；二是要在大城市郊区城镇实施农民工居住条件改善工程，把有稳定职业、居住一定年限的农民工纳入城镇住房保障体系；三是对进城落户农民的承包地和宅基地允许保留，制定有偿流转办法，使其土地权益得到保障；四是将农民工纳入城镇职工养老保险、工伤保险、失业保险的参保范围；将农民工子女义务教育经费列入流入地预算内教育经费，使其能够平等接受义务教育。

8. 制定国家统一的统筹城乡发展量化指标体系。建议在各地评价、考核工作基础上，制定国家统一的宏观的量化指标体系，各地可根据宏观量化指标体系，因地制宜，对任务的落实效果和推进效率进行评价，动态跟踪统筹进度。

9. 编制“十二五”期间至2020年全国城乡一体化发展规划。提出统筹目标和阶段性发展任务，在城乡一体化的产业布局、基础设施、公共服务、劳动就业、社会保障、社区建设、社会管理和扶持政策等方面明确要求，到2020年基本形成城乡经济社会发展一体化新格局。

三、贫困山区农民共同致富的路子

重庆是大城市与大农村并存的特殊直辖市，城乡二元结构突出，区域发展不平衡。“两翼”地区包括17个区县，集中了全市50%以上的农村人口、80%的贫困人口，有14个国家扶贫开发重点县和1个市级贫困县。该地区2009年农民人均纯收入仅3 903元，比全国平均水平低1 250元，是全国最贫穷的农村之一。

为贯彻落实胡锦涛总书记“314”总体部署和《意见》文件精神，推进城乡、区域统筹协调发展，重庆市把农民增收作为振兴“两翼”的突破口，经过两年多的反复调研论证，决定实施“两翼”农户万元增收工程。即从2010—2012年，用3年时间，使“两翼”有劳动能力的农户95%以上增收1万元。为考察“两翼”农户万元增收工程的成效，2010年12月13—18日，由我带队一行5人进行了专题调研，实地考察了丰都县、梁平县的8个乡镇、19个项目点，走访了8家农户，并听取了有关区县和重庆市农委的情况介绍。我们感到，重庆市“两翼”农户万元增收工程的做法很有新意，创造了一些值得总结推广的新鲜经验。对全国尤其是西部地区具有普遍的借鉴意义。

(一)五大创新举措

与以往和其他地方不同，重庆市抓“两翼”农户万元增收有五大创新举措。

1. 突出工作到户。“两翼”农户万元增收工程最鲜明的特点，就是由过去的一般号召转到直接抓户，实行增收目标、项目规划、政策扶持、帮扶指导、培训服务“五个到户”。市里为“两翼"300万农户统一制订了“增收明白卡”，并全部张贴上墙，增收年度计划、支撑产业、扶持项目及帮扶责任人等一目了然；制定出台了低门槛、普惠制的扶持政策，2010年扶持农户发展生产的资金达6.3亿元；开展“三进三同”和“结穷亲”活动，组织干部和科技人员结对帮扶210万户；采取“市级培训大户、区县培训能手、乡镇开展普训”的方式，培训干部和农民190余万人。

2. 突出林下经济。“两翼”农户万元增收工程最关键之举，就是大力开发农村闲置资源，发展本地经济，将增收“建”在产业上。一是放活山林经营，发展林下经济。在实施林权改革后，注重保护生态的前提下，开发1 000万亩可利用林地，发展林下养禽、林下养畜、林间种植、林果产业、林业产业等五大产业。二是盘活闲置水库，发展生态渔业。利用三峡水库130余万亩水面，每年投入2亿～3亿元，打造三峡库区天然生态渔场，到2015年，实现年产有机水产品3万吨，渔业直接产值20亿元，综合产值100亿元，带动10万移民增收致富。三是挖掘土地潜力，发展特色经济。大力发展柑橘、蔬菜、中药材、烤烟等优势产业，依托博富文公司、三峡建设集团等龙头企业，建设亚洲最大的橙汁加工和晚熟鲜销柑橘基地。开发400余万亩冬闲田土，因地制宜种植榨菜、马铃薯、小杂粮等，建成全球最大的榨菜标准化生产加工区。四是用好闲劳闲资，不拘一格增收。针对农村"三个月种田，两个月过年，大半年休闲"的状况，积极帮助农民寻找增收项目。垫江县依托外出务工人员，引进沿海电子产品、水晶饰品、打火机零部件等，组织农民利用空闲时间组装，参与农户8 000多户，月收入500～1 800元。

3. 突出科技支撑。市里分三批建设良种场111个，区县自建良种场119个，确保了每个支柱产业都有相应的良种场支撑。从市农业科学院、畜牧科学院等单位选聘了108名高级专家定向服务"两翼"，派遣科技特派员700余名，编印发放"傻瓜技术"100万份。健全农技服务责任制，县级专家包片，乡镇农技员包户，实行责任、绩效、考核"三挂钩"。大搞高产示范，在"两翼"建立粮油高产创建示范片91个，面积95万亩，增产8.7万吨，增收1.75亿元以上。

4. 突出政策扶持。制定了"1＋6＋17"的政策体系，即市委指导意见、6个部门配套文件和17个区县的具体扶持办法，明确了"三大投入"、"四项扶持"。"三大投入"，即财政、项目、金融投入。建立"两翼"农户万元增收工程专项资金，3年政府投入100亿元，其中2010年市财政投入6.5亿元，部门整合36亿元，区县配套5.68亿元；实行金融机构新增贷款的营业税地方所得部分全额返还政策，2010年5家银行向"两翼"累计投放贷款近200亿元。"四项扶持"，即实行林下经济补贴、良种繁育体系建设补助、龙头企业税收返还和贴息补助、农业保险保费补助。对财政投入，一改过去从上至下下达项目的方式，将资金切块到区县，由区县结合实际，以农户为单元明确扶持重点和补贴标准等；一改过去重点扶持龙头企业、大户和业主，把重心转向广大农户；对龙头企业的扶持与带动农户挂钩。

5. 突出改革创新。一是创新金融服务。市政府出台了农村土地承包经营权、农村居民房屋及林权抵押融资办法，建立了农村产权抵押融资风险补偿专项资金，对金融机构的损失进行最高不超过30%的补偿。设立村镇银行3家、小额贷款公司19家。发展融资性担保机构14家，注册资本8.2亿元，融资担保规模40亿～60亿元。农业银行重庆分行在万州、梁平等10个区县推行农户小额授信贷款，授信农户23万多户，发放惠农卡46万余张。二是推进农户联合与合作。实施“发展农民专业合作社试验项目”，新发展农民专业合作社2 634个，累计达到5 330个，入社农户105万户，农户入社率达到33%。三是发展产加销一体化。大力发展农产品加工，实施龙头带动，签订农业招商引资项目508个，新发展龙头企业152家。市财政补助1.8亿元，建设18个大型农产品综合交易市场；开展了农商对接、市场建设等“五大行动”。四是创新龙头带动模式。推行“托养”、“寄养”等办法，由龙头企业和专业合作社出资购买种畜禽，让农户无需垫付成本发展生产。丰都县恒都农业开发公司推行“公司买牛、农户领养、到期还牛、犊牛归户”模式，从市外购回优良能繁母牛送给农户寄养，母牛所产犊牛归农户，育肥后由公司回购，8年后公司收回母牛。

目前已在全县发展 3 头以上肉牛养殖户 1.7 万户。

（二）五个初步成效

重庆市抓“两翼”农户万元增收工程，不仅有经济意义，还有重要的政治意义和社会意义：

1. 农民增收步伐明显加快。2010 年，“两翼”农民人均纯收入4 700元，较上年增加 800 元，增长 21%，比全市平均增速快 4.4 个百分点；户均增收3 000元以上，有 30%左右的农户一年就实现了万元增收目标。丰都县名山镇锦辉兔业专业合作社实行肉兔托养、保护价收购，农户领养 1 只肉兔可增收 17 元，每次领养 100 只、一年饲养 6 批次即可增收 1 万元。目前，该专业合作社已带动 200 余户实现万元增收。

2. 特色产业逐渐形成。从调研看，17 个区县产业发展各具特色，发展很快。黔江区的生猪和蚕桑，垫江县的鹅和柚子，开县的肉兔，云阳、酉阳县的牛羊，忠县、奉节等区县的柑橘，彭水县的魔芋和烤烟等，竞相发展。梁平县鸭子、竹子和柚子三大产业为全县农户户均增收 665 元；丰都县肉牛存栏量达 23 万头，发展 5 头以上养殖户 3 万户，100 头以上养殖场 112 个；秀山县金银花面积 23 万亩，带动 6 万农户，户均收入4 166元；石柱县建成辣椒、中药材、马铃薯基地各 30 万亩，仅辣椒就带动 6.5 万农户，户均增收4 600元。

3. 农村发展焕发生机。“两翼”农户万元增收工程的实施，极大地调动了农民的生产积极性，就连七八十岁的老人和残疾人也真正行动了起来，能够找到适合他们的工作，到处呈现出大干促增收的可喜场面，使农村发展焕发出新的生机和活力。丰都县三元镇55岁的残疾人特困户余正良，利用自家1.3亩红心柚林养殖土鸡250多只，成为当地第一批实现万元增收的农户，并带动该社39户留守农户当年全部实现了增收万元目标。万州区新田镇72岁的老农张成兴，承包荒山坡地200亩种植山胡椒，现已带动周边6个村230多户发展山胡椒4 000余亩。

4. “三农”重申之重落到实处。“两翼”农户万元增收工程作为市委书记薄熙来同志亲自倡导、市长黄奇帆同志亲自担任领导小组组长的“一把手”工程，市委多次进行专题研究和部署，采取专项督查、工作点评、定期排位、专项考核等办法强力推进。市里分解了各级各部门的职责任务，建立了市级有关部门集团帮扶和“一圈”区县对口支援制度；市委统战部、市工商联组织了171家民营企业助推万元增收。各区县也分别设立了由区县委书记或区县长任组长的专职机构，实行“一把手”负责制。据基层同志反映，以前“三农”工作重中之重只是挂在口头上，主要领导的主要精力还是抓工业、城建和GDP，而现在完全变了，区县委书记、区县长隔三岔五就要听万元增收工程工作汇报、研究问题和检查督促落实。

5. 党群干群关系更加紧密。我们在调研中深切感受到，重庆“两翼”农户万元增收工程，各级干部入村到户，帮扶责任到人，得到了全市上下的一致拥护，社会各界的一致好评，广大农民的一致称赞，认为是一大“德政”，一大“善举”，增收的是老百姓的心愿、干群的鱼水深情、社会的和谐稳定。据舆情监测，农民的知晓率、拥护率、参与率达97.2%。工程实施以来，农村各类信访量下降了25%左右，最高下降45%。

云阳县黄石镇农民邹兴术感慨万分，在大门上贴了一副对联，“种蔬菜、喂土鸡、牧牛羊，三年增收 1 万元；改住房、修公路、建水厂，生活条件大变样；共产党好”。

（三）体会

通过这次实地调研，我们对重庆“两翼”农户万元增收工程有五点体会：

1. 万元增收工程追求的是“共同致富”。万元增收要求95％以上有劳动能力的农户户户增收 1 万元，强调“户户”而非“平均”，防止平均数下的部分农户“被增收”，体现了小平同志让一部分人先富起来、逐步实现共同富裕的战略思想。追求的是共同致富。

2. 万元增收工程强调的是“缩小三大差距”。以实际行动努力缩小城乡、地区和贫富“三大差距”的要求。通过从最薄弱的板块发力，以农民增收引领“两翼”振兴，如果 3 年实现万元增收目标，必将大大改变城乡和区域发展失衡的局面。

3. 探索了贫困山区农民脱贫致富的路子。山区资源丰富，但目前一些地方“守着金山受穷”。重庆市提出唤醒沉睡的大山、变荒山穷山为秀山宝山，大力发掘闲置资源增收潜力的做法，对西部其他省、自治区很有借鉴意义。

4. 丰富了山区现代农业发展的经验。这就是以森林工程为抓手，绿山与富民结合，开发与保护并重，大打特色牌，实现农工商一体化。

5. 减少了农村“空巢老人”和“留守儿童”的出现。据统计，在重庆市，双亲外出的农村“留守儿童”有 130 万人，在家务农的“空巢老人”接近200万人，占整个农村老人的38%。通过“两翼”农户万元增收工程，许多农村青壮年劳动力能够就地转移，还吸引了9.6万名农民工返乡创业，减少了农村地区“空巢老人”和“留守儿童”等社会难题。

（四）建议

目前，重庆市“两翼”农户万元增收工程正有力、有序、有效推进，但也遇到一些自身难以克服的困难和问题，还需要国家在政策上予以支持。为此建议：

1. 加快推进农村金融服务改革创新。农民贷款难是制约农村经济发展和农民增收的重要因素。2009年，重庆市涉农贷款1 570亿元，仅占全市贷款总额的17.9%，低于全国平均水平3.9个百分点；全市农户贷款占比仅为2%，低于全国平均水平1.7个百分点。为破解农村融资难题，重庆市正在大力推进农村土地承包经营权、农村居民房屋及林权抵押融资。但由于金融机构属“条条管理”单位，而且农村土地承包经营权和农村居民房屋抵押融资在国家层面上还有政策和法律障碍，地方实施起来难度大。建议中央加快农村金融服务改革创新步伐，大力支持发展村镇银行、农村小额贷款公司、农村资金互助社；鼓励探索农村土地承包经营权、农村居民房屋及林权抵押融资；建立农村金融风险分担和风险补偿机制。把重庆市作为农村金融改革试验区，批准重庆市设立农业保险公司。

2. 完善农村土地确权后的有关政策。按照党的十七届三中全会要求，2010年重庆市全面完成了农村土地承包经营权确权颁证。但配套政策不完善，特别是种粮直补等与土地有关的各项补贴仍按原承包证记载面积执行。据国土部门详查资料，重庆市耕地面积3 358万亩，而第二轮土地承包记载面积仅1 986万亩，前者是后者的 1.7 倍，农民实际耕种面积远大于承包经营权证记载面积，没有得到应有的补贴，意见较大。建议中央进一步加大农业补贴力度，在标准不变的前提下，按确权后的实际耕种面积给农民补贴。

3. 扶持发展林下经济。发展林下经济，是山区农民脱贫致富的重要途径。近年来，特别是 2010 年“两翼”农户万元增收工程的实施，各地在发展林下经济方面进行了大量有益的探索，趟出了一些好的路子。建议中央将重庆市“两翼”地区作为林下经济发展的试验示范基地，安排专门项目和资金，加大扶持力度，尽快出经验。

4. 提高山区基础设施建设投入补助标准。山区贫穷落后，落后在基础设施。山区基础设施建设，难度大、投入多、成本高，以重庆市“村通畅”为例，每公里投入需要 60 万元左右，而国家只补助 15 万元。山区基础设施建设滞后，拉大了城乡和区域发展差距。建议国家提高山区基础设施建设投入补助标准，降低乃至取消对山区区县财政和农民的项目配套比例要求。

5. 加大农产品市场体系建设力度。农村“卖难”和城市“买贵”是时常发生的现象，一个重要原因就是市场体系建设滞后，农产品流通渠道不畅。建议国家加大对农产品市场体系建设的投入力度，在重要农产品产区建设一批大型农产品综合批发市场，形成区域性农产品集散地；加快“农超对接”推进步伐，扶持发展农产品加工销售龙头企业。尤其应大力支持冷链系统建设，目前重庆市现有冷藏冷冻库容仅 18 万吨，全市

80%以上的水果、蔬菜、禽肉、水产品都是在常温下运输、交易。建议国家出台扶持政策、安排专项资金，支持重点农产品冷链物流系统项目建设，解决鲜活农产品储藏、加工、运输难题。

四、农村劳动力转移新阶段

农村劳动力转移是“三农”工作的核心内容之一，是统筹城乡发展、全面建设小康社会的重要途径。随着我国经济社会发展和新农村建设的推进，我国农村劳动力转移已进入新的发展阶段。准确地把握农村劳动力转移的新动向、新变化、新趋势，对促进国民经济平稳发展和社会主义新农村建设，都具有十分重要的意义。

（一）农村劳动力转移已进入新的发展阶段

近几年，我国农村劳动力转移发生了一些新的变化，突出表现为四个转变：

1. 由异地输出向就近就地务工转变。我国农村劳动力转移，应遵循大中城市就业与就近就地就业相结合的原则，随着国民经济发展，当前，劳动力转移的重点应放到就近就地就业上。农民工远离家乡到外地务工，生活困难较大，花费也较多，就业也越来越难。随着新农村建设的推进和县域经济的发展，选择到外省务工的越来越少，选择就近就地就业的越来越多。2005 年，全国农村劳动力转移就业人数为11 186万人，去外省务工的占 51%；2006 年，全国农村劳动力转移就业人数为11 891万人，去省外务工的占49.3%；2007年，全国农村劳动力转移就业人数为12 609万人，去外省务工的下降到45%，农村劳动力选择就近、就地就业，逐渐成为趋势。

2. 由体力型向技能型转变。随着九年制义务教育的普及和“阳光工程”的不断推进，农民务工培训效果日益突出。2009年“阳光工程”培训达到350万人，产生了良好的示范带动作用，大大提高了外出务工农民的综合素质和转移就业能力，造就了一大批合格的产业技术工人。经过培训的农民，基本上都能掌握一项专门技术，适应城市生活的能力明显提高，为我国国民经济的可持续发展提供劳动力的支持。据全国“阳光工程办公室”抽样调查统计，接受“阳光工程”培训转移就业的农民工，人均月收入比未培训转移的农民工要高200元左右，比在家务农要高400元左右。

3. 由无序流动向有组织转移转变。多年来，农村劳动力无序流动所产生的社会影响引起了政府和社会各界的高度关注。各地大力健全就业服务体系，完善和规范政府管理制度，逐步形成统一、公平竞争的劳动力市场。农村劳动力有序流动的市场环境基本形成，农村劳动力流动更加有序化，就业更加市场化。目前，各地通过政府部门、企业和中介机构组织输出的劳动力占外出劳动力16%左右，而且比例不断增加。

4. 由“民工潮”向“创业潮”方向转变。外出务工的农村劳动力，经历了多年城市务工、经商的锻炼，积累了一定的资金、技术和管理经验，为回乡创办个体经济、农民专业合作社提供了条件，实现了由务工向创业的跨越。近年来，务工创业者作为一个特殊的社会群体，数量迅速扩张，在一些劳动力流出较多的地区，已经形成较大规模的经济实体，为发展当地经济发挥了重要作用。目前，全国累计近1.3亿农村劳动力外出务工，有近500万农民工利用在外学到的管理和技术、积累的资金和经验，回到农村发展现代农业、创办工商企业。据有关部门测算，农民工返乡创办的企业总数，约占全国乡镇企业总数的20%。重庆市累计有750万农民在外务工，占全市劳动力的50%，返乡创业的农民工数量不断增加。如重庆市开县农民在外务工有40多万人，返乡创业的有1.4万多人。尽管目前返乡创业的人数还不算多，仅占外出务工总数的4%左右，但这些人能量大、创新精神强，代表着先进生产力发展的方向，对农村经济社会发展的影响越来越大。

（二）农村劳动力转移要把握的几个问题

针对农村劳动力转移出现的新动向，要及时调整工作重点和方向，把握好以下几个问题：

1. 农村劳动力就近就地转移是一个大趋势。

（1）实现农村劳动力就地就近转移就业，是统筹城乡发展的需要。实现农村富余劳动力就地就近转移就业，有利于增强城乡联系，有利于城乡劳动者平等就业机制的建立，有利于缩小城乡居民收入差距。

（2）农村劳动力转移具有明显的兼业性，农民优先选择就近就地就业。转移出去的劳动力并没有完全脱离农业，绝大多数还保留着对土地的承包权，每年除在外务工外，农忙季节还要回乡从事农业生产，属亦工亦农性的转移，他们与农业之间仍有一条割不断的“脐带”。一般而言，家庭劳动力较多、从事务工收入较高的农民工，在外工作时间较长，反之则短。兼业性还体现在劳动力转移存在一定的间隔性，今年外出务工，而明年可能全部从事农业生产。这一特点，决定了农民优先选择的是就近就地就业。

（3）农民工在大中城市就业面临困难多，就近就地就业是现实选择。据有关单位预测，2007 年城镇新增的求职人员2 400万人，通过多方面努力，现有的岗位只能解决新增求职人员 50%左右。调查表明，农民工在大中城市就业，多为需要一定技术性的工作，农民工一般都是简单的体力劳动，在城市工资低，花费大，常常是生活难以为继；外出务工留守问题较多，如留守儿童、空巢老人、土地撂荒等，难以解决。据统计，2005 年全国农村留守儿童约5 800万人，14 周岁以下的约4 000万人。以重庆市忠县为例，全县外出务工 30 万人，留守儿童 6 万人，空巢老人 8 万人，已成为社会普遍问题。

2. 要把产业化经营作为劳动力就业的重要载体。新中国成立后，我国农业发展有三个里程碑：第一个是新中国成立初期土地改革，解决了吃饭问题；第二个是联产承包责任制，解决了温饱问题；第三个是农业产业化经营，解决农民致富奔小康的问题。农业产业化经营是我国农业现代化的现实途径，是我国现代农业的核心，也是吸纳农民就近就地就业的主要载体。农业产业化经营把农业生产的产前、产中、产后衔接起来，通过延长农业产业链，突破了农村劳动力仅在农业内部就业渠道，使农村劳动力可以在农产品生产、加工、销售与服务部门等多渠道就业，如重庆市忠县引进三峡集团和美国博富文柑橘公司等加工企业，带动农户 5 万多户，每亩柑橘纯收入

1 200～2 000元，比种稻谷收入高2～3倍，形成“龙头”在城镇、“龙身”在农村的“龙型”经济，为农民创造了大量的就近就地就业的机会，有着不可替代的作用。

3. 鼓励农民工返乡创业，为农民提供就业渠道。

（1）农民工有着强烈的返乡创业愿望。农民工在外积累了一定的技术经验和创业资本，对家乡的资源、市场、商机比较熟悉，认为返乡创业成功的机会较多。这是我国农村劳动力转移就业从“民工潮”发展为“创业潮”的必然结果，从长远看，可能是一个发展规律。

（2）农民工返乡创业开拓了就地转移劳动力的门路。农民工返乡创办的企业，多属劳动密集型行业，为当地农民提供了容量大、门槛低、易接受的就业渠道。农民工就地就业，既实现了务工的收益，又使农业生产和照顾家庭两不误，形成了以创业带就业、以就业促创业的格局。据统计，一名返乡创业人员每兴办一个企业平均可带动7～8个人就业，初步估计全国近500万返乡创业人员，安排了约3 000多万农民就地就近就业，每人每年平均增收5 000元左右。

（3）农民工返乡创业繁荣了地方经济，促进了小城镇的发展。返乡农民依托务工时掌握的各种资源与家乡的各种资源进行了整合，从事特色规模化种植业、养殖业及农副产品加工业。农民工返乡创业一般都在集镇和县城，既增加了集镇和县城的实际人口，又增加了经济总量，特别是扩大了税源。这是一种低成本的小城镇扩张之路。

4. 通过发展劳动密集型产业，提高农民就业率。

（1）发展劳动密集型产业是我国国情的客观要求。我国农村剩余劳动力多，且素质较低，而资金、技术等要素相对稀缺，这是我国现阶段经济发展面临的基本国情。据匡算，目前我国 1/3 的农村劳动力处于就业不充分状态，全国青壮年农民 4 亿多，近 1/4 小学以下文化程度。剩余劳动力多、素质低是农业劳动生产率低、农民收入难以增加的根本原因。立足我国这一基本国情，要大力发展适合我国劳动力素质水平的劳动密集型产业，这是当前和今后相当长的时期内农村劳动力转移就业带有方向性的出路，只有这样，才能促进农业乃至整个国民经济的持续发展，保持农村社会长期稳定。

（2）发展劳动密集型产业是我国经济发展不可逾越的阶段。国际经验表明，凡是人口众多、土地和资本稀缺的国家和地区，其产业结构都要经历由资源和劳动密集型向资本和技术密集型演进过程，这既是产业结构发展演进的一般规律，也是东南亚国家和我国东南沿海地区的成功经验。总的看，我国目前工业化尚处于初期向中期过渡的阶段，劳动密集型产业在较长时期内将占据主导地位，如果人为超越这一阶段，片面和过分追求资本密集和技术密集，就可能出现高科技产业竞争力尚未形成、劳动密集型产业优势又过早丧失的被动局面，欲速则不达。

（3）发展劳动密集型产业是促进农村就业和农民增收的重要途径。劳动密集型企业能够吸纳更多的劳动力。据测算，每一单位固定资本所吸纳的劳动力数量，劳动密集型的轻纺部门是资本密集型的重工业部门的 2.5 倍，劳动密集型小企业是大企业的 10 倍以上。乡镇企业多数是劳动密集型产业，其产值只占全国工业产值的 1/4，但却容纳了全国工业就业人数的大部分，其中大部分是农村剩余劳动力转移过来的。大力发展劳动密集型产业对解决就业，增加农民收入，拉动农村有效需求，将会发挥重要作用。

（三）政策措施

把握好以上 4 个问题，核心是努力增加农村劳动力就业机会，尤其是就近就地就业岗位，必须认真贯彻《国务院关于做好促进就业工作的通知》，重点做好：

1. 逐步建立促进农村劳动力就地就近转移就业的长效机制。要加强县（市、区）、乡镇、行政村就业服务体系建设，为农村富余劳动力转移就业提供免费职业介绍、免费就业指导、免费技能培训。要根据农村居住分散、信息不灵等特点，组织专项援助，采用就业直通车等形式组织开展送岗位、送技能、送政策、送温暖等活动，充分发挥企业、培训机构以及农村劳动力三个方面的积极性，不断促进城乡劳动者平等就业。

2. 全方位扶持农民工返乡创业。实施农民工“返乡创业工程”。设立返乡创业培训专项资金，让返乡创业的农民工与城市下岗职工一样，能够接受法律法规和现代经营管理知识的培训，使他们能够尽快具备办企业的个人素质和创业能力。加快农村金融改革步伐，对农民工返乡创业信贷要给予倾斜；要在税收、收费、用地、用工等方面给予积极扶持。

3. 促进劳动密集型产业发展。具有比较优势的劳动密集型产业与资本密集型产业两者并重和有机结合，是保持我国国民经济持续、健康、快速发展的必然选择。因此，要把农村工业、非公有企业和中小企业的发展，提到应有的战略高度。对不同类型的劳动密集型企业应该采取不同的支持政策。对于第一产业的劳动密集型企业，应引导和鼓励它们尽可能地选择资本密集型的技术，以期推动农业的专业化、集约化和规模化经营，尽快提高农业的劳动生产率，加速实现农业现代化；对于第二产业的劳动密集型企业，应鼓励其采用劳动密集和先进技术相结合，既发挥劳动力资源的优势，又发挥先进技术的高效率优势，提高企业的综合竞争能力；对于第三产业的劳动密集型企业，要充分发挥其吸纳劳动力多的优势，加大扶持力度，同时加强管理，促进其健康发展。

4. 大力发展县域经济，扩大当地转移就业容量。这是农民转移就业的重要途径。各地要依据国家产业政策，积极发展就业容量大的劳动密集型产业和服务业，发展农村二、三产业和特色经济，发展农业产业化经营和农产品加工业；落实发展乡镇企业和非公有制经济的政策措施，吸纳更多的农村富余劳动力就业。有关部门要抓紧研究制定扶持县域经济发展的相关政策，增强县域经济活力。

5. 积极稳妥地发展小城镇，提高产业集聚和人口吸纳能力。按照循序渐进、节约用地、集约发展、合理布局的原则，搞好小城镇规划和建设。加大对小城镇建设的支持力度，完善公共设施。继续实施小城镇经济综合开发示范项目。发展小城镇经济，引导乡镇企业向小城镇集中。采取优惠政策，鼓励、吸引外出务工农民回到小城镇创业和居住。对有稳定职业、固定住所的进城务工者，对其子女入学、户口等应给予城里人同等待遇。

6. 引导劳动密集型产业向中西部转移，增加农民在当地

就业机会。积极引导东部相关产业向中西部转移，有利于促进农村劳动力就地就近转移就业，也有利于形成东中西良性互动、共同发展的格局。要制定优惠政策，鼓励大中城市、沿海发达地区的劳动密集型产业和资源加工型企业向中西部地区转移。中西部地区要在有利于节约资源和保护环境的前提下，主动承接产业转移，为当地农村劳动力转移就业创造良好环境。

五、新农村建设两支生力军

党中央提出开展新农村建设以来，这项工作各地开展得怎样？我带着这个问题于 2007 年 5 月对江苏、河南和山西等省进行调研。总的来看，各地都能结合实际、因地制宜，采取多种形式推进新农村建设。实践表明，推进新农村建设，核心是要抓好“四个根本”：即钱从哪里来，剩余劳动力向哪里去，农村带头人怎样培养，农民组织化程度如何提高。在调研中我深切地感到，农民工返乡创业、工商企业带动农业发展，已成为解决这“四个根本”、推进新农村建设的两支生力军，前者在中西部地区、后者在东部地区的新农村建设中发挥了重要作用。这两种趋势，有着深刻的历史原因，反映了经济社会发展的规律，是工业反哺农业，城市带动农村的具体表现，对新农村建设必将产生更加深远的影响。

（一）外出务工农民返乡创业

目前，累计近 1.3 亿农村劳动力外出务工，有近 500 万农民工利用在外学到的管理和技术、积累的经验和资金，回到农村发展现代农业、创办工商企业。据有关部门测算，农民工返乡创办的企业总数，约占全国乡镇企业总数的20%。尽管目前外出务工农民返乡创业的人数还不算多，仅占总数的4%左右，但这些人能量大、创新精神强，代表着发展的方向，对农村经济社会发展的影响不断扩大，是推进新农村建设的一支重要力量。

1. 农民工返乡创业有着深刻的社会背景。

（1）农民工进城就业形势严峻。调查表明，农民工在大中城市就业，相当部分难以融入城市生活，突出表现在以下四个方面：一是城市非技术性的简单劳动岗位基本饱和，需要一定技术性的工作，一般农民工难以胜任；二是打工收入低，农民留在城市生活花费大，常常是生活难以为继；三是根据国家规定，农民工子女在城市里读书必须回家乡参加升学考试，由于各地区教材不一样，影响升学；四是企业对务工人员年龄有限制，大多需要18～35岁，超龄劳动力被迫返乡。

（2）农民工有着强烈的返乡创业愿望。农民工在外积累了一定的技术经验和创业资本，学到了从商和经营知识，掌握了一定的信息和渠道，对家乡的资源、市场、商机比较熟悉，认为返乡创业成功的机会较多。据调查，农民工有5万元就可以做生意，有10万元就可以办企业，这是“民工潮”发展为“创业潮”的必然结果。大多数返乡农民创办企业的行业与其务工的行业基本相同，比较集中于食品、农产品加工、餐饮、建筑、采矿、运输等行业，这充分说明了农民工在城里打工积累的经验和资本对返乡创业有着很强烈的吸引力。

（3）新农村建设需要农民工返乡创业。目前，建设新农村面临的最大困难是缺少资金、缺少人才。农民工返乡创业，促使资金、技术、信息、人才等流向农村，填补了“两缺”，为新农村建设注入了新的活力。

2. 农民工返乡创业的主要类型。农民工返乡参与新农村建设，大致可分为四种类型：

（1）创办农业产业化龙头企业。返乡农民工在政府的支持下，兴办规模种植业、养殖业、农产品加工业，延长农业产业链，构建现代农业产业体系，将小农户与大产业、小生产与大市场进行有效对接，形成一批带动力强的农业产业化龙头企业。

（2）兴办二、三产业。许多返乡创业人员利用在城市和大中型企业工作的经验和技术，抓住规模企业产业链条延伸的机遇，主动接受大中型企业的辐射带动，积极发展为大中型企业服务的配件配套企业，促进一批中小企业蓬勃发展，实现了产业发展的合理分工。

（3）成为经纪人或创办农民合作经济组织的带头人。返乡创业的农民工利用亦工亦农亦商的特点，积极参加合作组织和中介组织，通过农产品和生产资料购销、传播信息以及开展技术承包、推广新品种新技术、跑流通联市场、兴建特色种养基地和科技示范园等，发展了一批“一乡一业、一村一品”的产业集群。

（4）担任村干部或参加村民议事会及村民理财小组。以河南省固始县为例，返乡创业的农民工中，投资办企业的约占34%；搞种植、养殖的约占42%；成为经纪人的约占6%；担任村干部的约占1%。这些都是新农村建设的带头人。

3. 农民工返乡创业的重要作用。农民工返乡创业，真正实现从“输出一人，致富一家”的“加法”向“一人创业、致富一方”的“乘法”转变，也就是说，外出打工只能够解决温饱，实行创业才能解决致富，才能对新农村建设起到更大的推动作用：

（1）农民工返乡创业带回了先进生产力。新农村建设所需要的资金、技术、信息和先进理念等生产要素，都是农村难以自发产生的，既需要外力的注入，又需要内力的吸纳。农民工返乡创业，能够把外力与内力有机地结合在一起。返乡农民依托打工时掌握的各种资源与家乡的各种资源进行了整合，从事特色规模化种植业、养殖业及农副产品加工业。他们不仅带回了家乡缺乏的技术和市场信息，起到了相关技术的示范、推广等作用，拓展了农村经济和产业发展的空间，改变了农村的产业结构，在一定程度上弥补了我国农业技术推广体系不完善的缺陷。同时，也带回了现代生活观念和风尚。据一些农民反映，在返乡农民工影响和带动下，农村打牌赌博的少了，打架闹事的少了，“脏乱差”现象逐渐改变，讲道德、讲文明、讲卫生蔚然成风，对推进农村精神文明建设起到很大作用。

（2）农民工返乡创业形成了以工促农的有效载体。返乡创业者来源于农民，又反哺农业。创业者通过吸纳农业富余劳动力，扩大了农业的规模经营；通过对农业资金支持，提高了农业的技术装备水平，改善了农业的基础条件；通过发展农产品加工业，参与农业产业化经营，带动农产品原料基地和营销网络建设，延长农业的产业链条，将有力地促进工业和农业、城市和农村、农业和商业的有机衔接与结合，有效地开拓市场空间，从而带动农业生产向产业化、规模化、专业化、标准化方向发展，成为“以工促农、以城带乡”的重要载体。

（3）农民工返乡创业促进了小城镇的发展。农民工返乡创业一般都在集镇和县城，这是由经济特点决定的，主要原因是，集镇更靠近市场，物流量相对大，购销两便；交通、水电等基础设施相对较好。在集镇和县城办厂、开店，既增加了集镇和县城的实际人口，又增加了经济总量，特别是扩大了税源。这是一种低成本的小城镇扩张之路。

（二）“以企带村”的巨大带动作用

欧洲一些国家和韩国在新农村建设中，开展企业与农村之间的资源互动，达到生产要素及资源的优化配置，实现村企双赢的目标，这些经验对我国新农村建设都有着十分重要的意义。

1. 实施“以企带村”的战略意义

（1）以企带村是建设现代农业的重要形式。目前，在相当多的农村，从事农业的劳动力多为妇女、儿童和老人，群众称为“386170部队”，农业发展缺人、缺钱、缺信息、缺技术、缺装备。这种状况迫切要求企业进入农村，通过外部生产要素的引入，通过多种形式的农业产业化经营，推动现代农业发展。企业进村之所以有动力，主要是从事第一产业经营风险小、市场好、利润高、发展空间大、优惠政策多，能够发挥企业资金、信息、人才、技术和管理的优势。通过企业这一现代化的组织形式，能够将先进的经营理念、管理方式、物质装备、生产技术等要素引入农业领域，加快传统农业向现代农业的转变，提高农业的整体素质，推进农业产业化，提高农业组织化程度和农产品的市场竞争力。

（2）以企带村是“工业反哺农业、城市支持农村”的现实选择。“工业反哺农业、城市支持农村”当前主要体现在三个方面：一是政府，要立足“多予少取放活”，加大公共财政对“三农”投入力度，惠农政策要落实；二是企业，通过政府和市场引导，鼓励工商企业参加新农村建设；三是社会，引导社会各界特别是先富起来的群体开展捐赠、结对帮扶活动。当前，就新农村建设所需的巨大资金来说，政府投入有限，农民普遍积累不多，社会支持太弱，鼓励工商企业进村参加新农村建设是现实的选择。工商企业在基地建设、农民培训、基础设施改造等方面直接对农业进行投资，能够更有力地实现对农业的反哺和支持。

（3）以企带村为新农村建设奠定了强大的物质基础。一方面，企业的发展需要道路、通信、水电、市政等硬件设施的改善，也需要教育、文化、卫生等软件设施的提升。另一方面，企业发展也促进村级从事农村的环境建设，这两个方面相得益彰、相互促进。江苏省无锡市命名的首批现代化新农村示范村，在历史上多数都是实行“以企带村”的成功典型，目前这些村人均收入都在万元以上，是全市村级经济的“领头雁”。

（4）以企带村为劳动力的非农就业提供了广阔途径。以企带村有效地带动和吸引了劳动力就地就业，对于扩大农村劳动力就业和增加收入都具有重要意义。从建立农民长效增收机制的角度来看，发展民营经济、鼓励农民创业、增强扩大企业吸纳劳动力等，以企带村发挥了重要作用。

（5）以企带村提高了农民的组织化程度。“企业进村”能够提高农民组织化程度。企业有资金、技术和管理等优势，能够吸引青壮年农民，使农村基层的许多政治、经济和社会事务的载体转移到了企业。例如，农村基层选举、党组织活动，以及调解地方矛盾纠纷等，企业都起到至关重要作用。调查表明，“以企带村”发展得好的地方，村级经济发展较快，农民的组织程度较高，农民的合作意识较强，农村的民主政治建设较好。

2. “以企带村”的主要形式。目前，以企带村可分为五种类型。

（1）村企运作融合型。主要指村的运作与企业的运作融合成了一体，其主要特点是村的主要干部与企业的负责人相互兼任，村企事务相互融合，村级事务多由企业承担运作，村级集体在企业中占有股份，村民就是企业的职工并占有企业的一定股份。比较典型的如江苏省江阴市华西村与华西集团，周庄镇三房巷村与三房巷集团，宜兴市都山村与三木集团等。这是一种村企结合得最为紧密的形式，群众比较欢迎。

（2）骨干企业带动型。主要指村级重点骨干企业以自身的经济实力带动村的发展，其主要特点是村企干部不相互兼任，村企事务相互独立运作，互不参与。村级集体不在企业中占有股份，但拥有企业占用的土地和厂房的所有权；村民不在企业拥有股份，但大多数在企业就业。这些村的主要领导是原来企业的主要负责人，有较好的经营业绩，群众信任，主持村内事务基础较好。如宜兴市杨巷镇黄家村，目前该村约 90%的劳动力在企业就业，人均收入都在 2 万元以上。

（3）企业能人支持型。主要指一些有实力的企业家对村级事务的支持，促进村级发展，惠及当地村民。其主要特点是村集体向企业出租土地与厂房，多数村民在企业就业。这些企业家多数不在村里担任职务，即使个别担任职务，也不在村里拿工资，纯粹是为村民服务。他们大多是土生土长的当地人，对本村群众怀有深厚感情，热心公益事业。他们一方面带动当地群众创业，另一方面又从企业中拿出一部分资金回报社会，利用自己的良好影响力带动其他企业参与村级社会公益事业。

（4）合作组织带动型。主要指利用当地的自然资源和传统技术优势，通过建立农产品专业合作组织带动周边农民扩大生产规模、提高技术水平，增加农民收入。其主要特点是通过村民土地、劳动、技术以及知识产权进行股份合作，股份合作社的干部与行政村的干部合二为一，股份合作社的发展也就是村级经济的发展。如，江阴市青阳镇邓阳村依托当地农民种植蔬菜的传统，成立江阴市绿州食品有限公司，形成了公司、基地、农户一体化产销模式，农民人均纯收入10 200元。

（5）企业对农村补偿型。企业因自身发展的需要，占用了农村的矿产、宅基地等资源，企业通过基础设施建设、发展农业产业化经营，对村民进行补偿。山西省煤矿企业与农村“结对帮扶”，多数属于这种类型。

3.“以企带村”的原则

实施以企带村应坚持以下四项原则：

（1）必须坚持国家有关农村土地政策。实施以企带村必须贯彻执行国家有关农村土地的政策，遵循“三不得”原则，即不得改变集体土地所有性质、不得改变土地用途、不得损害农民承包权益。

（2）必须坚持自愿、互利。工商企业拥有丰富的人才、资金、信息、技术等优势，农村拥有土地、原料、劳动力等资源，双方从各自优势和利益出发，共谋发展，形成有组织、紧密型的利益共同体。既要尊重农民意愿，又要尊重企业自主权，不能搞强迫命令和政绩工程。

（3）必须坚持因地制宜、因企制宜。实施以企带村要具备两方面的条件：即一般二、三产业比较发达；企业在资本、技术、市场等方面确有实力。要因地、因企制宜，经济较发达地区，重点选择与农村关联度较高、带动能力较强的企业。

（4）必须坚持优化产业布局和产业规划。按照发挥企业集聚效应的要求，引导企业向产业园区和小城镇集中，防止打着“以企带村”的名义粗放式利用土地资源，防止将污染企业搬迁到农村，防止重走乡镇企业“村村冒烟”的老路。

（三）措施政策

1. 实施农民工“返乡创业工程”。设立返乡创业培训专项资金，让返乡创业的农民工与城市下岗职工一样，能够接受法律法规和现代经营管理知识的培训，使他们能够尽快具备办企业的个人素质和创业能力。

2. 全方位扶持农民工返乡创业。农民工返乡创业最突出的困难是资金短缺，要加快农村金融改革步伐，对农民工返乡创业信贷要给予倾斜；要在税收、收费、用地、用工等方面给予积极扶持。

3. 完善“以企带村”政策支持体系。着眼于“以企带村”

的发展要求，对参与"以企带村"活动中支持新农村建设力度大、效果明显的企业，予以重点支持。各级财政支农资金要与"以企带村"工作相结合，对"以企带村"示范村优先进行扶持，促其率先发展，发挥示范作用。同时，要制定包括土地流转、基本建设、金融、税收、工商管理等优惠政策，引导工商企业进入农村投资兴业。

4. 加强对"以企带村"工作的领导。有关部门要从建设新农村、构建和谐社会战略的高度，充分认识实施"以企带村"的重要性，切实加强对"以企带村"工作的领导。要组织开展调研活动，及时发现新典型、总结新经验、解决新问题，切实加强对"以企带村"工作的指导，使"以企带村"成为新农村建设一支重要的生力军。

六、发展劳动密集型产业

我国农村剩余劳动力多，已成为制约农村经济发展和农民增收的突出问题。发展具有比较优势的劳动密集型产业，是加快转移农村剩余劳动力的重大战略选择。

（一）发展劳动密集型产业的战略意义

1. 发展劳动密集型产业是我国国情的客观要求。我国农村剩余劳动力多，且素质较低，而资金、技术等要素相对稀缺，这是我国现阶段经济发展面临的基本国情。据匡算，目前我国1/3的农村劳动力处于就业不充分状态，2001—2010年全国农村新增劳动力6 350万左右。目前，全国青壮年农民4

亿多，近 1/4 是文盲和半文盲。剩余劳动力多、素质低是农业劳动生产率低、农民收入难以增加的根本原因。如果不采取措施，农村剩余劳动力多是“包袱”，但利用好了也是“财富”。如果我们立足于“劳动力成本低”这一基本国情和比较优势，来吸收资本、引进技术、换取其他资源，发展劳动密集型产业，就能够为大量的农村剩余劳动力找到出路，促进农业乃至整个国民经济的持续发展，保持农村社会长期稳定。

2. 发展劳动密集型产业是我国经济发展不可逾越的阶段。国际经验表明，凡是人口众多、土地和资本稀缺的国家和地区，其产业结构都要经历由资源和劳动密集型向资本和技术密集型这一演进过程，这既是产业结构发展演进的一般规律，也是东南亚国家和我国东南沿海地区的成功经验。日本、韩国、新加坡、泰国、我国台湾和香港等国家和地区在工业化发展初期无不是依靠劳动密集型产业起步和崛起的。韩国的劳动密集型产品出口战略持续了 20 多年，为其 20 世纪 70 年代末期的经济腾飞积累了雄厚的物质基础。总的看，我国目前工业化尚处于初期向中期过渡的阶段，劳动密集型产业在较长时期内将占据主导地位，如果人为超越这一阶段，片面和过分追求资本密集和技术密集，就可能出现高科技产业竞争力尚未形成、劳动密集型产业优势又过早丧失的被动局面，欲速则不达。我们还是应当借鉴周边国家的成功经验，大力打造和提高劳动密集型产业的素质，为促进我国资本密集型和技术密集型产业的发展奠定扎实的基础。

3. 发展劳动密集型产业是促进农村就业和农民增收的重要途径。劳动密集型企业能够吸纳更多的劳动力。据测算，每一单位固定资本所吸纳的劳动力数量，劳动密集型的轻纺部门是资本密集型的重工业部门的 2.5 倍，劳动密集型小企业是大企业的 10 倍以上。乡镇企业多数是劳动密集型产业，其产值只占全国工业产值的 1/4，但却容纳了全国工业就业人数的大部分，其中大部分是农村剩余劳动力转移过来的。广东省东莞市 20 世纪 80 年代中期靠“三来一补”加工出口发展起来，使当地 65%的农村劳动力转入非农产业。20 世纪 90 年代，东莞市外来民工平均每年寄回家乡的资金多达 140 多亿元。据有关省测算，农村人口比重每减少 1 个百分点，农民纯收入增加 200 元。因此，大力发展劳动密集型产业对解决就业，增加农民收入，拉动农村有效需求，将会发挥重要作用。

4. 发展劳动密集型产业是扩大出口、增加创汇的重要举措。我国一个重要的比较优势在于劳动力资源丰富，因而我国劳动密集型产品在国际市场上具有竞争优势。据农业部乡镇企业局统计，1996—2001 年，乡镇企业劳动密集型产品（食品、饮料、土畜产品、纺织、服装、工艺品、手工编织）出口额占同期乡镇企业出口总额的 60%左右。在加入世贸组织的背景下，发展蔬菜、水果、畜禽、水产养殖和农副产品加工等劳动密集型产品、产业，是我国充分发挥竞争优势、扩大出口、增加创汇的必然选择。

5. 发展劳动密集型产业是推进城镇化建设的关键。发展小城镇，关键在于培育小城镇经济。乡镇企业是小城镇经济最重要的支撑。目前，大多数乡镇企业属于劳动密集型产业。据统计，1996—2001 年，劳动密集型产业对全国乡镇工业增加值的贡献率为 55.5%。农村剩余劳动力进入城镇，主要从事工业、建筑业、环卫、餐饮服务业等劳动密集型行业，这占外出就业农民的 80%左右。发展劳动密集型产业，农民进城能找到工作，小城镇有了产业依托，城镇化进程就能大大加快。

（二）劳动密集型产业的基本特点

对一个企业或一个产业，同一数量的劳动，所使用的资本量很大时为资本密集型，反之为劳动密集型，表示劳动使用资本量的公式为资本/劳动比率。我们衡量一个企业是否属于劳动密集型企业，可以把企业或者产业链中劳动力成本占总成本的比例，或每单位最终产品所消耗的劳动工时数量作为界定标准。由于我国劳动力价格的地区性和行业性差别，对劳动密集型企业的界定标准应当因地区和行业而不同。

从我国情况看，劳动密集型产业有以下四个特点：

1. 不可替代性。在当前技术水平下，相当部分劳动仍然无法被技术取代，即使能取代，对于资本短缺而劳动成本相对低廉的发展中国家来说，使用技术的成本往往高于使用劳动的成本。比如现代化的屠宰场，生产流程基本上是自动化的，但肉类不同部位的分割仍然需要人工完成；又如机收小麦在收割质量和生产成本等方面明显优于人力收割，农民大多选择资本密集型的机械收割技术；而机收玉米的成本明显高于人力收割，因而农民大多选择人工作业。特别是为了满足市场上多样化和个性化的需求，或者对精湛手工艺品的追求，必须保留或采用人工作业。比如个性化服装和用品、艺术陶瓷、雕刻、手工刺绣的生产等。

2. 发展阶段性。劳动密集型产业伴随着经济发展的全过程，逐步由占主导地位阶段向占非主导地位阶段过渡。当经济发展到劳动力资源优势的边际能力得到最大限度发挥时，由于市场机制的作用，总是逐渐被资本和技术密集型主导的产业所替代，这是产业结构发展演进的客观规律。美国以劳动密集型产业为主导的工业化阶段持续了110年，日本持续了80年，我国台湾省持续了40年。只有认识到我国的工业化还处于从初期向中期的过渡阶段，劳动力呈典型的"无限供给"的特征，劳动密集型产业对经济增长的贡献和潜能还未完全释放出来，才能看到以劳动密集型产业为主导的工业化阶段还要持续较长的时期。

3. 存在广泛性。劳动密集型产业涉及一、二、三产业和多种所有制，覆盖城乡两大地域，劳动密集型农业主要包括种养业、农产品加工业和旅游观光农业等。此外，劳动密集型产业还包括劳动密集型工业和劳动密集型服务业。即使是高新技术产业中的一些工序，如光学、精密零件的研磨、抛光等，仍然需要人工来完成。

4. 行业多样性。劳动密集型产业涉及相当多的行业，其中许多行业对劳动者素质的要求不高，目前外出农民中初中以上文化程度占82.3%，基本可以适应这些行业的需要。他们中有350万人回乡创业，主要是在劳动密集型行业创办企业，进一步促进了劳动密集型产业的发展。

（三）发展劳动密集型产业需要处理好几个关系

1. 处理好"效率优先"与"就业优先"的关系。一方面，要坚持"效率优先"的方向，加快资本和技术密集型产业的发展，迎头赶上世界最新科技产业发展的浪潮；另一方面，要看到巨大的就业压力日益成为严峻的社会问题。“效率优先”还是“就业优先”成为我们的两难选择。从国家的发展战略看，经济结构升级和充分就业两者都是我国发展的目标。要统筹考虑和协调这一对矛盾，把二者有机结合起来，在充分发展资金和技术密集型产业促进经济结构升级的同时，大力发展劳动密集型产业增加就业。正确的选择是，一方面集中力量发展高新技术产业，以跟上或超过国际先进水平；另一方面通过发展劳动密集型产业，带动资本和技术密集型产业的发展，最后达到全面升级。在这个问题上，要因地制宜、因时制宜、因企制宜。必须在借鉴国外经验的基础上，结合实际，走我国自己的发展道路。

2. 处理好发展劳动密集型产业与采用先进技术的关系。劳动密集与先进技术在企业内的有机结合，相辅相成，是我国劳动密集型产业发展的最佳模式。大力发展技术含量多的劳动密集型产业以及高新技术产业中的劳动密集型生产环节，是发展方向。在这方面，一要淘汰那些污染环境、资源消耗较多、缺乏竞争力的落后的劳动密集型企业；二要对具有绝对优势和比较优势的劳动密集型企业实行技术改造，加快开发新产品，实施“品牌战略”；三要大力发展新型的劳动密集型产业，如劳动密集与先进技术相结合的产业，围绕高科技外围发展的劳动密集型产业，以及机械不能代替人工作业的劳动密集型产业。

3. 处理好发展劳动密集型产业与地域经济发展的关系。根据比较优势理论，东部沿海地区资金和人才都比较集中，可重点发展资金和技术密集型产业；而在资金、技术相对缺乏，剩余劳动力相对较多的中西部地区，可侧重改造传统的劳动密集型产业，发展新型的劳动密集型产业。当前，要结合西部大开发、东部大开放、中部大发展的需要，不失时机地鼓励和引导劳动密集型产业由东部发达地区向中西部地区转移，通过产业结构的梯级推进，促进区域间经济协调发展。

4. 要处理好发展劳动密集型产业与发展小城镇的关系。国外经验表明，任何一个国家经济腾飞，劳动力在产业间的转移必须与空间上的转移同步推进。仅有劳动力从农村到城市、从分散到集中的空间转移，而无劳动力从农业到非农业、从传统产业到现代产业的产业转移，会导致“城市危机”或“超城市化”；仅有劳动力的产业转移，而无空间转移，会出现“半城市化”。小城镇的经济特点主要是劳动密集型产业，加快小城镇建设，既能解决当地劳动力的就业，又能促进各产业凭借劳动力低成本优势加快发展，有利于促进劳动力“产业转移”与“空间转移”的同步完成。小城镇应当成为劳动密集型产业发展的依托，劳动密集型产业应当成为小城镇建设的经济支撑，相互倚重，同步推进。

5. 要处理好传统劳动密集型产业与新型劳动密集型产业的关系。加快改造传统的劳动密集型产业，是当前发展劳动密集型产业的一个紧迫课题。一是在政策方面，要采取城市工业和农村工业并重、国有经济和非国有经济一视同仁的政策，清理限制、抑制和歧视劳动密集型产业发展的政策。二是在苦练内功方面，企业要强化管理、创新机制、改进工艺、更新设备、提高技能，在生产规范、质量标准、环境卫生等方面，要全面与国际接轨。三是在发展载体方面，要把农村工业化、非公有企业和中小企业提到应有高度，使其在促进劳动密集型产业发展上起到推进和引领作用。四是在宏观控制方面，国家要支持企业进行产权制度和分配制度改革；合理调整要素价格和分配数量，引导企业正确投资，坚决关闭无效益和违法企业，规避国外不合理反倾销、反诉讼等。发展新型劳动密集型产业，即目前技术不能替代人工作业的，或者能够替代但成本太高的，有竞争力的劳动密集型产业，关键是要科学定位，避免重复建设，着力提高产品特色和竞争力。

（四）采取有力措施，促进劳动密集型产业的发展

具有比较优势的劳动密集型产业与资本密集型产业的并存、并重和有机结合，是保持我国国民经济持续、健康、快速发展的必然选择。因此，促进劳动密集型产业的发展，促进其主要载体——农村工业、非公有企业和中小企业的发展，应该提到应有的战略高度。对不同类型的劳动密集型企业应该采取不同的扶持方向和支持政策。对于第一产业的劳动密集型企业，应引导和鼓励它们尽可能地选择资本密集型的技术，以期推动农业的专业化、集约化和规模化经营，尽快提高农业的劳动生产率，加速实现农业现代化。对于第二产业的劳动密集型企业，则应鼓励其采用劳动密集和先进技术相结合，既发挥劳动力资源充裕的比较优势，又发挥先进技术的高效率优势，提高企业的综合竞争能力。对于第三产业的劳动密集型企业，则要充分发挥其吸纳劳动力多的优势，加大扶持力度，同时加强管理，促进其健康发展。

1. 营造良好的市场环境。要为国内的劳动密集型企业，主要是非公有企业和中小企业，提供真正意义上的国民待遇、自由贸易和公平竞争的环境。首要问题是为劳动密集型企业的发展提供法制保证，确立其法律地位，维护其合法权益，为制定保护和扶持政策提供法律依据。在此基础上，政府应该在税收、审批和管理制度上进一步放宽限制，为劳动密集型企业的发展创造更宽松的外部环境。

2. 开辟合理的融资渠道。加强对劳动密集型产业的资金支持，包括财政支持和信贷支持。

建立“就业补贴”和“研究与开发补贴”制度。对提供较多就业机会的劳动密集型企业给予就业补贴，是许多国家采取的一项有效制度，是一条可借鉴的成功经验；对劳动密集型企业所需关键技术的研究与开发，政府应设立专项资金给予扶持。

由政府及有关方面出资兴办信用担保机构，以解决劳动密集型企业融资担保难的问题。

建立适合劳动密集型企业特点的贷款条件和审批程序，确定贷款的主渠道。比如在粮食主产区，粮食加工企业原料具有季节性强、收购资金量大、时间集中的特点，粮食收储企业应享受信贷的扶持政策。

适度放宽劳动密集型企业进入证券市场的准入条件。劳动密集型企业是资本节约型企业，应当调整现行股票、债券发行条件中对企业规模的限制，为其提供更有利的融资环境。

地方财政应对这类企业实施税收减免政策及其他优惠政策，以奖励其对就业的特殊贡献。

3. 加强对劳动密集型产业的宏观调控和引导。政府对劳动密集型企业应加深了解，制定符合企业实际的法规和政策；根据劳动密集型企业自然风险和市场风险大的特点，政府要帮助企业改革企业制度和管理机制，提高企业的管理素质；帮助企业进行培训，提高管理人员和劳动力的素质；颁布有关行业的技术标准，劳动密集型企业的投资和技术选择等；发布行业发展趋势信息，引导劳动密集型企业及时进入或退出有关市场和领域；对产品无市场、经营无效益的劳动密集型企业，及时依法关停并转，以保证劳动密集型企业健康发展。

4. 为农民外出务工创造良好的就业环境。要认真贯彻“公平对待，合理引导，完善管理，搞好服务”的方针，使农民真正享受与城镇居民同等的待遇，国家应设立培训基金，采取“岗前”与“岗后”相结合的培训方式，对农民有针对性地进行再就业培训；建立城乡统筹的劳动力市场，搞好就业信息服务；建议逐步以居住地登记制度和身份证管理制度替代户籍制度，取消“三证”、“五证”限制；清理农民进城务工的不合理政策和规定；采取切实措施解决拖欠民工工资，外出就业农民子女上学等问题；逐步建立起覆盖全社会劳动者的市场化的住房、医疗卫生和失业救济等社会保障体系。

七、农村劳动力转移典型经验

我到河南省对农村劳动力转移情况进行调研，先后与省政府有关部门进行了座谈，并到信阳市和罗山县、潢川县、固始县、新县等地实地考察，感到一些经验和做法很值得总结推广。

(一) 农村劳动力转移状况

河南省是全国第一人口大省。全省总人口9 613万人，其中农村人口占75%，无论是农村人口还是农民外出务工人数都是全国最多的省份之一。全省农村劳动力转移总规模达到1 310万人，占农村劳动力总数的27.9%，在外务工年总收入528亿元，人均4 717元，比当地农业劳动力年人均纯收入高82.4%。2002年，这些外出务工农民寄回家乡现金309亿元，有力地支撑了当地农民的生产生活和农村经济建设。河南省农村劳动力转移表现出以下特点：

1. 高素质劳动力转移多。市场竞争主要体现为科技、教育竞争，核心是人才竞争。我国劳动力由于呈无限供给特征，劳动就业市场竞争激烈。随着经济发展和技术进步，社会各行各业对劳动者素质的要求越来越高。反映在农村劳动力的转移上也是要求青年人、有文化的人居多：16～35周岁的青年人占62.6%；转移率与学历程度呈正相关关系，在转移出的农村劳动力中，大专以上学历转移率79.6%、中专57.3%、高中29.2%、初中26.2%，小学以下学历15.7%。

2. 以自发转移为主。自发转移的占72.4%，亲友介绍的占24.4%，靠政府组织转移的仅占3.2%。这说明农村劳动力的转移仍然要以市场机制为基础，政府的组织管理主要是引导和服务，包括提供信息、搞好培训、维护权益、协调政策。

3. 转移渠道由单一向多元转变。由过去的以养殖业、乡镇工业和建筑业为主，逐步向农、工、商、运输、服务业和国外劳务多元化方向发展。

4. 转移层次由体力型向技能型转变。随着科技进步和产业升级，用人单位对技能型人才的需求增加，农村劳动力转移也逐渐由体力型向技能型转变。适应这一趋势，外出务工农民的培训工作已列入县、乡政府的重要工作日程。越来越多的外出务工农民已开始在外或返乡创业，由过去所谓的“民工潮”向“外出创业者”转化。

5. 转移地区由周边向全国甚至国外拓展。农村劳动力转移已不再局限于“三就地”、本乡本土和周边地区，而主要到省外甚至国外务工。如信阳市固始县2002年农村劳动力务工人数达37万人，其中省外务工人员占90%以上；新县自20世纪90年代以来，累计向国外输出劳务6 000多人，仅2002年一年就输出1 000多人。目前信阳全市每年有4 000多人在国外务工，年劳务收入2亿多元。

（二）主要经验和措施

1. 充分认识农村劳动力转移的重大意义。河南省领导一致认为，全面建设小康社会，难点在“三农”，解决“三农”问题的关键必须减少农民。全省把转移农村劳动力看作繁荣农村经济、增加农民收入的“兴农产业”，并作为全面建设小康社会的一项重要举措来抓。各级政府成立了管理机构，提出了转移思路，制定了鼓励政策，明确了领导责任。

2. 发展本地经济，创造就业岗位。河南省根据本省实际制定许多优惠政策，吸引当地和外来企业投资建厂，重点发展具有本地特色的农产品加工业和第三产业。对于发展劳动密集型的企业，政府给予减免税费、减免供地费用等政策，只要有利于扩大就业，政府就积极为企业创造有利的发展环境。

3. 政府加强对劳务输出的服务。

（1）建立劳动力市场网络，加强信息服务。全省建立了劳动力市场网络和信息收集、信息确认、信息发布工作体系，整顿中介组织，实现市、县、乡三级劳动力市场信息共享。目前全省已有 170 多家政府办的职业介绍机构，1 100多所民办职业介绍机构和 600 多家劳动服务站。

（2）部门配合，积极为务工农民创造条件，加强协调服务。各职能部门各负其责，通力协作。村组基层组织积极进行牵线搭桥，帮助外出务工人员将土地依法转租给他人；司法部门提供法律援助，给予有关咨询；公安部门及时办理各种证件；计划生育部门每年定时到务工集中地开展计划生育服务；宣传部门大力报道务工人员先进典型，激发外出务工农民的劳动和创业热情。

（3）加强维权服务。县政府在劳务输入较多的地区如北京、上海、广东等地，设立劳务管理机构，建立流动党组织和工会，并进行跟踪服务，帮助解决劳动关系、社会保险、不公正待遇等方面的问题，切实维护务工农民的合法权益。

（4）加强资金服务。农民外出务工平均每人至少要花费 600 元，包括车费、路途伙食费、外出务工证、计划生育证、体检费、身份证办理费、职业介绍费、暂住证办理费等；到国外打工一般要花费 2.5 万元左右，相当部分农民无力承担，即使有很好的就业岗位，也只能“望洋兴叹”。河南省政府对此高度重视，要求有关部门为外出务工农民做好有关服务。如金融部门积极为外出务工、经商人员提供信贷支持，信阳市新县、罗山县农业银行专门开辟了境外就业贷款“绿色通道”，出国务工农民最快可在一个工作日内拿到贷款；2000—2004年，新县农业银行为出国务工农民发放贷款2 400多万元，帮助农民出国务工1 200多次，创汇600多万美元。

4. 加强培训，提高外出务工人员的素质。河南省各级政府部门积极解决培训经费，明确专项扶贫款的10%～15%用于培训。各地充分利用技校、职高、就业训练中心等现有教育资源，根据市场需求对外出务工人员进行有针对性的培训，包括专业技术、法律法规和思想政治教育等。信阳市新县为了向国外输出劳务人员，还专门进行语言、国外法规、外经贸知识和专业技术培训。全省充分利用现有培训资源包括近200所技工学校、220多所就业训练中心、1 000多所社会力量办学场所和其他各类培训机构，累计培训农村劳动力近400多万人。

（三）存在的主要问题

农民外出务工存在一些亟待解决的问题，主要表现以下5个方面：

1. 培训资金不足。国家没有专门资金支持，培训经费短缺，部门分割，培训内容缺乏实用性、针对性，导致培训效率较低，接受培训的农民较少，这是外出务工农民素质较低的重要原因。

2. 农民外出务工存在盲目性。农村劳动力转移以自发转移为主，反映出政府的组织管理和服务工作不到位，缺乏一套完整的劳务输出机制。从全国来看，目前还没有统一的农民外出务工服务管理机构，有关部门缺乏统一配合，存在“五龙治水"的现象：农业部门负责政策研究和农民的职业培训；劳动部门负责就业和再就业工作；公安部门负责流动人口管理；教育部门也负责部分农民职业教育；工商部门负责劳务市场规范。这种管理体制已不能适应新阶段农村劳动力转移的新情况和新要求。

3. 城乡二元结构制约了农村劳动力的转移。主要是户籍制度、土地流转制度、社会保障制度和城乡分割的劳动力市场。这些体制和政策是导致进城务工农民子女无法入学、社会保障跟不上、土地撂荒、同工不同酬等问题的深层次原因。

4. 部分土地撂荒，严重影响农业生产率提高。一是土地利用率低。一部分在外务工的农民"进有发财之路，退有养生之本"，满足于"粮食够吃就行"，只种"应付田"、"口粮田"，不肯在土地上下工夫和增加物化劳动投资，造成农业经营粗放，难以优化结构、发展高效农业，甚至出现撂荒现象。信阳市固始县 2002 年已有 38.2 万人在外务工经商，其中举家外出的有 3.1 万户，已达 10 万余人，有相当多的人已脱离土地多年，但由于土地经营效益低，普遍转租不出去，已经出现撂荒现象。二是有些地方一部分种田能手想种田又无土地，或有土地但担心接包接租后增加亏损。这样，土地难集中，受规模限制，很难开展家庭式农场经营，实现规模效益。这是农业生产率低、农民收入不高的重要原因。

5. 农民务工受到不公平对待，合法权益得不到保护。进城务工农民的吃、住条件普遍很差，"非典"以后一些地方有所改善，但务工农民担心"羊毛出在羊身上"，克扣他们的工资；劳动时间长、劳动强度大，有的是在没有任何防护措施条件下进行高危、剧毒工作。2004 年，河南省对本省外出务工农民的生活状况调查表明，工厂不设职工食堂的占 21.4%，不设澡堂的占 39.7%，不设医疗室的占 76.8%，无娱乐设施的占 83.2%，不予职工提供宿舍的占 17.7%。进城务工农民合法权益得不到保障，主要表现为：一是拖欠、克扣工资现象比较普遍；二是不能与城里人同工同酬；三是延长劳动时间，一般每日工作都在 10～12 小时，有的甚至超过 15 个小时；四是企业劳动环境差，安全生产得不到保证。

（四）要处理好五个关系

农村富余劳动力转移不仅是农民增收、繁荣农村经济、建设现代农业的重要措施，也是农村全面建设小康社会的战略举措，它是家庭承包经营、发展乡镇企业、调整产业结构之后实现统筹城乡经济社会发展的又一重大改革。工作中要注意处理好以下五个关系。

1. 处理好政府与非政府组织的关系。在农村劳动力转移过程中，政府要加强领导，通过政策和公共服务为农村劳动力转移创造宽松环境。各级政府应成立相应的工作协调小组、工作站，建立党、团、工会组织等，有关部门要按其职能进行跟踪服务，包括安排必要投资、建立信息网络、定期发布信息等，切实解决务工农民的后顾之忧，维护其合理权益。同时，鼓励各种非政府组织，包括中介组织、社会团体和能人大户等在法律允许范围内，积极为劳动力转移提供服务和帮助，减少“盲流”，促进有序流动。

2. 处理好农民增收与繁荣农村经济的关系。繁荣农村经济、增加农民收入是中央提出的重大任务。各级政府要通过农民外出务工，把两者有机结合起来。一方面，要鼓励农民尽可能多地外出务工增加收入；另一方面，还要积极为外出务工农民返乡创业制定优惠政策，促进本地农村经济发展。河南省信阳市实施"回归工程"以来，累计有1.58万外出人员返乡创业，共吸纳10.84万农民就业，创业与就业人员比为1∶6。新县向国外输出劳务多达6 000人，目前已有80%以上返乡兴办各种企业，成为农村经济发展的带头人，对繁荣农村经济发挥了重要作用。

3. 处理好农村劳动力就地转移与异地转移的关系。农村劳动力转移，要实行就地转移和异地转移相结合。农民就地转移务工的空间很大：一是调整农村产业结构，实现农业劳动力在广义农业内部转移，向农业生产的深度和广度发展；二是"离土不离乡"，通过在农村内部发展特色产业、农产品加工业和第三产业，特别是劳动密集型产业，让农民主要在本地从事非农产业。总之，政府应采取"多渠道、多层次、全方位"的措施来转移农村劳动力。

4. 开展农民培训要实行第一产业与二、三产业相结合。

（1）针对二、三产业发展要求进行职业培训。职业教育在培养人才方面具有周期短、针对性强、实用性强的特点，在农村劳动力转移中具有突出的作用。要大力发展职业教育，努力使农村劳动力有一技之长。

（2）开展种养业培训。培训不仅要为农村劳动力转移服务，还要为农业发展服务；不仅要培训劳动力转移的技能，还要培训种养业发展的先进技术。就中西部地区来说，今后大多数地区的农民主要靠种养业增加收入，加强种养业技术的培训对他们更现实、更实用。

（3）积极发展普通教育。从长远来看，普通教育特别是九年义务教育和职业教育是农村劳动力转移的根本之计。

5. 对城市就业人员与进城务工农民要一视同仁。进城务工农民与城市就业人员都是国家公民，在一些基本政策上应当一视同仁，使其享有“国民待遇”，如孩子就学、订立劳动合同和征收有关税费等。目前有些地方把务工农民看作“二等公民”，制定了一些歧视性政策。据有关调查，农民进城务工至少需要六证：暂住证、就业证、务工卡、健康证、消防证、婚育证等，合计每人每年要交费600～1 000元，这种情况亟待纠正和改变。

八、新农村建设与现代农业发展典型经验

根据辽宁省沈阳市委的邀请，由我带队对沈阳市沈北新区在全面推进新农村建设与现代农业发展方面进行了调研，通过一周的考察，我们觉得沈北新区在新农村建设和现代农业发展方面做了有益的探索，取得的经验是可贵的，对当前全国的社会主义新农村建设与现代农业发展具有很好的示范作用。

（一）沈阳市沈北新区基本情况

经国务院批准，沈阳市沈北新区于 2006 年 10 月正式成立，下辖 144 个行政村，户籍人口 30 万，农村人口占 2/3。成立之初，2005 年全区财政收入仅为 2.6 亿元。

沈北新区成立后，沈阳市委、市政府遵循“工业反哺农业、城市支持农村”的方针，强力开放，壮大产业，优化环境，大胆探索，大胆实践，走出了一条建设社会主义新农村与发展现代农业的新路子，推动了新区经济社会的快速发展。到2007年底，新区地区生产总值217亿元，财政收入20亿元，农民人均纯收入8 000元。综合实力由沈阳市13个县区的第9名一跃上升到第2名，被辽宁省政府列为“十一五”规划重点发展区域。

沈北新区先后被确定为全国生态示范区、国家级农产品深加工示范基地、全国绿色食品生产基地、东北亚科技创新与成果转化基地、中国十大农产品物流重镇、中国特色旅游之乡、深港企业投资潜力区、辽宁省综合配套改革试验区和辽宁省最具发展潜力区。

（二）主要做法

1. 以科学规划为先导，统筹城乡协调发展。沈北新区在新农村建设中始终坚持“统筹协调发展”这一战略，根据区域特点和产业状况，高标准制定了城乡总体发展规划、产业规划、基础设施规划等十几个专项规划。

沈北新区按照发展规划，将全区作为社会主义新农村建设的整体进行推进，坚持做到“五个统筹”：一是统筹基础设施建设。以建设城乡一体的高标准路网、水系、绿化、公共服务设施，提升新区发展环境，改善农民生产、生活条件。二是统筹产业发展。着力发展现代农业，重点发展农产品深加工、农业科技研发、设施农业和旅游业。三是统筹发展资金。坚持城乡发展并重，财政资金重点向农村倾斜。四是统筹公共服务设施建设。打破城乡分割的藩篱，在就业、保障、医疗、教育等方面采取城乡一体化模式，实现“无缝对接”。五是统筹城镇和中心村建设。重点建设6个中心镇，将144个行政村整合为44个中心村。

沈北新区统筹城乡建设，使新农村建设始终与城市发展紧密衔接、同步推进，实现城市发展成果全面向农村辐射，达到开城市之“渠”，引工业之“水”，灌农业之“田”的效果。力争到“十一五”末期，实现农民人均纯收入1.33万元、年均递增21%，农民非农就业达到70%，形成覆盖城乡公共服务体系，基本消除城乡公共服务差别。

2. 基础设施先行，较好地解决资金来源。沈北新区将基础设施建设作为新农村建设的重要手段，在总体规划布局下，着力实施路网、水系、环境美化和公共服务平台等基础设施建设工程。在路网建设方面，重点实施南北畅通和东西贯通工程，构建城乡一体的“六纵六横”城乡主干路网，把北部、西部偏僻的村屯和南部较发达地区以及周边城区紧密联系在一起，不仅方便了群众的出行，而且带动了农村经济发展和农民增收。在水系改造方面，突出水系的水利、生态、文化、休闲等功能特点，以改善周边群众生产、生活为目的，实施蒲河和长河综合整治工程，将两河建成集滨水公园、休闲广场为一体的景观生态内河。在生态绿化方面，对山、水、路、村庄进行全面的绿化，全区绿化面积达163平方公里，城镇绿地率46%。在环境整治方面，实施农村改厕，清理“三堆”，推行以沼气为主的清洁能源，关闭“五小”企业、化工污染企业及采石场，农村环境大为改观。在公共服务平台方面，建设集中供水厂，解决农民吃水问题；建设服务城乡的文化艺术中心，丰富农民文化娱乐生活；改造区中心医院，解决农民看病难；开通城乡专线客车和出租车，实现村村通公交；架设覆盖城乡的有线电视网络，实现村村通有线电视。城乡公共服务差别正在逐步消除。在农业基础设施建设方面，实施辽河大堤加固、万泉河河道疏浚、石佛寺灌区灌溉等防洪、抗旱工程；强化设施农业建设；建设市级农业经济区，发展富民经济小区，农业基础设施明显改善。

新农村建设和发展现代农业，需要着力解决“钱从哪里来的问题”。沈北新区在运作建设资金方面进行了大胆的尝试，建立了三大体系：一是放开要素市场，建立民营资本投入体系。按照“政府引导、企业行为、市场化运作”的思路，将供电、供水、供热等可经营类项目全部市场化，引入民营资本参与基础设施建设。新区70%的基础设施建设资金由民营企业投入。二是集中使用财政资金，建立“支农、惠民”公共财政体系。统一安排区乡财政资金，集中财力办大事，使财政资金重点向具有长期性、基础性的基础设施和公共服务建设项目倾斜。三是拓展融资渠道，建设社会化筹资体系。组建国资公司、土地储备交易中心、建设开发公司三大融资平台，与金融机构建立稳固的合作关系，吸纳银团资金参与新农村建设。

通过打造城乡一体的基础设施，切实解决农民最现实、最直接、最迫切的问题，让广大农民直接享受到新农村建设成果，赢得了群众的信任，调动了农民的积极性，使之成为新农村建设的推动者、实施者和受益者。

3. 以农产品加工为龙头，发展现代农业。沈北新区坚持用现代农业推进新农村建设，用项目、用开放推进现代农业发展。以引进培育农事龙头企业为突破口，构建了生产、加工、销售有机结合的现代农业产业体系，进而加快新区新农村建设进程。这是沈北新区的一个显著特点。

目前，新区通过扩大开放，已经形成了五大主导产业，建立了 9 个农产品深加工产业中心，辐射拉动新区及周边地区农户 230 万户，农民增收 65.7 亿元，并直接带动新区 2 万人就业。农产品深加工产业中心推进农业生产的规模经营，加速了农业产业化、机械化、规模化、标准化、市场化进程，在农村经济发展中起到了核心作用。主要体现在四个方面：

（1）推进规模化生产。在农产品深加工企业的带动下，沈北新区农产品种养规模进一步扩大，建立了种养加工一条龙体系，形成了西部 10 万亩全国绿色水稻标准化生产基地、中部万亩花卉苗木生产基地、东部 3 万亩林果生产基地和 37 个畜牧业富民经济小区。如：生威大米集团，由企业指定优质米品种，实行订单农业，促进水稻规模化生产 100 万亩，目前，沈北新区所有水稻生产全部纳入到龙头企业生产链条，切实提高了农业生产的规模化水平。

（2）提高标准化水平。农产品深加工企业一头连农户，一头连国内外两个市场，在农户间有效地推广了农产品标准化生产观念和技术。如：华美畜禽公司带动农产 1.5 万户，公司在与农户合作过程中，做到了“五个统一”，即：统一种雏、统一饲料、统一技术、统一防疫、统一收购，实现了肉鸡生产的标准化，确保了食品安全。

（3）带动经纪人组织。沈北新区围绕9大农产品深加工产业中心，形成12家农民专业合作组织，专业协会成员1 300户，带动农户7 000户。如：禾丰牧业公司所生产的70%饲料通过农村经纪人对农民进行销售，带动一大批农村经纪人，活跃了农村市场，推动了农业的市场化、信息化发展。

（4）促进农民增收。新区农民2006年人均纯收入6 183元，其中有952元是农产品深加工企业直接带动的结果，占农民人均纯收入的15%。如：辉山乳业，带动农村养殖户1.2万户，仅奶牛饲养一项农民增收2.4亿元。

（5）拓展农民就业渠道。新区农产品深加工企业大多属于劳动密集型企业，平均每家企业用工339人，直接带动新区2万人就业，对就地转移农村劳动力发挥了巨大作用。

从沈北新区农产品深加工产业集群的发展来看，大力发展以农产品深加工产业为重点的现代农业，不仅壮大了城乡经济实力，而且提升了农产品的附加值，在农户、基地与市场之间架起来了桥梁，在工业与农业、城市与乡村之间形成了良性互动，提高了农业竞争力，增加了农民收入，对新农村建设起到不可替代的作用。

4. 以中心村建设为基础，探索土地利用新模式。沈北新区合理规划村镇布局，科学开发利用土地资源，充分发挥土地对农民的基本生活保障和生产资料作用，做到了"五个结合"，即：将集约使用土地与民生问题相结合，解决农民的后顾之忧；与村屯改造相结合，提升土地价值；与中心村建设相结合，改善农民的居住条件；与改变农民农田作业方式相结合，提高农业生产效率；与复垦土地相结合，实现全区土地占补平衡。从而实现农民基本生活有保障，居住条件有提高，农民收入有增加，发展环境有改观。

（1）科学规划，合村并点，推进中心村发展。沈北新区新城子村屯人均占地 400 平方米，造成了资源浪费；居住分散，不利于基础设施配套。针对这一问题，沈北新区提出利用 10 年时间，在群众自愿的基础上，分期实现居民点合并，将在北部组团重点建设中心镇和中心村，腾迁出村屯用地 30 平方公里，整理出复垦土地 31 平方公里。

实施农民集中居住、建设中心村，是新农村建设的重要措施。但在实施过程中，遇到了农民生产作业不便、没有园田地、无法发展养殖业、农用设备无处存放等诸多问题，影响了村民参与中心村建设的积极性。针对这些问题，沈北新区在实践中充分考虑到广大农民的现实需求，做到了“五个注重”：一是注重居民点合理布局。结合村屯实际状况和历史成因、民族习惯，按照每个居住点 10 分钟农用车程即可覆盖周边生产作业区进行布局。二是注重养殖小区建设。在中心村安排一定规模的现代化畜牧业富民小区，提升养殖条件和规模。三是注重基础设施建设。建设连接田间作业道路的路网，拉近农民到田间作业的交通距离。四是注重工业地产和工业园区建设。对于适于发展工业、距离现有工业区较近的地区统一建设标准化厂房和工业小区，引导农民参与入股，加强农民技能培训，实现非农就业。既化农为工，又促进原有农田的集中耕种，提高机械化、规模化水平。五是注重工厂式蔬菜大棚建设。在中心村外，集中建设工厂式大棚，大棚主要生产绿色食品，除保证本地农民供应外，还面向国内、国际市场进行统一销售，替代原有园田地，提高农产品标准化生产程度，增加农民收入。

（2）创新村屯改造方式，让农民成为最大的受益者。沈北新区在村屯改造过程中，始终坚持让利于民、致富百姓的原则，积极探索存量用地合理利用的新模式，做活做足土地文章，强有力地推动了地区的新农村建设。具体采取五种模式：

①多予不取，让利于民——"正良"模式。道义正良村紧邻沈阳市区，村屯占地540亩，人口1 930人，具有典型的"人多地少"特点。为了彻底改善村民的居住条件，提高生活水平和质量，新区对该村进行了整体搬迁。按照国家有关政策，支付征地补偿费2 707万元，房屋拆迁补偿款2.4亿元，养老保险费2 380万元，百姓优惠住房补贴费6 120万元，合计35 207万元；村屯改造后，腾迁出土地465亩，新区采取市场运作的方式出让土地，出让收益30 225万元，与农民的各种补偿资金缺口4 982万元，全部由政府补贴。新区在土地出让资金不足的情况下，以财政补贴方式，对被征地农民全部缴纳养老和医疗保险，并安置就业，使农民的长远利益有了根本保障，解除了农民的后顾之忧。该村在动迁改造时，出现了农民排队等候签字的踊跃场面。

②整合资源，综合利用——"大辛"模式。大辛地区由三个行政村组成，现有农户1 205户，人口1 971人，耕地14 300亩，村屯占地2 500亩。该村在农民自愿的前提下，将三个村整体动迁，对农民现有住宅进行评估，采取1∶1的比例返还楼房面积，集中建设大辛社区。大辛社区利用整合后的2 500亩宅基地，以市场化运作方式，引进房地产开发公司开发建设。开发公司利用2 500亩地，用200亩土地建设农民集中居

住房，改善农民居住条件；1 900亩用于商业网点和工业园区的建设，满足当地农民的就业需求；400 亩用于学校、医院、敬老院、市场等公共设施的建设，提高农民生活水平和生活质量。同时，利用村里的非基本农田，以市场化运作、农民出地入股或出租的方式，建设 400 亩工厂式大棚，既发展了村集体经济，又解决了农民担心的生产便利问题；建设 350 亩标准化厂房，对外出租，确保农民长期有收益，生活有保障。

③壮大集体，保民增利——“虎石台”模式。虎石台村有居民 316 户、总人口 779 人，人均土地面积不足 0.7 亩。为使有限土地资源发挥更大的效益，让百姓生活长期有保障，虎石台村采取多种措施，壮大村集体经济实力。一是创立了啤酒酿造、机械制造等 28 家集体企业，实现年产值 1.2 亿元，利润 400 万元；二是建设 5 万平方米的办公楼及工业厂房出租，每年收益 150 万元；三是建设 400 亩的现代种养殖小区，实行公司化经营。以上三种方式，实现了农民本地化就业，壮大了村集体经济，全村百姓普遍从中受益，村集体每月拿出 15 万元，对全村百姓每人进行专项生活补贴 200 元/月，对男 55 周岁以上、女 50 周岁以上每人每月另外发放 300 元的养老补贴。村民的生活水平、社区配套环境都有明显的提升。

④农民参股，分红受益——“大古城”模式。大古城村进行整体拆迁，腾出宅基地 932 亩，60 亩用于村民集中居住外，其余 872 亩用于土地开发，所得收益一部分用于社保建设，其余部分作为村民入股分红。

⑤政府引导，企业让利——“清水”模式。清水村当地拆迁标准为每平方米1 480元，商品房出售价格为每平方米1 980

元，政府对当地农民不实行货币化安置，而实行 1∶1 等面积回迁。房屋差价部分，由政府通过政策引导、开发商让利于民的方式解决。这样农民因房屋价差获得收益 4 万～5 万元。同时，政府对农民宅基地进行补偿，保障农民最大限度受益。

沈北新区通过村屯改造，完善农村基础设施、公共服务设施建设，提升新农村建设整体水平，缩小了城乡差距，加速了城乡一体化进程，群众得到最大的实惠，深受农民欢迎。

（三）几点建议

1. 建议将沈阳市沈北新区批准为“国家级社会主义新农村与现代农业示范区”。沈阳市沈北新区是我国目前最大的农产品深加工基地，具备发展现代农业的独特产业优势；沈北新区是国务院批准的东北唯一新区，是辽宁省唯一综合配套改革试验区，具备为老工业基地全面振兴先行先试的优势；新区在建设新农村与发展现代农业的试验，可为东北社会主义新农村建设积累新经验、探索新模式、作出新示范。沈阳市委、市政府表示，如果新区被批准为示范区，将力争用 5～10 年的不懈努力，建成全国现代农业的示范区、新农村建设城乡统筹发展的先导区。

2. 建议将沈北新区批准为“农村居民点土地整理专项规划试点单位”。为加快新农村建设与现代农业发展，新区积极进行农村居民点土地整理，分期实施居民点合并、搬迁村屯、复垦土地、建设农产品深加工产业园区。若将这些整理后的土地全部折抵为建设用地指标，需要国土资源部批准沈北新区为农村居民点土地整理专项规划试点单位后实施。

3. 对于农产品深加工项目在土地利用指标上予以倾斜。 农产品深加工企业是带动现代农业发展的关键力量，是建设社会主义新农村的重要途径。但是，相对工业项目，这类企业大多数税收较少、产值较小，在申请企业用地时往往处于劣势。鉴于这类企业对新农村建设的社会效益较大，建议在用地指标上划出一定比例优先考虑其用地需求。

九、我国农村税费改革回顾与展望

农民负担问题，关系着农民切身利益，关系着农村的改革、发展与稳定，关系着全面建设小康社会能否顺利实现。20 世纪 80 年代中后期，党中央、国务院统揽全局、着眼长远，及时把减轻农民负担提上“三农”工作的重要日程，采取了一系列重大措施。经过多年的不懈努力，减负工作从立法规范到减负治乱，从农村税费改革到综合改革逐步深化，农民负担重的状况发生了根本变化，产生了巨大的政治、经济和社会推动力，直接增加了农民收入，调动了农民的生产积极性，促进了农业发展，缓解了社会矛盾，不仅具有重要的经济意义，而且具有重大的社会政治意义。回顾减轻农民负担 30 年历程，大体上经历了三个阶段：一是 1978—1999 年，农业支持工业阶段；二是 2000—2005 年，“多予、少取”探索阶段；三是 2006 年至今，城乡统筹发展阶段。

（一）农业支持工业阶段（1978—1999 年）

党的十一届三中全会后，随着农村家庭承包经营的普遍实行，充分调动了农民的生产积极性，极大地解放了农村生产力，促进了农业农村经济的较快发展和农民收入的普遍提高。进入 20 世纪 80 年代中后期，由于市场供求关系变化及农产品价格等原因，农民收入增长受到很大制约，农民负担却在不断增加。尤其是进入 90 年代以来，一些地方“三乱”问题更加严重，以各种名目向农民乱收费、乱集资、乱罚款和摊派，农民负担大幅度增加，恶性案件呈上升趋势。据农业部统计，1998 年，农民承担的税费总额达1 360亿元，比 1990 年的 469 亿元增加 1.9 倍，农民人均负担增加 2 倍。这一时期，我国处在工业化初始阶段，国家宏观政策是农业支持工业、为工业提供积累。在此背景下，针对农村“三乱”问题突出，农民负担日渐加重的情况，中央采取了一系列重大措施，旨在“减负、治乱”。

1. 严格控制农民负担水平。1990 年国务院《关于切实减轻农民负担的通知》提出：“以乡为单位，人均村提留乡统筹控制在上一年人均纯收入的 5%以内”。1991 年国务院《农民承担费用和劳务管理条例》规定，村提留乡统筹费以乡为单位不得超过上年农民人均纯收入的 5%。1998 年党的十五届三中全会进一步规定，农民承担的合理负担一定三年不变。使收入数字与负担水平相脱钩，实行比例限额和数量限额双重控制。1999 年，国务院办公厅转发农业部等部门《关于 1998 年农民负担执法检查情况报告的通知》指出：“从 1999 年开始，在全国普遍推行提留统筹费一定三年不变的管理办法”。

2. 清理规范涉农收费项目。自 1990 年以来，全国开展了多次较大规模的涉及农民负担文件和项目的清理。1990 年按照全国治理“三乱”领导小组的部署，开展了涉农收费项目清理整顿工作，基本摸清了涉农收费情况。1993 年清理取消了中央国家机关涉及农民负担的项目 37 项、要求农民出钱出物出工的达标升级活动 43 项。各地也按照中央的要求，清理取消了一大批收费项目，当年减轻农民负担 100 多亿元。1996 年中共中央、国务院《关于切实做好减轻农民负担工作的决定》下发后，各地清理涉及农民负担的项目累计17 389项，累计取消不合理收费项目7 831项，减轻农民负担 37.7 亿元。

3. 加强农民负担检查监督。从 1992 年起，国务院减轻农民负担联席会议每年都要派出检查组，对各地农民负担情况进行检查。各地也普遍进行了一年两次的执法检查。采取全面检查与重点抽查、明察与暗访相结合的办法，坚持检查与处理相结合，既及时解决检查发现的问题，又有效促进面上的整治工作。有关部门连续多年在全国范围内组织开展对农村中小学教育收费、农业生产性费用和农民建房收费、农民进城务工收费，以及农村计划生育、婚姻登记、殡葬收费、村委会收费等涉农收费进行专项检查。通过加强检查监督，将不该收和多收的款项退还给农民，对有关责任人作出严肃处理，推动各项政策措施的落实。

4. 不断完善减负工作领导机制。根据中央的要求，从中央到地方，逐步建立健全了减轻农民负担的责任制。中央一级，由国务院办公厅领导牵头，有关部门负责同志参加，组成了国务院减轻农民负担联席会议，负责指导协调全国减轻农民负担工作。地方各级建立健全了党政一把手负总责的工作制度，成立了由分管领导任组长的减轻农民负担工作领导小组，按照"谁主管、谁负责"的要求，建立了部门责任制。从上到下形成了一级抓一级、一级对一级负责的工作格局。

通过这一时期的上下共同努力，农民承担的提留统筹费基本上控制在政策规定的5%限额以内。法规制度建设迈出重要步伐，农民负担预决算、监督卡、专项审计等制度逐步建立健全。进一步明确和健全了职能部门间分工协作的监督管理机制。

农民负担虽然趋于稳定，但加重农民负担的体制、机制根源并没有消除，农民负担在1998年达到最高，1999年、2000年仍居高不下。历史经验表明，农民负担比较重的时期，是粮食产量增长速度下降的时期，也是农民增收困难的时期，也是农业发展缓慢时期。统计资料显示，1978—1990年，全国粮食总产的平均增长速度为3.3%；随着农民负担加重，农民的生产积极性受到严重影响，1991—1995年粮食总产平均增长速度下降为0.9%；在农民负担达到历史最高的1996—2000年，粮食总产的平均增长速度下降为−0.2%。农民人均纯收入的增长速度也由1980年的16.6%下降为2000年的2.1%，几乎是改革开放以来的最低水平。

（二）"多予、少取"探索阶段（2000—2005年）

多年的实践表明，"减负、治乱"措施难以从根本上解决农民负担过重的问题。为了保护农村生产力，实现农村经济持续发展和社会稳定，对农民采取"多予、少取"的方针是必要的，也就是说，整个国民收入分配要在较长的时间内向农民倾斜，并且要突出地抓好减轻农民负担工作，让农民得到更多的实惠。“解决农民负担过重问题，必须采取得力措施，标本兼治，综合治理”。从1999—2002年，中央连续4年召开全国减负工作电视电话会议，明确提出了涉农税收价格收费“公示制”、农村义务教育收费“一费制”、农村公费订阅报刊“限额制”、涉及农民负担案（事）件“责任追究制”的“四项制度”。与此同时，中央采取果断措施，推进以“减轻、规范、稳定”为目标的农村税费改革。

2000年3月，中共中央、国务院下发了《关于进行农村税费改革试点工作的通知》，明确取消乡统筹费、农村教育集资等专门面向农民征收的行政事业性收费和政府性基金、集资；取消屠宰税；取消统一规定的劳动积累工和义务工；调整农业税政策；调整农业特产税政策；改革村提留征收使用办法。中央确定在安徽省以省为单位进行农村税费改革试点。

2001年3月，国务院发出《关于进一步做好农村税费改革试点工作的通知》，进一步完善农村税费改革的有关政策。

2002年3月，国务院办公厅发出《关于做好2002年扩大农村税费改革试点工作的通知》，确定河北等16个省、自治区、直辖市为2002年扩大农村税费改革试点省。

2003年3月，国务院发出《关于全面推进农村税费改革试点工作的意见》，决定2003年在全国普遍开展农村税费改革试点工作。

从2004年开始，农村税费改革进入一个新阶段。中央决定，2004年农业税税率总体上降低1个百分点，取消除烟叶外的农业特产税，并选择吉林、黑龙江两省进行全部免征农业税试点。

2005年中央确定，在国家扶贫开发工作重点县实行免征农业税试点，在其他地区进一步降低农业税税率。在牧区开展取消牧业税试点。当年，28个省、自治区、直辖市全部免征农业税。同时，中央部署开展农村综合改革试点。

在此期间，中央按照“多予少取放活”的方针，进一步加大支农惠农政策力度。2004年，中央开始对粮食主产区种粮农民实行直接补贴，对部分地区农民进行良种补贴和大型农机具购置补贴，“三项补贴”资金总额为149.5亿元。2005年，中央继续巩固、强化支农惠农政策，“三项补贴”资金共180.5亿元。

这一阶段，减轻农民负担取得了明显成效，农民负担过重的局面得到了根本转变，有效激发了农民生产积极性，促进了农业增产和农民增收。粮食总产的平均增长速度由1996—2000年的－0.2％上升为2001—2005年的0.9％，农民人均纯收入的增长速度由2000年的2.1％上升为2003年的4.8％。

（三）统筹城乡发展阶段（2006年至今）

2006年在全国范围内取消农业税，结束在中国历史上延续了2 600年的“皇粮国税”，消除了在现代化社会不应由农民承担的不合理赋税的制度性缺陷。但是，农业基础设施脆弱、农村社会事业发展滞后，城乡居民收入差距扩大的矛盾依然突出，这是影响农民负担广阔而深刻地社会因素。为了尽快改变这种状况，中共中央、国务院《关于推进社会主义新农村建设的若干意见》明确指出：统筹城乡经济社会发展、加快建立以工促农、以城带乡的长效机制。减轻农民负担进入统筹城乡发展阶段。其主要措施：

1. 加大支农惠农政策力度。2006年，“三项补贴”资金达到196.4亿元，比2005年增长了8.9%。同时，首次安排125亿元农业生产资料增支综合直补和28.9亿元渔业燃油补贴资金。

2007年，中央财政支农安排粮食直补、农业生产资料综合补贴、良种补贴、农机购置补贴资金512.7亿元，比2006年增加203.2亿元；实施了能繁母猪补贴，建立了生猪良种补贴、能繁母猪保险制度和生猪调出大省奖励制度，中央和地方财政为此共安排资金60亿元，调动了农民的生产积极性。国家全部免除了农村义务教育阶段学生学杂费和教科书费，补助寄宿生生活费（即“两免一补”）；在全国建立了农村最低生活保障制度；新型农村合作医疗制度改革试点覆盖了半数以上的县（市、区）。各地坚持政策公开，强化制度建设，加强资金监管，确保广大农民切实得到实惠。

2008年，中央进一步加大农业投入力度，在2007年4 318亿元的基础上，预算安排5 878.1亿元，比2007年增加36.1%。

2. 加快推进农村综合改革。2006年9月，国务院召开了全国农村综合改革工作会议，随后国务院下发了《关于做好农村综合改革工作有关问题的通知》，对农村综合改革工作做出全面部署。

（1）以转变政府职能为重点，推进乡镇机构改革。乡镇机构改革的总体要求是，坚持因地制宜、精简效能、权责一致的原则，转变政府职能，精简机构人员，提高行政效率，建立行政规范。截至2007年11月底，全国进行改革试点的乡镇已达18 047个，占乡镇总数的52.4%。内蒙古、吉林、黑龙江、浙江、安徽、河南、湖北、重庆等8个省份已经完成乡镇机构改革阶段性任务。

(2) 以落实教育经费保障机制为重点，推进农村义务教育改革。通过改革农村义务教育体制，保障办学经费，提高教学质量，促进教育公平，加快农村义务教育发展，实现让每一个农村孩子都有学上、都能上得起学的目标。截至2007年底，全国财政为此共投入改革资金926亿元，其中2007年中央和地方安排资金约565亿元。全国近1.5亿名农村中小学生免交了学杂费，每年平均每个小学生减少学杂费140～180元，初中生180～230元。同时，为3 800万个家庭经济困难学生提供了免费教科书，780万个家庭困难的寄宿生得到了生活费补助。

(3) 以增强基层财政保障能力为重点，推进县乡财政管理体制改革。县乡财政管理体制的着眼点：一是解决财政分配的公平性和有效性问题，在城乡之间逐步实现公平财政分配支出；二是解决县乡财政困难，保证基层运转，防止基层通过乱收费弥补财政不足。改革的主要内容：一是不断增加对农业和农村的投入，进一步加大支农资金整合力度；二是进一步完善转移支付制度，确保基层政权组织正常运转；三是继续进行"省直管县"财政管理体制和"乡财县管乡用"财政管理方式的改革试点。近几年，各地结合实际不断探索，县乡财政管理体制改革工作取得了明显进展。

3. 加强农民负担监督管理。2006年6月，国务院办公厅发出《关于做好当前减轻农民负担工作的意见》，明确提出取消农业税后减轻农民负担工作的总体要求和农村负担监督管理的重点：一是规范涉及农民负担的行政事业性收费的管理，加强对涉及农民负担文件出台、项目公示的审核；二是加强对农业生产性费用和村集体收费的监管；三是强化对村民“一事一议”筹资筹劳的监管，加强对筹集的资金、劳务和专项补助资金的管理，提高使用效率；四是开展对向农民专业合作经济组织乱收费乱摊派等问题的监管；五是做好对农民补贴补偿和对村级财政性补助资金的监管，并将农民反映强烈的征地补偿等涉及农民权益的问题纳入监管范围。

4. 主要成效。多年来，在党中央、国务院的正确领导下，各地、各有关部门和广大基层干部群众的共同努力下，减轻农民负担工作取得了显著成效。

（1）农民负担明显减轻。农村税费改革全面取消了农业税等专门面向农民的各种税费，初步规范了农村税费制度，大幅度减轻了农民负担。2006 年全国农民负担总额为 282.8 亿元，人均 30.95 元，分别比 2000 年减少 976.8 亿元和 110.47 元，下降幅度分别达 77.6％、78.1％。

（2）涉及农民负担的案（事）件得到控制。2005 年，全国首次既没有发生因农民负担引发伤亡的恶性案件，也没有发生严重群体性事件和造成重大影响的其他案（事）件。2006、2007 两年，均保持了良好的局面。

（3）农村干群关系明显改善。随着减负工作的不断加强、农村税费改革的逐步深化，基层干部作风明显转变，服务意识明显增强，村务公开全面覆盖，基层民主大为改善，有效地缓解了干群矛盾。基层干部为农民提供服务的多了，催粮催款的少了；遇事与农民商量的多了，强迫命令的少了。

（4）农民得到的实惠明显增加。2007 年中央财政预算中全部支农资金达到了4 318亿元，比上年增加 921 亿元。农民得到的实惠明显增加，农民负担明显减轻，有力地促进了农民增收。2007 年农民人均纯收入4 140元，比上年增长 9.5%。农民增收减负所取得的成效，为社会主义新农村建设创造了有利条件。

这一阶段，农业、农村经济发展和农民增收进入历史较快时期，农民增收 2006 年达到 6%，2007 年达到 9.5%；粮食生产连续持续稳定增长，社会主义新农村建设进入了新的发展时期。

（四）减轻农民负担工作展望

随着农业税的全面取消，减轻农民负担工作已从“治重”、“治乱”转入巩固农村税费改革成果和防止反弹。但是，减轻农民负担仍然面临许多新情况、新问题。

1. 减轻农民负担面临的新情况、新问题

（1）从各地情况看：一是一些地区的农民负担仍然较重。主要包括太湖区、黄河流域农灌区、淮河周边地区、大中型水库农灌区等。由于这些地方特殊的地理环境和生产生活条件，农民负担重的问题仍然比较突出。二是一些项目的收费仍然较乱。主要包括农村义务教育、农业水电、农民建房、计划生育、工商登记、生猪屠宰等。这些收费以合理的项目出现，有的超标准收取，有的将违规项目搭车收取，有的将无关项目捆绑收取。三是一些领域出现集资摊派的苗头。主要包括乡村道路、水利水电、校舍修建等领域。一些不应由农民出的钱，以摊派形式强制向农民收取，且收取的数量不断增加。

（2）从工作角度看：一是减负工作意识有所淡化。一些地方、部门认为，国家对农村增加了投入，对农民实行了补贴，农民的收入增加了，办事让农民出点钱算不了什么。部分地方没有很好地坚持党政主要领导亲自抓、负总责的工作制度，对农民负担是“高压线”的意识有所淡化。二是减负工作力度有所弱化。在违规违纪问题处理方面出现避重就轻的苗头，一些地方发生涉及农民负担的问题，对相关责任人处理不到位，农民负担日常监管工作不能正常开展。

（3）从体制因素看：农业税取消后，农民负担问题之所以还存在，主要有以下原因：一是以工促农、以城带乡的长效机制尚未形成。近年来，尽管国家对“三农”的投入力度不断增强，但农民并没有得到足额的“反哺”，以工促农、以城带乡长效机制的形成需要一个渐进的过程。二是农村公益事业支出向农民摊派机制尚未有效转变。在社会主义新农村建设中，“村村通”、“村庄整治”等各项农村公益事业建设形成了新高潮。在这个过程中，尽管国家的财政投入力度不断增强，仍有部分资金转嫁为农民和集体负担。三是收费罚款养人养事机制尚未转变。由于农村综合改革刚刚起步，基层政府职能未变，乡镇机构臃肿、人员庞杂的局面并未根本改变，加上县乡财力普遍较弱，一些地方把收费作为增加财政收入、平衡财政预算的重要途径，仍然依靠收费罚款来养人养事，成为“乱收费”的诱因。

2. 减轻农民负担任务仍然十分艰巨。上述情况表明，涉及农民负担问题的体制、机制性深层次因素还没有完全消除，建立起城乡统一的公共财政还需要一个较长的过程，减轻农民负担的基础还不牢固。因此，我们决不能满足现状，要不断深化改革，推进制度建设，强化监管措施，严格规范管理，当前要做到“四个坚持”。

（1）坚持表本兼治。既要坚定不移地推进农村综合改革，加大治本工作力度，逐步消除农民负担反弹的隐患，又要加强对农民负担的监督管理，控制农民负担增加。

（2）坚持尊重农民意愿。在改善农村基础设施和发展农村公益事业中，既要通过“一事一议”引导农民对直接受益的项目出资出劳，把国家投入与农民投资投劳结合起来，改善农民生产生活条件，又要防止超越农民承受能力，违背农民意愿，加重农民负担。

（3）坚持推进基层民主。通过逐步规范基层民主制度，不断增强农民群众的民主意识，强化民主监督，切实保障农民群众的知情权、决策权、监督权。

（4）坚持预防与查处相结合。着力构筑防止农民负担反弹的思想和工作防线，坚决查处违规违纪行为。

十、国外农民权益保护经验

根据“人大”安排，2004 年 10 月由我带队对墨西哥和加拿大两国进行访问，围绕我国正在制定的《农民权益保护法》，重点考察了墨、加两国在保护农民权益方面的做法和经验。

（一）考察所取得的成果

这次访问考察，主要取得了以下三项成果：

1. 加强了全国人大农委与两国议会的沟通。这次是十届人大农委第一次组团访问两国，两国议会对此十分重视。访问期间，代表团先后拜会了墨西哥参院副议长、加拿大众议院加中友协主席等议会领导人，与墨西哥参院土地改革委员会和农牧委员会的主席、副主席及不同党派的议员进行了多次会谈。两国议会高度赞扬中国农业的发展和全国人大农委在促进农业发展中的作用，介绍了两国议会农业立法的情况和做法，表示愿意加强同全国人大农委的联系与合作。在交流中，代表团宣传了中国农业取得的成就，表达了学习各国农业立法好的经验的愿望。这次访问，达到了加强联系、交流经验、增进友谊的目的。

2. 加深了对两国农业发展情况的了解。访问中，代表团广泛接触了两国政府的农业主管部门、农业司法机关、农业投资公司、农业科研单位以及农业生产合作社，对两国农业的发展现状和最新动态有了进一步了解。墨西哥在发展中国家属经济水平较高的，加拿大是发达国家，尽管两国经济发展水平不同，但都十分重视农业。墨西哥人均国民收入达6 000多美元，农业产值占国内生产总值的 4.2%，农业劳动力占社会劳动力总数的 22.2%。为促进农业的发展，近些年墨西哥政府在推动农村土地改革、鼓励农业合作社发展、加快乡村基础设施建设、提高农民生活水平等方面采取了一系列措施。目前墨西哥已成为世界农产品出口的重要国家，年出口 83 亿美元，占到农业产值的38%。加拿大近几年从保障农民收入入手，着力提高本国农产品的竞争力。我们所到的安大略省，农业和食品工业提供了社会1/8的就业岗位，创造了8%的国内生产总值，农业是继加工业之后的第二大产业，具有相当的活力。墨、加两国的经验都表明，工业越发达，社会越进步，越要支持、保护和发展农业。

3. 学习了两国保护农民权益的经验。访问中，代表团围绕农民权益保护立法与两国有关方面进行了广泛交流，并就法律框架、保护重点、保护措施、保护机制、政府和社会责任等主要问题进行了深入探讨。通过考察和对比分析，不仅加深了对立法工作重要性、紧迫性、艰巨性的认识，而且开阔了立法思路，借鉴了两国的成功经验。

（二）保护农民权益的主要做法

墨、加两国对农民权益保护十分重视，从本国国情出发，采取了许多有效措施。

1. 制定法律，依法保护农民权益。墨、加两国是重视法治的国家，为了有效地调节政府与农民、社会与农民、组织与农民、农民与农民相互之间的利益关系，制定了一系列相关法律，基本做到了依法维权。在墨西哥，为缓解农民土地权益方面的社会矛盾，保护农民利益，从宪法条款，到专门法律，再到操作规章，形成了一整套严密的法律法规体系。1992年墨西哥实行土地改革，由过去土地国家所有向农民分配使用的制度，改为以农村社区所有为主农户永久使用的多种所有制形式，允许社区和农民买卖土地，鼓励工商资本到农村开发土地

（有一定的限定条件）。为保障改革的进行，墨西哥首先进行了修宪，对宪法第27条做出了新规定，随后又专门制定了国家土地改革法和10多个配套的政府规章，对土地的划分，地权的确认、土地证书发放、土地转证和出售条件、社区公共地使用，土地纠纷调解仲裁，司法监督、部门管理责任等具体环节、具体问题做了详细规定。做到了农民依法所有、政府依法管理、纠纷依法调处，为保护农民土地权益创造了良好的法制环境。

2. 抓住重点，解决事关农民权益的突出问题。从考察看，两国农民与其他社会群体在社会权益、政治权益等制度上是平等的，能享受社会保障等方面的权利。但在经济权益上，由于农业的特点和农村的环境所决定，农民的经济水平与城市居民在某些方面还存在一定的差异。因此，两国都把维护农民的经济权益作为对农民权益保护的重点。加拿大，70%的农产品要依赖国际市场，农产品进出口状况对农民收入影响很大。为此，加拿大政府把稳定农民收入作为维权的关键，专门制定了5年农业发展政策框架，在农民收入风险管理、农产品质量安全、农村环境保护、农业科技进步、农业机制创新五个方面采取措施。建立了农民收入风险管理制度，计划5年内政府投入84亿美元，形成农民收入平衡机制，以减少市场波动对农民带来的损失。据介绍，这个计划以农民前3年平均收入为基础，当市场价格下跌，农民当年收入低于基准线时，政府给予相应的收入补贴。补贴资金按6∶4的比例由联邦政府和州政府分担。农民也相应交纳一定的收入保险费，与政府投入共同形成风险基金，农民收入损失越大、政府补得越多。在墨西哥，政府出资 10 亿元建立农业信贷公司，专门对年收入 1 万美元以下的中低收入农户发放优惠贷款。一方面放宽农户担保条件，农产品、农民的土地使用证、农民的房产等均可作贷款抵押物，以使 90%以上的中低收入农户能贷上款；另一方面提供无偿支持，每年安排5 000万美元资金，重点用于农民的技术和职业技能培训，为农民参加培训公司提供 70%的费用，农民只出 30%，这些做法深受农民欢迎。

3. 强调发展，提高农民权益保护水平。墨、加两国对农民权益的保护水平是随经济社会发展逐步提高的，保护范围也是随着经济社会发展逐步扩大的。在墨西哥，过去侧重于对关系农民切身利益的事项进行保护，现在开始重视保护农民发展环境，从根本上提高农民权益的保护水平。按照墨西哥农村经济发展法的要求，近几年政府大力发展农村经济，调整农业结构，出台了一系列对农业支持保护、对农民开展培训和引导社会资本开发农业的政策，促进农业增效、农民增收、农产品增值；推动地区之间、经济与社会、环境协调发展，改善农村交通条件，积极发展农村教育事业，努力使农民人均受教育程度由目前的 3.5 年提高到 7 年；制定政府对农业农村的中长期投入计划，联邦政府实行收入补贴政策，对每天收入不足 1 美元的农民，耕种 1 公顷作物，一年补贴 100 美元，州政府支农开支占财政税收的比重，也从过去的 5%提高到 10%；建立部门责任制和分工协作机制，在联邦成立了有 14 个涉农部门责任人参加的农业协调委员会，农业部长任主任，统一制定发展规划，共同确定重大项目，协调各部门资金投放和实施，形成支农的合力。据墨西哥农业部介绍，这些措施实施 3 年来，已在

70%的乡镇见到了成效。

4. 促进合作，引导农民维护好自身权益。农民是农业生产和农村建设的主体。两国在加强政府对农民权益保护的同时，还十分重视、鼓励农民组织起来，采取兴办合作社的形式，让农民自己维护好自己的权益。墨西哥一直把发展农业合作社作为重要的农业政策，政府对农业、农村的支持项目和投资贷款等都向合作社倾斜，通过优惠政策引导农民进行多种形式的联合与合作。我们参观的一个农业合作社，由 29 户农民组成，土地分户登记，共同生产经营，近几年在政府的支持下合作社发展很快，既搞种植业，又搞畜牧业，合作社入股兴办的制衣厂，产品销往美国。在合作社，公共事务由社员民主决策，社里土地的出售，必须依法召开两次社员大会通过，未经与社员和村民协商一致的，任何人不得出售村社的公共土地。我们在加拿大温哥华也了解到，当地的林场工人也建有自己的联合会，主要在工资福利、劳动保护等方面维护工人的权利，与政府和公司协调矛盾，通过联合会的努力，近几年林场工人的劳动条件有了较大改善，工伤事故比过去大大降低。

5. 健全司法，督促维权措施落到实处。墨、加两国在保护农民权益问题上，既重视立法，更重视执法和司法。墨西哥围绕保护农民的土地权益，在全国专门成立了土地法院和农业检察院。农业检察院主要负责土地纠纷的调查与调解，土地法院主要负责土地纠纷的仲裁与判决，专司维护农民土地权益之职，共同监督国家土地改革法的贯彻实施。国家最高农业检察院院长向代表团介绍，农业检察院隶属联邦政府，受国家土改部归口领导，依法享有独立的司法权。目前农业检察院在全国州、县都设有机构，工作人员2 400多人，每年受理3万多件土地纠纷案件。农业检察院受理农民的诉讼全部免费，让农民敢打官司，打得起官司，有效地调处了大量土地纠纷，避免了矛盾激化和冲突。在前几年政府一宗向农民的征地中，由于涉及征地的13个村社中有7个村的农民认为出价太低不愿出售，检察院受理后出面参与调解，维护了农民的土地权益，使政府最终放弃了这宗征地计划。在墨西哥，政府征地必须经农民同意，征地价格一律由社会中介机构独立评估，出现纠纷由检察院和法院依法调解裁决，有一套比较完整的维权监督机制。

（三）几点启示

通过考察我们感到，墨、加两国在维护农民权益上的一些做法和经验对我国很有借鉴意义。为做好农民权益保护法立法工作，我们建议：

1. 把土地权益作为农民权益保护最重要的内容。土地是农民最基本的生产资料，也是农民最重要的生活保障。土地问题一直是"三农"问题的热点和难点。近几年来，我国侵犯农民土地权益的行为大量发生，纠纷不断上升，矛盾十分尖锐，对此农民群众很有意见。由于我国土地资源稀缺，吃饭用地和建设占地的矛盾将长期存在，侵犯农民土地权益的问题不可能在短期内消除。因此，有必要把维护农民的土地权益作为立法的重要内容，从法律制度上进一步加大对农民土地权益的保护。应明确规定土地承包经营权是法律赋予农民的财产权，任何单位和个人不得违法侵占；限制征地范围，减少征地数量，提高征地补偿标准，公开征地程序，加大违法占地的处罚力度；扩大对农民实施司法救助的范围，对农民上访上诉，有关机关和部门必须及时受理、依法处理。

2. 国民收入分配应逐步做到城乡平等。农业是基础产业，也是弱质产业。党的十六届四中全会指出“综观一些工业化国家发展的历程，在工业化初始阶段，农业支持工业，为工业提供积累是带有普遍性的趋向；但在工业化达到相当程度以后，工业反哺农业、城市支援农村，实现工业与农业、城市与农村协调发展，也是带有普遍性的趋向。”“两个趋向”的论断，是制定“农民权益保护法”的重要指导思想，应把调整国民收入分配结构，改变城乡分割的二元经济结构，实现城乡经济社会协调发展作为立法的出发点和落脚点。应进一步明确政府对农业投入的责任，严格执行《农业法》关于政府对农业投入要高于经常性财政增长的规定，把是否落实法律对农业投入的规定作为执法检查的重点和考核政府工作的重要指标；清理和抓紧修改各种不利于统筹城乡发展的政策规定，尽快把“一减三补”等惠农政策制度化，法制化；对每年财政增收部分要提出用于农业的比例要求，以体现公共财政向农业倾斜的政策性取向；适当调整财政支出结构和政府的财权事权，改变目前农村教育、农村卫生、农村小型基础设施建设等主要靠基层兴办的状况，提高县以上各级政府用于农村公共事业的投入比重，减轻基层政府和农民群众的负担；结合制定“十一五”规划，研究农村中长期投入计划，设立农村发展专项基金，建立稳定的政府投入增长的长效机制。

3. 逐步建立农村社会保障制度。我国的农村社会保障制度建设已严重滞后，随着农村劳动力转移和人口老龄化的到来，这个问题将越来越突出。应鼓励有条件的地方积极探索，尽快建立符合中国国情的农村社会保障制度。要推进农村新型合作医疗试点工作，扩大试点范围，提高政府补贴标准，加强基金监管，调动农民参加合作医疗的积极性，解决好农民看病就医的问题；健全农村养老保险制度，扩大养老保险的覆盖面，合理确定供养标准，努力做到应保尽保；在大中城市率先实行农村最低生活保障制度，尽快把“无地、无业、无保障”的“三无”农民统一纳入最低生活保障范围；积极探索对农村贫困扶助和生态工程移民的扶持办法，通过立法从根本上解决好这部分农民的生计问题。

4. 加快农村合作经济组织立法。对农民权益的保护离不开农民自己。各国经验表明，建立农民合作经济组织是正确引导农民维权的有效形式。应从我国国情和农村经济发展需要出发，坚持在党的领导下，按照经济组织的性质，在尊重农民意愿的基础上积极稳妥地发展农民合作经济组织。

5. 建立多部门配合维权的有效机制。解决“三农”问题是全党工作的重中之重，需要多部门协调配合共同努力。应随着政府行政管理体制改革，划清各部门的职能权限，进一步整合工作力量。可以借鉴墨西哥的做法，发挥农业和农村经济主管部门的牵头作用，建立相应的协调议事机制，共同商议，各负其责，切实抓好中央决策部署的贯彻落实。同时，深入研究其他维权组织形式，可将司法机关维权、社会团体维权等问题作为专题，开展全面、深入的调研，分析利弊，提出对策。

后　记

今天是兔年正月十五，户外绚烂烟花阵阵闪光，鞭炮声隆隆震响，我躺了半天，久久不能入睡，索性还不如完成心中之事，伏案提笔为我这部专著写最后部分——后记。

我的农业生涯已有48年，48年在人类历史长河中仅是一瞬间，但对于我来说，却是坎坷、曲折漫长的岁月。我从事过农业科研工作，当过翻译，任过研究所副所长，农业部司长、副部长，也下过“五七”干校，种过地、喂过猪、当过炊事员，经历了酸、甜、苦、辣的磨炼。在有关领导同志关心和培养下，在同志们的支持和帮助下，学会做人，提高了个人修养；增长知识，提高了业务水平；深入实际，提高了工作能力。在48年农业生涯中，我觉得要做好“三农”工作应把握以下几点：①要重视社会科学与自然科学相结合，经济科学与技术科学相结合，宏观与微观相结合；②落实“三农”政策时，要因地制宜，分类指导，切忌搞一刀切；③政策只有成为实践者的行动时，才能真正形成生产力；④认真听取领导、专家和农民的真实意见，是搞好调查研究的基础；⑤农业行政业务，只有靠科学家、专家咨询指导，才能少走弯路；⑥落实政策措施时，一般应在试点的基础上，认真总结经验再逐步推开；⑦定量分析时，既要重视总体平衡数，还要重视权重的比重及其相关数；⑧善于挖掘每个人的优势，并形成集中动力，是领导做好工作的根本。本着这些原则，多年来我在一些领域中取得了可喜的成果，先后获得了国家科技进步三等奖1项，部委科技进步一等奖3项、二等奖2项，农业软科学一等奖1项；已出版专著8部、编著1部、译著3部；在国家级刊物发表文章250篇以上，其中在《人民日报》和《求是》杂志发表文章50多篇，绝大多数都有中央、国务院领导同志的批示。在著作中比较受到欢迎的有《中国农业发展的思考与展望》、《中国农业综合生产能力研究》、《中国农业发展新阶段》、《加入世贸组织与中国农业》、《农村经济工作手册》和《NCD软件包》等。

《“三农”工作理论与实践》阐明了我国改革开放以来，特别是近年来我国农业生产力和生产关系发生的重大变化，农业和农村经济发展出现的一些新特点，并总结了我国农村经济发展带有重大理论性、规律性的问题和发展趋势。同时，在深入调研的基础上，以大量的事例，探索与论证了社会上争论的一些热点问题。应该说，这部专著是我从事“三农”理论与实践研究成果的集中亮点。这部专著我荣幸地请到了中共中央政治局委员、国务院副总理回良玉同志作序一。良玉副总理一直是我的老领导，在我工作期间，由于工作关系，常常得到他的指导和帮助，对我比较了解。如果说我取得一些成绩，与他的关心和支持是分不开的。请他作序既是难得的机遇，又觉得特别珍贵。我还请中共中央政治局委员、重庆市委书记薄熙来同志作序二。我与熙来同志是他在大连工作期间相识的，说起来已近20年了，由于工作关系多次接触，曾有幸一起共事近8个月，特别是在他主持重庆市委工作以来，工作关系更为密切，专著中有些带有规律性、理论性的问题，不少都是重庆实践的经验总结。熙来书记对我是比较熟悉的，他为本书作序也是非常难得的，对我既是鼓励又是鞭策。

在各篇文章的政策方向上，中国农业科学院原常务副院长刘志澄同志、中农办唐仁建副主任和农业部陈晓华副部长常常帮助把关。在撰写这部专著中，刘志澄同志、农科院办公室原副主任黄佩民同志和农业部办公厅处长陈辉同志，为著作完稿发挥了重要作用。在材料收集和实地调研过程中，曾多次得到农业部有关司局和各省市区农业系统领导及同志们的帮助与支持，在这里不一一表示衷心感谢！我常说，这部著作饱含和浸透着领导和朋友对我的支持、关怀和一片真情。

老骥伏枥，志在千里。尽管我还有为社会为人民作贡献的雄心壮志，可是年龄不饶人，时间对于我来说已经有限了，除了把身体锻炼好，少给组织和子女们添麻烦外，在力所能及的情况下，为破解“三农”难题、为宏观决策服务，继续发挥点微薄之力。

作 者

2011 年 2 月 17 日

2001年8月考察北欧畜牧业

2008年11月在河南省南街村调研

2008年7月在重庆市江津区考察培训大厅时听取会报

2008年7月在重庆市江北区鱼嘴镇双溪村调研

2007年1月在河南省焦作市调研创新农村金融制度

2007年在辽宁省沈阳市沈北新区牛场调研

2004年4月在海南省考察香蕉种植情况

2004年5月在湖南省长沙县详细了解苗木种植大户生产情况

2010年12月在重庆市丰都县到农户家察看增收“明白卡”

2008年1月在韩国农业部与韩国农业部长会谈粮食安全问题

2007年10月在沈阳市沈北新区座谈

2007年10月在辽宁省海城市调研时与农户座谈

2008年7月在重庆市调研时听取柑橘生产情况介绍

2010年12月在重庆市访问农户

2001年在台湾省进行学术交流

2009年10月在广西壮族自治区花卉基地调研

2004年5月在江苏省淮安市建淮乡张兴村农户家座谈

2010年12月在重庆市丰都县调研

1999年5月访问摩尔多瓦农业与加工工业部

1999年9月考察西班牙食品加工业

2000年11月在联合国论坛发言

2000年11月出席联合国论坛

2001年8月考察北欧生态农业

2006年3月在赞比亚考察农业“走出去”

2001年8月在斐济签署农业谅解备忘录

2004年5月在江苏省淮安市建淮乡张兴村农户家座谈

2008年7月在重庆市江津区考察调研

2008年7月在重庆市江北区调研

2004年5月在湖南省考察优质朵茶良种繁育场苗木培养大棚

2004年10月率团访问墨西哥考察农民权益保护法问题

2006年在湖南省调研农民权益保护法问题

2007年10月在沈阳市沈北新区考察统筹城乡发展经验

2010年12月在重庆市梁平县访问“两翼”万元增收工程养鸭专业户

2010年12月在重庆市调研

2010年12月考察重庆市虎威镇万元增收工程

Analytical Chemistry Experiments

ISBN 978-7-04-030720-

9 787040 307207

定价 23.40 元